교주 조선가요집성

김태준 저 · 김명준 교주

머 리 말

교주자가 『조선가요집성』을 처음 접한 때는 석사과정생 시절이었다. 우연한 기회에 이 책을 보고 조금 의아한 생각이 들었다. 왜냐하면 당시에 교주자는 김태준을 초창기 고전소설·한문학 연구자쯤으로 알고 있었기 때문이다. 하지만 이와 같은 편견(偏見)과 우견(愚見)은 얼마가지 않았다. 김태준은 최초로 고전시가 선집인 『조선가요집성』을 엮었으며, 이외에 『고려가사』, 『청구영언』 등을 출간했다는 사실도 알게 되었다. 더불어 그가 고전시가와 관련하여 적지 않은 논문을 발표한 것도 확인하였다. 이처럼 그의 업적이 고전시가 연구자·연구물에서 중요한 자리를 차지한다는 사실을 알게 되었던 것이다.

그러나 공부를 하면서 김태준과 그의 고전시가 저작물, 특히 『조선가요집성』이 대부분의 연구사에서 조금은 소외되었다는 느낌을 받아왔다. 그 이유를 김태준이 택한 이념탓으로 돌려보기도 하였다. 하지만 이념이 문제가 되었다면 순수 저작물인 『조선한문학사』와 『(증보)조선소설사』에 대해서는 영인본과 교주본을 볼 수 없었을 터인데 실상은 그렇지 않았다. 오히려 이보다는 위 두 저서의 힘이 너무 컸고, 『조선가요집성』이 선집이라는 점이 우리의 관심 밖에 놓이게 한 것 같다.

하지만 선집은 편집자의 작품 선별 기준과 시각을 살필 수 있고, 더욱이 이 책에는 갈래별 해제, 작품에 대한 어석 현대역 설명 등이 서술되어 있어 김태준의 생각을 엿볼 수 있다. 따라서 『조선가요집성』이 비록 순수 저작물은 아닐지라도 우리는 이 책을 통해 김태준 시가사의 구도를 살필 수 있으리라 본다. 더 나아가 김태준과 『조선가요집성』을 초기 연구사에 나란히 놓음으로써 균형잡힌 연구도 기대해 본다. 이런 점들이 교주본을 출간하게 된 중요한 계기가 되었다.

이 책을 내면서 몇몇 분들로부터 적지 않은 도움을 받았다. 꼼꼼히 교정에 임해준 김선욱 군, 원고를 보기좋게 다듬어준 편집팀 그리고 기꺼이 출판을 맡아 주신 다운샘 김영환 사장님, 이 모두에게 감사의 뜻을 전한다.

2007년 6월 22일
김 명 준

일러두기

1. 이 책은 1934년 한성도서주식회사에서 펴낸 김태준(金台俊)의 『조선가요집성(朝鮮歌謠集成)』을 교주(校註)한 것이다.

2. 김태준의 표기와 문체를 존중하면서도 현재의 독자를 위해 현행 표준어 규범에 따라 띄어쓰기와 맞춤법 등 일부분을 고쳤다.

3. 한자어는 한글을 앞에 두고 괄호 안에 넣었다. 또한 한문일 경우 번역문은 각주에 두었다.

4. 작품이 원전과 다를 경우 부호, 각주 등을 통해 밝혔다.

   [ ]·< > : 원전(原典) 혹은 선본(善本)의 글자

   { } : 원전 혹은 선본에는 없으나 『조선가요집성』에만 표기된 글자

   【 】 : 원전 혹은 선본에는 있으나 『조선가요집성』에는 없는 글자

5. 『조선가요집성』은 원전에 한글과 한자가 병기되었을지라도 한자만 표기하였다. 따라서 이 교주본 역시 『조선가요집성』을 따랐다.

6. 부록에 있는 교주자의 논문은 『조선가요집성』의 편찬 의미에 관한 것이다. 원 제목과 게재지는 다음과 같다.

「한국 고전시가 연구사에서 『조선가요집성』의 성격과 위치」, 『국어문학(國語文學)』제42호, 국어문학회, 2007. 2. 28., 247~272쪽.

차 례

- 머리말
- 일러두기
- 서(叙)
- 목차

신라향가편(新羅鄕歌篇)

신라향가해제(新羅鄕歌解題)·21

제일(第一). 득오곡(得烏谷) 모랑가(慕郞歌)·26

제이(第二). 노인(老人) 헌화가(獻花歌)·27

제삼(第三). 안민가(安民歌)·28

제사(第四). 찬기파랑가(讚耆婆郞歌)·30

제오(第五). 처용가(處容歌)·31

제육(第六). 서동요(薯童謠)·33

제칠(第七). 맹아득안가(盲兒得眼歌)·34

제팔(第八). 풍요(風謠)·35

제구(第九). 광덕처(廣德妻) 엄장(嚴莊)의 파계(破戒)를 간(諫)하는 노래·36

제십(第十). 월명사(月明師) 도솔가(兜率歌)·38

제십일(第十一). 월명사(月明師) 제망매가(祭亡妹歌)·39

제십이(第十二). 융천사(融天師) 혜성가(彗星歌)·40

제십삼(第十三). 신충(信忠) 괘관가(掛冠歌)·42

제십사(第十四). 영재(永才) 우적가(遇賊歌)·43

제십오(第十五). 예경제불가(禮敬諸佛歌)·45

제십육(第十六). 칭찬여래가(稱讚如來歌)·47

제십칠(第十七). 광수공양가(廣修供養歌)·49

제십팔(第十八). 참회업장가(懺悔業障歌)·50

제십구(第十九). 수희공덕가(隨喜功德歌)·52

제이십(第二十). 청전법륜가(請轉法輪歌)·54
제이십일(第二十一). 청불주세가(請佛住世歌)·56
제이십이(第二十二). 상수불학가(常隨佛學歌)·58
제이십삼(第二十三). 항순중생가(恒順衆生歌)·60
제이십사(第二十四). 보개회향가(普皆廻向歌)·61
제이십오(第二十五). 총결무진가(總結无盡歌)·63

백제고가편(百濟古歌篇)

백제가사(百濟歌詞) 부(附) 고구려(高句麗)·69
제일(第一). 정읍사(井邑詞)·69
제이(第二). 산유화(山有花)·71

고려가사편(百濟歌詞篇)

고려가사해제(高麗歌詞解題)·75
제일(第一). 예종(睿宗) 도이장가(悼二將歌)·79
제이(第二). 동동(動動)·81
제삼(第三). 처용(處容)·88
제사(第四). 정과정(鄭瓜亭) 일명(一名) 진작(眞勺)·91
제오(第五). 한림별곡(翰林別曲)·94
제육(第六). 서경별곡(西京別曲)·97
제칠(第七). 정석가(鄭石歌)·102
제팔(第八). 청산별곡(靑山別曲)·105
제구(第九). 만전춘(滿殿春) 별사(別詞)·108
제십(第十). 이상곡(履霜曲)·110
제십일(第十一). 사모곡(思母曲)·111
제십이(第十二). 쌍화점(雙花店)·112
제십삼(第十三). 가시리·115

제십사(第十四). 감군은(感君恩)・116
제십오(第十五). 관동별곡(關東別曲) 구장(九章)・117
제십육(第十六). 죽계별곡(竹溪別曲) 오장(五章)・120
제십칠(第十七). 능엄찬(楞嚴讚) 악장가사(樂章歌詞) 소재(所載)・122
제십팔(第十八). 관음찬(觀音讚) 악학궤범(樂學軌範) 소재(所載)・123
제십구(第十九). 나옹화상(懶翁和尙) 서왕가(西往歌)・124
제이십(第二十). 나옹화상(懶翁和尙) 서왕가(西往歌)・126
제이십일(第二十一). 나옹화상(懶翁和尙) 심우가(尋牛歌)・129
제이십이(第二十二). 나옹화상(懶翁和尙) 낙도가(樂道歌)・133

이조가사편(李朝歌詞篇)

이조가사예언(李朝歌詞例言)・137
제일(第一). 신도가(新都歌) (양주곡楊洲曲) 악장가사(樂章歌詞) 소재(所載)・138
제이(第二). 유림가(儒林歌) 악장가사(樂章歌詞) 소재(所載) 육장(六章)・139
제삼(第三). 상대별곡(霜臺別曲) 악장가사(樂章歌詞) 소재(所載) 오장(五章)・141
제사(第四). 화산별곡(華山別曲) 악장가사(樂章歌詞) 소재(所載) 팔장(八章) 문헌비고
　　　　　　(文獻備考)에 인(引)・143
제오(第五). 오륜가(五倫歌) 악장가사(樂章歌詞) 소재(所載) 육장(六章)・146
제육(第六). 연형제곡(宴兄弟曲) 악장가사(樂章歌詞) 소재(所載) 오장(五章)・148
제칠(第七). 용비어천가(龍飛御天歌)・149
제팔(第八). 월인천강지곡(月印千江之曲) 석보상절(釋譜詳節)・176
제구(第九). 상춘가(賞春歌)・180
제십(第十). 불우헌곡(不憂軒曲) 칠장(七章)・182
제십일(第十一). 화전별곡(花田別曲)・184
제십이(第十二). 도동곡(道東曲) 구장(九章)・186
제십삼(第十三). 육현가(六賢歌) 육장(六章)・188
제십사(第十四). 엄연곡(儼然曲) 칠장(七章)・189
제십오(第十五). 태평곡(太平曲) 번출가어(翻出家語) 오장(五章)・191

제십육(第十六). 환산별곡(還山別曲) 청구영언(靑丘永言) 소재(所載) · 192
제십칠(第十七). 강촌별곡(江村別曲) 청구영언(靑丘永言) 소재(所載) · 193
제십팔(第十八). 관동별곡(關東別曲) · 195
제십구(第十九). 사미인곡(思美人曲) · 202
제이십(第二十). 속사미인곡(續思美人曲) · 204
제이십일(第二十一). 성산별곡(星山別曲) · 206
제이십이(第二十二). 장진주(將進酒) · 209
제이십삼(第二十三). 권주가(勸酒歌) · 210
제이십사(第二十四). 파연곡(罷讌曲) · 212
제이십오(第二十五). 태평사(太平詞) · 212
제이십육(第二十六). 사제곡(莎堤曲) · 216
제이십칠(第二十七). 누항사(陋巷詞) · 219
제이십팔(第二十八). 선상탄(船上嘆) · 222
제이십구(第二十九). 독락당(獨樂堂) · 225
제삼십(第三十). 영남가(嶺南歌) · 229
제삼십일(第三十一). 노계가(蘆溪歌) · 232
제삼십이(第三十二). 회심곡(回心曲) · 235
제삼십삼(第三十三). 별회심곡(別悔心曲) · 238
제삼십사(第三十四). 어부사시사(漁父四時詞) · 244
제삼십오(第三十五). 상사곡(相思曲) 청구영언(靑丘永言) 소재(所載) · 254
제삼십육(第三十六). 고상사별곡(古相思別曲) · 254
제삼십칠(第三十七). 춘면곡(春眠曲) 청구영언(靑丘永言) 소재(所載) · 255
제삼십팔(第三十八). 처사가(處士歌) 청구영언(靑丘永言) 소재(所載) · 256
제삼십구(第三十九). 석춘사(惜春詞) · 257
제사십(第四十). 격양가(擊壤歌) 농부가(農夫歌) · 259
제사십일(第四十一). 진정록(陳情錄) · 260
제사십이(第四十二). 단장사(斷腸詞) · 262
제사십삼(第四十三). 죽지사(竹枝詞) 일명(一名) 건곤가(乾坤歌) · 264

제사십사(第四十四). 길군악(樂) 청구영언(青丘永言) 소재(所載) · 265
제사십오(第四十五). 백구사(白鷗詞) · 266
제사십육(第四十六). 황계사(黃鷄詞) 청구영언(青丘永言) 소재(所載) · 267
제사십칠(第四十七). 어부사(漁父詞) · 270
제사십팔(第四十八). 화류사(花柳詞) · 278
제사십구(第四十九). 관등가(觀燈歌) 청구영언(青丘永言) 소재(所載) · 279
제오십(第五十). 매화가(梅花歌) 청구영언(青丘永言) 소재(所載) · 281

부록(附錄). 신위(申緯) 한역(漢譯) 소악부(小樂府) 부(附) 원시(原詩)
소악부(小樂府) 오십수(五十首) (사십수四十首 부附 십수十首) · 285

- 논문 : 『조선가요집성』의 성격과 위치 · 305
- 찾아보기 · 327

조선어문학총서(朝鮮語文學叢書) 제사(第四)

조선가요집성(朝鮮歌謠集成)

고가편(古歌篇) 제일집(第一輯)

서(叙)

　진정(眞正)한 조선문학(朝鮮文學)은 한글 창정(創定)된 후(後)에 출발(出發)하겠지만 한글 발생(發生) 이전(以前)에도 이처럼 신라(新羅)의 향가(鄕歌), 고려(高麗)의 가사(歌詞)같은 것이 이두문학(吏讀文學)의 유일(惟一)한 존재(存在)로 몇 천 년(千年) 박대(薄待)하는 그 속에서도 요행(僥倖) 한 절(節)씩 그 유편(遺編)을 전(傳)해 오는 것만도 다행(多幸)이라 하겠다. 신라(新羅)의 향가(鄕歌)는 문학박사(文學博士) 소창진평(小倉進平) 선생(先生)의 저(著) 『향가급이두(鄕歌及吏讀)의 연구(研究)』에서 그 해석(解釋)을 전재(轉載)하고 고려가사(高麗歌詞)는 악학궤범(樂學軌範) 악장가사(樂章歌詞)에서 대부분(大部分) 전재(轉載)하여 간단(簡單)한 졸해(拙解)를 붙였다. 고려가사(高麗歌詞)에도 고려시조(高麗時調)에도 방급(傍及)하고 싶었으나 후일(後日)의 별찬(別纂)을 예기(豫期)하고 이에 약(略)하였으며 이조가사(李朝歌詞)도 선현(先賢)의 문집(文集)에서 약간(若干) 선집(選集)하였을 뿐이다. 가사(歌詞), 민요(民謠), 시조(時調), 고가제편(古歌諸篇)이 금후(今後) 조선어문학문학회(朝鮮語文學會) 동인(同人)의 손에 많이 계속(繼續) 편집(編輯) 되리라고 믿고 참월(僭越)하나마 나는 고가편(古歌篇)으로써 선편(先鞭)을 부쳤다. 무릇 이와 같은 계획(計劃)은 갑오개화(甲午開化) 이후(以後) 민족문화운동(民族文化運動)의 초기(初期)에 벌써 실행(實行)되었을 것이지만 왜 문화운동(文化運動)에 가장 중요(重要)한 이 일면(一面)이 아직 한각(閑却)되었든가 의심(疑心)한다. 중국(中國)의 풍아송(風雅頌), 일본(日本)의 만엽집(萬葉集) 고금집(古今集)과도 같은 존재(存在) 조선에 다만 이것이 있다. 과거(過去)의 유일(惟一)한 문학적(文學的) 유산(遺産)이였고 또 사회사(社會史)이였다. 서투른 외국문학(外國文學)의 직역(直譯)에서 형식(形式)을 구(求)하지말고 자래(自來)로 전(傳)하는 우리의 문학(文學)에서 얻은 것으로 먼저 튼튼한 토대(土臺)를 닦으라. 이를 1933년(年) 송년(送年) 선물로 응급(應急)하여 편(編)하기 때문에 편집(編輯)과 해석(解釋)이 너무 소루(疏漏)하고 착오(錯誤)많은 것을 사(謝)한다. 끝으로 이 편집(編輯)에 많은 교시(敎示)를 주신 퇴경(退耕) 권상로(勸相老) 선생(先生)과 동인(同人) 서두수(徐斗銖), 이희승(李熙昇) 제형(諸兄)에게 심사(深謝)하는 바이다.

1933. 12. 13. 편자(編者)

목 차(目次)[1]

신라향가편(新羅鄕歌篇)
제일(第一). 득오곡모랑가(得烏谷慕郎歌)
제이(第二). 노인헌화가(老人獻花歌)
제삼(第三). 안민가(安民歌)
제사(第四). 찬기파랑가(讚耆婆郞歌)
제오(第五). 처용가(處容歌)
제육(第六). 서동요(薯童謠)
제칠(第七). 맹아득안가(盲兒得眼歌)
제팔(第八). 양지사석가(良志使錫歌)
제구(第九). 광덕(廣德)의 처(妻), 엄장(嚴莊)을 간(諫)한 노래
제십(第十). 월명사도솔가(月明師兜率歌)
제십일(第十一). 월명사(月明師), 망매(亡妹)를 위(爲)해서 재(齋) 올린 노래
제십이(第十二). 융천사혜성가(融天師彗星歌)
제십삼(第十三). 신충백수가(信忠栢樹歌)
제십사(第十四). 영재우적가(永才遇賊歌)
제십오(第十五). 예찬여래가(禮讚敬如來歌)
제십육(第十六). 칭찬여래가(稱讚如來歌)
제십칠(第十七). 광수공양가(廣修供養歌)
제십팔(第十八). 참회업장가(懺悔業障歌)
제십구(第十九). 수희공덕가(隨喜功德歌)
제이십(第二十). 청전법륜가(請轉法輪歌)
제이십일(第二十一). 청불주세가(請佛住世歌)
제이십이(第二十二). 상수불학가(常隨佛學歌)

---

1) 『조선가요집성』의 목차이다. 목차를 소개한 것은 『조선가요집성』의 목차와 본문의 작품 제목이 다른 경우가 있어 이를 보이기 위함이다.

제이십삼(第二十三). 항순중생가(恒順衆生歌)
제이십사(第二十四). 보개회향가(普皆廻向歌)
제이십오(第二十五). 총결무진가(總結无盡歌)

백제고가편(百濟古歌篇) 부고구려(附高句麗)

제일(第一). 정읍사(井邑詞)
제이(第二). 산유화(山有花)

고려가사편(高麗歌詞篇)

제일(第一). 예종(睿宗)이 이장(二將)을 도(悼)한 노래
제이(第二). 동동(動動)다리
제삼(第三). 처용가(處容歌)
제사(第四). 정과정(鄭瓜亭) 진작(眞勺)
제오(第五). 한림별곡(翰林別曲)
제육(第六). 서경별곡(西京別曲)
제칠(第七). 정석가(定石歌) 딩아돌아
제팔(第八). 청산별곡(靑山別曲) 살어리
제구(第九). 만전춘(滿殿春) 별사(別詞)
제십(第十). 이상곡(履霜曲)
제십일(第十一). 사모곡(思母曲)
제십이(第十二). 쌍화점(雙花店)
제십삼(第十三). 가시리
제십사(第十四). 감군은(感君恩)
제십오(第十五). 관동별곡(關東別曲) 안축(安軸)
제십육(第十六). 죽계별곡(竹溪別曲) 안축(安軸)
제십칠(第十七). 능엄찬(楞嚴讚)
제십팔(第十八). 관음찬(觀音讚)
제십구(第十九). 서왕가(西往歌) 일(一). 나옹화상(懶翁和尙)

제이십(第二十). 서왕가(西往歌) 이(二). 나옹화상(懶翁和尙)

제이십일(第二十一). 심우가(尋牛歌) 나옹화상(懶翁和尙)

제이십이(第二十二). 낙도가(樂道歌) 나옹화상(懶翁和尙)

이조가사편(李朝歌詞篇)

제일(第一). 신도가(新都歌)

제이(第二). 유림가(儒林歌)

제삼(第三). 상대별곡(霜臺別曲) 권근(權近)

제사(第四). 화산별곡(華山別曲) 변계량(卞季良)

제오(第五). 오륜가(五倫歌)

제육(第六). 연형제곡(宴兄弟曲)

제칠(第七). 용비어천가(龍飛御天歌)

제팔(第八). 월인천강지곡(月印千江之曲)

제구(第九). 상춘가(賞春歌) 정극인(丁克仁)

제십(第十). 불우헌곡(不憂軒曲) 정극인(丁克仁)

제십일(第十一). 화전별곡(花田別曲) 김구(金絿)

제십이(第十二). 도동곡(道東曲) 주세붕(周世鵬)

제십삼(第十三). 육현가(六賢歌) 주세붕(周世鵬)

제십사(第十四). 엄연곡(儼然曲) 주세붕(周世鵬)

제십오(第十五). 태평곡(太平曲) 주세붕(周世鵬)

제십육(第十六). 환산별곡(還山別曲) 이황(李滉)

제십칠(第十七). 강촌별곡(江村別曲) 차천로?(車天輅)

제십팔(第十八). 관동별곡(關東別曲) 정철(鄭澈)

제십구(第十九). 사미인곡(思美人曲) 정철(鄭澈)

제이십(第二十). 속사미인곡(續思美人曲) 정철(鄭澈)

제이십일(第二十一). 성산별곡(星山別曲) 정철(鄭澈)

제이십이(第二十二). 장진주(將進酒) 정철(鄭澈)

제이십삼(第二十三). 권주가(勸酒歌) 기일(其一) - 정철(鄭澈) 기이(其二)

제이십사(第二十四). 파연곡(罷讌曲) 기일(其一) 기이(其二) - 윤선도(尹善道)

제이십오(第二十五). 태평사(太平詞) 박인로(朴仁老)

제이십육(第二十六). 사제곡(莎堤曲) 박인로(朴仁老)

제이십칠(第二十七). 누항사(陋巷詞) 박인로(朴仁老)

제이십팔(第二十八). 선상탄(船上嘆) 박인로(朴仁老)

제이십구(第二十九). 독락당(獨樂堂) 박인로(朴仁老)

제삼십(第三十). 영남가(嶺南歌) 박인로(朴仁老)

제삽십일(第三十一). 노계가(蘆溪歌) 박인로(朴仁老)

제삼십이(第三十二). 회심곡(回心曲) 서산대사(西山大師)

제삼십삼(第三十三). 별회심곡(別回心曲)

제삼십사(第三十四). 어부사시사(漁父四時詞) 윤선도(尹善道)

제삼십오(第三十五). 상사곡(相思曲)

제삼십육(第三十六). 고상사별곡(古相思別曲)

제삼십칠(第三十七). 춘면곡(春眠曲)

제삼십팔(第三十八). 처사가(處士歌)

제삼십구(第三十九). 석춘사(惜春詞)

제사십(第四十). 격양가(擊壤歌)

제사십일(第四十一). 진정록(陳情錄)

제사십이(第四十二). 단장사(斷腸詞)

제사십삼(第四十三). 죽지사(竹枝詞)

제사십사(第四十四). 길군악(軍樂)

제사십오(第四十五). 백구사(白鷗詞)

제사십육(第四十六). 황계사(黃鷄詞)

제사십칠(第四十七). 어부사(漁父詞) 이현보(李賢輔)

제사십팔(第四十八). 화류사(花柳詞)

제사십구(第四十九). 관등가(觀燈歌)

제오십(第五十). 매화가(梅花歌)

부록(附錄) 신위(申緯) 한역(漢譯) 소악부(小樂府) 부원시(附原詩)

신라향가편(新羅鄕歌篇)

신라향가해제 (新羅鄕歌解題)

삼국사기(三國史記)를 거(據) 하건대 유리이사금(儒理尼師今) 5년(年)에 '시년민속환강(是年民俗歡康), 시제도솔가(始製兜率歌) 차가악지시야(此歌樂之始也)'[1]라 하고 (권제일卷第一) 진성왕(眞聖王) 2년(年)에 '왕소여각간위홍통(王素與角干魏弘通), 지시상입내용사(至是常入內用事), 잉명여대구화상(仍命與大矩和尙), 수집향가(修集鄕歌), 위지삼대목운(謂之三代目云)'[2] 이라 하니 (권제십일卷第十一) 잡지(雜志) 제일악(第一樂) (권제삼십이卷第三十二)의 중(中)의

'회악급신열악(會樂及辛熱樂), 유리왕시작야(儒理王時作也)

돌아악(突阿樂), 탈해왕시작야(脫解王時作也)

지아악(枝兒樂), 파사왕시작야(婆娑王時作也)

사내(思內)「일작시뇌(一作詩惱)」악(樂), 내해왕시작야(奈解王時作也)

가무(笳舞), 내밀왕시작야(奈密王時作也)

우식악(憂息樂), 눌지왕시작야(訥祇王時作也)

대악(碓樂), 자비왕시인백결선생작야(慈悲王時人百結先生作也)

간인(竿引), 지대로왕시인천상욱개자작야(智大路王[3]時人川上郁皆子作也)

미지악(美知樂), 법흥왕시작야(法興王時作也)

---

1) "이 해 민속이 즐겁고 편안하므로 비로소 도솔가를 지으니 이것이 가악(歌樂)의 시초였다."

2) "왕이 평소에 각각 위홍과 정을 통하더니, 이 때 와서는 늘 궁궐에 들어와 일을 보게 하였다. 아울러 그에게 명하여 대구 화상과 함께 향가를 정리하고 편집하게 하여 이를『삼대목』이라 하였다."

3) 『조선가요집성』에서 간인지(竿引智)를 곡명으로 보았으나 곡명은 간인(竿引)이며 '지(智)'는 지대로왕(智大路王, 지증왕智證王)을 가리킨다.

도령가(徒領歌), 진흥왕시작야(眞興王時作也)

날현인(捺絃引), 진평왕시인담수작야(眞平王時人淡水作也)

사내기물악(思內奇物樂), 원랑도작야(原郎徒作也)

내지(內知), 일상군악야(日上郡樂也)

백실(白實), 곤량군악야(坤⁴⁾梁郡樂也)

덕사내(德思內), 하서군악야(河西郡樂也)

석남사내(石南思內), 도동벌군악야(道同伐郡樂也)

사중(祀中), 북외군악야(北隈郡樂也)

차개향인희악지소유작야(此皆鄕人喜樂之所由作也), 이성기지수(而聲器之數), 가무지용(歌舞之容), 부전어후세(不傳於後世).'⁵⁾

라 하고 (중략中略) 그 사의(辭意)를 직전(直傳)하는 자(者)는 하나를 보지 못하며 고려사(高麗史) 칠십일(七十一) 악지(樂志) 이(二)에 삼국속악(三國俗樂)이라 하여 신라(新羅)만

'동경(東京) 동경(東京) 목주(木州) 여나산(余那山) 장한성(長漢城) 이견대(利見臺)'

등(等) 6목(目)을 들고 파한집(破閑集)에는 천관사녀예(天官寺女隸)가 김유

---

4) 『조선가요집성』에는 '균(均)'으로 표기되어 있으나 오기인 듯하다.

5) 『조선가요집성』에는 '부전어야(不傳於也)'로 되어 있으나 오기인 듯하다. 이를 옮기면 다음과 같다. "<회악>과 <신열악>은 유리왕 때에 지은 것이요, <돌아악>은 탈해왕 때 지은 것이요, <지아악>은 파사왕 때 지은 것이요, <사내악>(시뇌라고도 함)은 내해왕 때 지은 것이요, 가무는 내물왕 때 지은 것이요, <우식악>은 눌지왕 때 지은 것이다. <대악>은 자비왕 때 사람인 백결선생이 지은 것이요, <간인>은 지대로왕(지증왕) 때 사람인 천상욱개자가 지은 것이다. <미지악>은 법흥왕 때에 지은 것이요, <도령가>는 진흥왕 때에 지은 것이다. <날현인>은 진평왕 때 사람인 담수가 지은 것이요, <사내기물악>은 원랑도(화랑도)가 지은 것이다. <내지>는 일상군의 음악이요, <백실>은 압량군의 음악이요, <덕사내>는 하서군의 음악이요, <석남사내>는 도동벌군의 음악이요, <사중>은 북외군의 음악인데, 이들은 모두 우리 향인들이 기쁘고 즐거워서 지었던 것이다. 성악기의 수효와 가무하는 모습은 후세에 전하여지지 않는다."

신(金庾信)의 무신(無信)을 책(責)한 원사(怨詞) 일곡(一曲)이 있었다 하고 고려속악(高麗俗樂)에 예(隸)한 것 중(中)에도

'무애(無㝵), 처용(處容)'

등(等) 신라(新羅) 계통(系統)의 것이 섞였으되 모두 '사리부재(詞俚不載)'의 질(秩)에 넣은 바 되어 당시(當時)의 가형(歌形)을 징(徵)할 자(者) 없도다. 그런데 삼국유사(三國遺事)는 제삼노례왕(第三弩禮王)의 조(條)에 (권제일卷第一)

'시작도솔가 유차사사뇌격(始作兜率歌 有嗟辭詞腦格)'[6]

이라고 그 기원(起源)과 종류(種類)를 보임을 시(始)로 하여 '월명사도솔가(月明師兜率歌)'에는 (권제오卷第五) '지해향가(只解鄕歌)'라 하여 '내작도솔가(乃作兜率歌)'함을[7] 적고 아울러 그 귀중(貴重)한 실물(實物) -

득오곡모죽랑가(得烏谷慕竹郎歌)(권제이卷第二, 효소왕대孝昭王代)

중창(重唱)한 해가(海歌)(역譯)와 노인헌화가(老人獻花歌)(권제이卷第二, 수로부인水路夫人)

충담사작(忠談師作) 안민가(安民歌) 급(及) 찬기파랑가(讚耆婆郎歌)(권제이卷第二, 경덕왕景德王)

삼가(三歌)-현금포곡(玄琴抱曲), 대도곡(大道曲), 문군곡(問群曲)(권제이卷第二, 사십팔경문대왕四十八景文大王, 단가미상但歌未詳)

처용가(處容歌)(권제이卷第二, 처용랑處容郎)

신회작망국애가(神會作亡國哀歌)(권제이卷第二, 김전대왕金傳大王: 단가미상但歌未詳)

가락구간영신군가(駕洛九干迎神君歌)(권제이卷第二, 가락국기駕洛國記)

희명지아작천수대비가(希明之兒作千手大悲歌)(권제삼卷第三, 분황사천수대비芬皇寺千手大悲)

---

6) "비로소 <도솔가>를 지었는데 차사와 사뇌격이 있었다."
7) "단지 향가만을 알고 이내 <도솔가>를 지었다."

월명사작(月明師作) 도솔가(兜率歌), 산화가(散花歌), 급(及) 제망매가(祭亡妹歌)(권제오卷第五, 월명사도솔가月明師兜率歌)

융천사작혜성가(融天師作彗星歌)(권제오卷第五, 융천사혜성가融天師彗星歌)

신충작원수가(信忠作怨樹歌)(권제오卷第五, 신충괘관信忠掛冠)

영재사작심가(永才師作心歌)(권제오卷第五, 영재우적永才遇賊)

이상(以上) 최남선(崔南善) 씨(氏) 삼국유사(三國遺事) 해제(解題)에서 인용(引用)

그렇지만 오늘날 남은 것은 득오곡모랑가(得烏谷慕郎歌), 노인헌화가(老人獻花歌), 안민가(安民歌), 찬기파랑가(讚耆婆郎歌), 처용가(處容歌), 서동요(薯童謠), 맹아득안가(盲兒得眼歌), 양지사석(良志使錫), 광덕처(廣德妻), 월명사(月明師) 도솔가(兜率歌), 위망매영재가(爲亡妹營齋歌), 융천사혜성가(融天師彗星歌), 신충백수가(信忠栢樹歌), 영재우적가(永才遇賊歌) 등 십사수(十四首)뿐이요 그 여(餘)에 균여대전(均如大師傳) 소재(所載)의 것 십일수(十一首)가 있으니 예경제불(禮敬諸佛), 칭찬여래(稱讚如來), 광수공양(廣修供養), 참회업장(懺悔業障), 수희공덕(隨喜功德), 청전법륜(請轉法輪), 청불왕세(請佛住世), 상수불학(常隨佛學), 항순중생(恒順衆生), 보개회향(普皆廻向), 총결무진가(總結无盡歌) 등(等)이다.

균여전(均如傳)은 본명(本名)이 대화엄수좌원통양중대사균여전(大華嚴首座圓通兩重大師均如傳)인데 본서저작년대(本書著作年代)가 함옹(咸雍) 십일년(十一年) 즉(卽) 고려(高麗) 문종(文宗) 이십구년(二十九年)(1075 A.D.)이요 십부문(十部門)에 나누어 서술(敍述)하였는데 그 제칠(第七), 가행화세분(歌行化世分)에 위에 말한 십일수(十一首)의 향가(鄕歌)가 들어있고 제팔(第八), 역가현덕분(譯歌現德分)에는 우십일수(右十一首)의 역가(譯歌)가 들어있다. 왜 균여전(均如傳)에 이것이 들어 있느냐 하면 가행화세분(歌行化世分)의 전문(前文)에

'제칠가행화세분자(第七歌行化世分者)는 사지외학(師之外學)이 우좌한 어사뇌(尤[8]閑於詞腦) 의정어사고운뇌야(意精於詞故云腦也)하여 의보현십종원왕(依普賢十種願王)하여 저가일십일장(著歌一十一章)이라 기서(其序)에 운(云), 부사뇌자(夫詞腦者)는 세인희악지구(世人戱樂之具) ……'[9]
라 하였으니 이 균여대사(均如大師)의 작(作)에 계(係)한 것이다.

소창박사(小倉博士)「향가급이두연구(鄕歌及吏讀研究) pp.29-30.」

이처럼 삼국유사(三國遺事) 저자(著者) 석(釋) 일연(一然)은 고려(高麗) 희종(熙宗) 때 나서 충렬왕(忠烈王) 십오년(十五年)에 몰(歿)하고(1206-1239 A.D.) 균여전(均如傳)은 고려(高麗) 문종(文宗) 이십구년(二十九年)에 된 것이니 이 향가(鄕歌) 문자(文字)의 사용법(使用法)은 고려(高麗)의 것이라 하여도 향가(鄕歌) 그 자체(自體)는 신라시대(新羅時代)의 산물(産物)일 것이 틀림없다.

여긔는 우(右) 향가(鄕歌) 이십오수(二十五首)를 문학박사(文學博士) 소창진평(小倉進平) 선생(先生)의 역독(譯讀) 그대로 전재(轉載)하였다. 소창(小倉) 선생(先生)에게 심사(深謝)하는 바이다.

---

8) 『조선가요집성』에는 '우(尤)'를 '좌(左)'로 표기하였으나 오기인 듯하다.
9) "균여대사는 불교 외의 배움으로 특히 사뇌(지은이의 생각이 가사에 정교히 표현되었으므로 뇌(腦)라 하였다)에 익숙하시었던 바, 보현보살의 열 가지 서원을 바탕으로 노래 11장을 지으셨다. 그 서문은 이와 같다. 대저 사뇌라 하는 것은 세상사람들이 놀고 즐기는 데 쓰는 도구요 ……."

제일(第一). 득오곡(得烏谷) 모랑가(慕郎歌)[10]

去隱春皆理米
毛冬居叱沙哭屋尸以憂音
阿冬音乃叱好支賜烏隱
皃史年數就音墮支行齊
目煙廻於尸七史伊衣
逢烏支惡知作乎下是郎也慕理尸心未
行乎尸道尸
蓬次叱巷中宿尸夜音有叱下是.

가는 봄이 다 다ᄉ리메
모든 것이 사울오어설음
아[어][11)]듸매 나롤 됴화ᄒ샨
짓 年數 닐음에 뻐러뎌녀제
目煙 멀 ᄉ이[ㅿ]예
맛나오어지ᄋ[ㅅ]오이리 郎이야 그릴ᄆ음[숨]이
녀올 길애[이]
뿍질 굴헝에 잘밤이잇이리요[(오)].

≪해(解)≫[12)] 삼국유사(三國遺事) 권이(卷二)에 있는데 득오곡(得烏谷)이 죽지랑(竹旨朗)을 모사해서 읊은 노래다.

봄은 가고

---

10) 향가 제명(題名) 대부분은 소창진평의 저서를 그대로 따랐다. 몇몇 작품은 표기를 달리 하고 있다.
11) [ ]은 『향가급이두연구』(소창진평 저서)의 표기이다.
12) 이 부분은 소창진평의 주해(註解)를 따르면서 김태준 자신의 견해를 덧붙이고 있다.

모든 것은 설어서 운다.
어데를 됴와하샤
이처럼 년수(年數) 자모(姿貌)를 오날을 마즈막으로 버리고 가시는다.
유명(幽冥)이 요격(遙隔)한 사이에
뵈옵고 싶어서 낭(郞)을 그리는 마음의
향(向)하는 길은
어느 밤 격항(隔巷)에서 졸음을 일을소냐.13)

제이(第二). 노인(老人) 헌화가(獻花歌)

紫布岩乎邊希
執音乎手 母牛放教遣
吾肹不喩慚<慙>14)肹伊賜等
花肹折叱可 獻乎理音如.

붉은바회ᄀ애
잡은[온]손【애】 암쇼【롤】 노호【이】15)시고
날아닌지붓글어워이샤든
곶올썩어 들이오리이[이]다.

≪해(解)≫ 삼국유사(三國遺事) 권이(卷二)에 있는데 신라(新羅) 성덕왕(聖德王) 때 순정공(純貞公)이 강릉(江陵) 태수(太守)가 되어 부임(赴任)하는

---

13) 이 부분은 소창진평의 의역(意譯)을 그대로 따랐으나 몇몇 작품에 대해서는 약간의 차이를 보이고 있다.
14) < >은 『삼국유사』의 표기이다.
15) 【 】은 『향가급이두연구』에는 있으나 『조선가요집성』에는 없는 표기이다. [ ], < >, 【 】 앞 부호들은 교주자가 신라 향가 부분에서 같은 의미로 사용하였다.

길에 해정석장(海汀石嶂)에 진달래꽃 만발(滿發)한데 임(臨)하였다. 공(公)의 부인(夫人) 수로(水路)가 종자(從者)더러 누가 이 꽃 꺾어다 줄 사람 없느냐고 물을 적에 꽃은 인적미도(人迹未到)의 험석(險石) 위에 있으므로 좀처럼 응(應)하는 자(者) 없으되 패우(悖牛) 끌고 지나가는 노옹(老翁) 하나가 부인(夫人)의 말을 듣고 꽃을 꺾어다 드리며 이 노래를 읊었다.

    붉은 바윗가에
    암쇼를 놓고지고
    나를 싫다고 하시지 않는다면
    꽃을 꺾어다 드리겠나이다.

제삼(第三). 안민가(安民歌)

    君隱父也
    民隱愛賜尸母史也
    民焉狂尸恨阿孩古爲賜尸知
    民是愛尸知古如
    窟理叱大肹生以
    支所音物生此肹喰惡支＜攴＞治良羅
    此地肹捨遣只
    於冬是去於丁
    爲尸知國惡支持以
    支知右如
    「後句」君如臣多支＜攴＞民隱如
    爲內尸等焉國惡太平恨音叱如.

    님금은아비요

君은[은]두 ᄋ[슈]살어미라
民ᄋᆫ밋칠은ᄋ희(라)고ᄒ살디(연)民이두 옴[숨]올알고다
굴ㅅ댈生으로괼바인物生이롤
먹어다스리라
이짜홀버리고
어듸가는[논]뎡
홀나라해디녀
괼(古)고다
「後句」 님금이다臣이다民이다
홀든나라해太平이16)ᄒ와이다.

≪해(解)≫ 삼국유사(三國遺事) 권이(卷二)에 실닌 노래니 충담사(忠談師)가 경덕왕(景德王)을 위(爲)해서 지은 것이다.

님금은 아버지요
臣下는 사랑을 드리우는 어머니니
백성을 작난바치 어린애라고
사랑해주서야
백성도 사랑을 알리이다,
樞機에 生氣있게 하는 者도
백성을 다스리고
祿을 먹으리이다,
백성은 어델가던지
나라에 依하야 사는 것이다
「後句」君은 君, 臣은 臣, 民은 民의 職分을 다하면
나라는 太平하리이다.

---

16) 『향가급이두연구』에서는 '이'를 ( )안에 두었다.

제사(第四). 찬기파랑가(讚耆婆郎歌)

咽嗚爾處米
露曉邪隱月羅理
白雲音逐于浮去隱安支＜攴＞下
沙是八陵隱汀理也中
耆郎矣貌史是史藪邪
逸烏川理叱蹟惡希
郎也持以攴如賜烏隱
心未際叱肹逐內良齊
阿耶 栢史叱枝次高支＜攴＞好
雪是毛冬乃乎尸花判也.

열치매
들어나붉은돌이
흰구름[룸]을조차떠가는어듸이(오)
모래팔은 믈ㅈ애
耆郎의짓이사고자
일온내ㅅ작[쟉]벼리에
郎이디녀괴여샨
ᄆᆞᆷ[숨]의 ㅈ【ㅅ】을[올]조차제[계]
阿耶 잣가지놉하
눈이몰나올花判이요.

≪해(解)≫ 삼국유사(三國遺事) 권이(卷二), 기파랑(耆婆郎)을 찬(讚)한 노래요 또한 충담사(忠談師)의 작(作)이다.

뚜렷하게 열치고

들어나는 저 달은
흰 구름을 쫓아17) 어데로 가오,
일즉 朗께서 푸른 물길 모랫가에
얼골을 나타내고
빨리 흘으는 물갓 石原에
머믈으시든 當時의 心境을 그리나이다.
阿耶 松柏나무가지는 大空에 높이 늘어저
눈도 몰으는 花判이다.

제오(第五). 처용가(處容歌)

東京明期月良
夜入伊遊行如可
入良沙寢矣見昆
脚烏伊四是良羅
二肹隱吾下於叱古
二肹隱誰支下焉古
本矣吾下是如馬於隱
奪叱良乙何如爲理古.

東京 붉은 둘에[애]
밤 들어 노녀다가
들어사 자리에 보곤
가란[룰]이 너(네)이(히)러라
둘은 니(나)히(이)잇(엇)고
둘은 누희(이)언고

---

17) 좇아.

믿이 닉(내)히(이)이18)다마른(론)
쌔앗어늘 엇더(디)ᄒ릿(리잇)고.

≪해(解)≫ 삼국유사(三國遺事) 권이(卷二)에 있는 노래니 신라(新羅) 헌강왕(憲康王)이 개운포(開雲浦)에 가셨다가 동해(東海) 용(龍)의 칠자(七子) 속에서 그 일자(一子)를 데리고 서울로 온 것이 처용(處容)이다. 왕(王)은 급간(級干)이란 벼슬을 주고 미녀(美女)로 처(妻)하였더니 역신(疫神)이 그 안해를 흠모(欽慕)하야 밤마다 와서 함께 잔다. 어느 날 처용(處容)은 밖에 나가 놀다가 들어와서 자리에 두 사람이 자는 것을 보고 이 노래를 읊었다.

東京 달 밝은 밤에
밤들도록 노닐다가
들어와서 자리를 보니
다리 가란이 너히더라
둘은 내해여니와
둘은 누구해뇨
미뚱은19) 내것이지만
뺏겨스니 어이하리.

역신(疫神)은 이 때 처용(處容)의 성덕(盛德)에 감복(感服)되여 이후부터는 처용(處容)의 얼굴을 그려 붙이면 문(門)에 들지 않기로 언약(言約)하였다. 그래서 국인(國人)이 문(門)에 처용(處容)의 얼굴을 그려 벽사진경(僻邪進慶)하는 풍속(風俗)이 생겼다고 한다.

---

18) '이'는 『조선가요집성』에서 추가한 글자이다.
19) '미뚱'은 평북 방언으로 '밑 혹은 밑구멍'을 가리킨다. 소창진평이 '아래[下]'로 푼 것을 김태준은 '밑'으로 옮긴 것으로 보인다.

제육(第六). 서동요(薯童謠)

善化公主主隱
他密只嫁良置古
薯童房乙
夜矣卯乙
抱遣去如.

善化公主님은[은]
남몰기[(애)그스기] 얼여 두고
薯童房을[올]
밤에[애] 몰내 안고 간다.

≪해(解)≫ 삼국유사(三國遺事) 권이(卷二)에 있는 노래다. 백제(百濟) 무왕(武王)이 어린 적에 신라왕녀(新羅王女) 선화(善花)가 퍽 예쁘단 말을 듣고 머리를 깎고 중 행색(行色)으로 신라(新羅) 서울에 와서 서여(薯蕷)[20]로써 한길 아희들을 한 턱 먹이고 이 동요(童謠)를 지어 노래시키니 그 노래가 궁금(宮禁)에 달(達)하여 왕(王)은 사랑하는 딸 선화(善花)를 내쫓으니 무왕(武王)은 그를 데리고 백제(百濟)에 돌아와 그는 왕(王)이 되고 선화(善花)는 왕후(王后)가 되었다. 이 노래 뜻은

선화공주(善花公主)님은
남 몰으게
서동(薯童)셔밤[21]을 얼려두고
밤이면 안ㅅ고 간다

는 말이다.

---

20) 참마.
21) 서방.

제칠(第七). 맹아득안가(盲兒得眼歌)

膝肹古召旀
二尸掌音毛乎攴內良
千手觀音叱前良中
祈以攴<攴>白屋尸置內乎多
千隱手<□>[22]叱千隱目肹
一等下叱放一等肹除惡攴<攴>
二于萬隱吾羅
一等沙隱賜以古只內乎叱等邪
阿邪也 吾良遺知攴<攴>賜尸等焉
放冬矣用屋尸慈悲也根古.

무릎을 굽으리며
두ㅅ 손바당올 모오(아) 괴여
千手觀音ㅅ 앒헤
빌어 숣오어 두오다
즈믄 손으로 즈믄 눈을
한 무리흘 노하 한 무리를[흘] 버리어
두만 내라
한 무리산 주셔 고티올더라
阿耶也 나애 끼티샬든
노흔들 쁘오아 慈悲이 큰고.

≪해(解)≫ 삼국유사(三國遺事) 권삼(卷三) 소재(所載) 신라(新羅) 경덕왕(景德王) 때 한기리(漢岐里) 여(女) 희명(希明)의 아(兒) 난 지 오임(五稔)에 급작히 안맹(眼盲)하니 희명(希明)이 어린애를 데리고 분황사(芬皇寺) 좌

---

22) 빠진 글자.

전(左殿) 북벽(北壁)에 걸린 천수대비(千手大悲)의 화상(畵像) 앞에 나가 이 노래를 지어 읊으며 기도(祈禱)하니 다시 눈이 열렸다는 것이다. 그 사의(詞意)는

    무릎을 굽고
    두 손을 몽고
    천수관음(千手觀音) 앞에
    비나이다
    천수천목(千手千目)을 가지샤
    하나는 놓고 하나는 덜고
    둘만 내게 주소서
    하나라도 주서서 끝여주소서
    阿耶也 내게 끝여주시면
    놓어주신 자비(慈悲)가 얼마나 클까.

제팔(第八). 풍요(風謠)

    來如來如來如
    來如哀反多羅
    哀反多矣徒良
    功德修叱如叱<叱如>良來如.

    온다 온다 온다
    온다 설[서러]외더라
    설[서러]외다 의더[내]러[여]
    功德 【을】 닷[닥]기[그러] 온다.

≪해(解)≫ 삼국유사(三國遺事) 권사(卷四)에 있는 노래니 선덕왕(善德王) 때에 승(僧) 양지(良志)가 탑(塔)을 세울 적에 역사(役事)하려 온 사녀(士女)들에게 부르게 한 노래니 삼국유사(三國遺事)의 작자(作者)인 승(僧) 일연(一然) 때까지 토인(土人)들이 이 노래를 춘회(春桐) 역작(役作)할 때에 쓴다고 하였은 즉 혹(或)은 고려(高麗) 때에 유행(流行)하는 풍요(風謠)의 연기설화(緣起說話)인지도 모른다. 춘회(春桐)와 같은 노역(勞役)을 하면서 읊기 좋게 된 노래다. 대의(大意)는

    온다 온다
    功德 닦으려 온다

는 뜻이다.

제구(第九). 광덕처(廣德妻) 엄장(嚴莊)의 파계(破戒)를 간(諫)하는 노래

    月下伊底亦
    西方念丁去賜里遺
    無量壽佛前乃
    惱叱古音(鄕言云報言也)多可支＜攴＞白遺賜立
    誓音深史隱尊衣希仰支＜攴＞
    兩手集刀花乎白良
    願往生願往生
    慕人有如白遺賜立
    阿邪 此身遺也置遺
    四十八大願成遺賜去.

돌햇 믵예
西方의[으]로 가샤리고
無量壽佛앏애
뇌웃기어[이]다가 숣고샤셔
셤 깁산 尊에 울워
두 손 【올】 모도와숣아
願往生願往生(이라고)
그릴 사람 【이】 잇다 숣고샤셔
阿耶 이몸 【온】 그냥 두고
四十八大願을 닐우고샤과라.

≪해(解)≫ 삼국유사(三國遺事) 권오(卷五) 소재(所載). 신라(新羅) 문무왕(文武王) 때 승(僧) 광덕(廣德)의 죽은 후에 그 친구 남악(南岳) 승(僧) 엄장(嚴莊)이가 광덕(廣德)의 처(妻)와 통간(通姦)코저 하다가 광덕(廣德)의 처(妻)가 이 노래를 지어 간(諫)하는 바람에 참회(慚悔)해서 원효(元曉) 법사(法師)에게 나가 율요(律要)를 간청(懇請)하고 일의수관(一意修觀)하여 마침내 서승(西昇)하였다 한다. 사의(詞意)는 이러하다.

달 아래
西方淨土에 나가사
無量壽佛 앞에
慚悔를 하소서
생각 깊으신 尊位를 울어라보고
願往生 願往生을
그리는 사람있다고 하소셔
阿耶 이 몸은 그냥두고
四十八大願을 일으소셔.

제십(第十). 월명사(月明師) 도솔가(兜率歌)

今日此矣散花唱良
巴寶白乎隱花良汝隱
直等隱心音矣命叱使以惡只
彌勒座主陪立羅良.

오늘 이에 散花롤23) 불너
베푸숩온 곳이여 너는
고돈 무움[슘]의 命을 바려
彌勒座主 모셔러라.

≪해(解)≫ 삼국유사(三國遺事) 권오(卷五) 소재(所載). 신라(新羅) 경덕왕(景德王) 십구년(十九年) 사월삭(四月朔), 하늘에 해 둘이 돋아 순일(旬日)을 꺼지지 아니하니 왕(王)은 일관(日官)의 주청(奏請)에 의(依)하여 마침 천맥(阡陌) 사이에 지나가던 월명사(月明師)더러 계(啓)를 지어 빌라고 하니 월명사(月明師)의 말이 신(臣)은 국선(國仙)의 도(徒)라 향가(鄕歌)나 알고 성범(聲梵)을 모른다고 하니 왕(王)이 향가(鄕歌)라도 좋다고 하여 월명사(月明師) 이에 이 도솔가(兜率歌)를 지어 읊으니 일괴(日怪)가 없어졌다고 한다. 삼국유사(三國遺事)의 저자(著者)는 속(俗)이 이 노래를 산화가(散花歌)라고 하는 것은 잘못이요 산화가(散花歌)는 따로이 있었던 것이요 도솔가(兜率歌)라고 명명(命名)하는 것이 옳다고 하였다.

그 저자(著者)는 또 이 향가(鄕歌)의 해석(解釋)을 첨부(添附)하되

龍樓此日散花歌, 挑送靑雲一片花, 殷重直心之所使, 遠邀兜率大僊家.24)

---

23) 『향가급이두연구』에는 '롤'을 ( ) 안에 두었다.
24) "용루에서 오늘 산화가를 불러, 청운에 한 떨기 꽃 뿌려 보냈네, 은근히 굳은

라고 하엿다.

오날 이에 散花의 노래를 불러
베풀어 놓은 꽃이여 너는
곧은 마음의 使命을 바더
彌勒座主를 모셔라.

제십일(第十一). 월명사(月明師) 제망매가(祭亡妹歌)

生死路隱
此矣有阿米次肹伊遣
吾隱去內如辭叱都
毛如云遣去內尼叱古
於內秋察早隱風未
此矣彼矣浮良落尸葉如
一等隱枝良出古
去奴隱處毛冬乎丁
阿也 彌陀刹良逢乎吾
道修良待是古如.

生死길흔
이에 잇아매 저히고
나는[ᄂᆞᆫ] 간댓[다(ᄒᆞᆯ)] 말【ㅅ】도
몰으다 일으고 가닛고
어늬 개[ᄀᆞ]옳[ᄋᆞᆯ] 일은[흔] ᄇᆞᄅᆞᆷ애
이에 뎌에 뻐딜 닙(히)여

마음에서 우러나, 멀리 도솔천의 큰 선가(仙家)를 맞았네."

한 무리는 가지에[예] 나고
　　가는 곧 【올】 몰으온뎡
　　阿也 彌陀刹에[애] 맛나온 나(는)
　　道 【룰】 닥기[가] 기다리고다.

≪해(解)≫ 삼국유사(三國遺事) 권오(卷五) 소재(所載). 월명사(月明師) 일찍 죽은 매씨(妹氏)를 위(爲)하여 재(齋)를 올리며 지은 노래다.

　　生死의 岐路에
　　세서 두려워하사
　　나는 간다는 말도
　　몰으고 가버리느냐
　　어데서 불어오는 가을 바람에
　　여긔저긔 떨어지는 나무닢이
　　하나는 가지에서 나서
　　가는 길 몰으누나
　　阿也 彌陀淨土에 맛나는 날이 있으면 나는
　　道를 닥고 기다리이다.

제십이(第十二). 융천사(融天師) 혜성가(彗星歌)

　　舊理東尸汀叱
　　乾達婆矣遊烏＜鳥＞隱城叱肹良望良古
　　倭理叱軍置來叱多
　　烽燒邪隱邊也藪耶
　　三花矣岳音見賜烏尸聞古
　　月置八切甬＜爾＞數旅＜於＞將來尸波衣

道尸掃尸星利望良古
彗星也白反也人是有叱多
「後句」達阿羅浮去伊叱等邪
此也友物北所音叱＜彗叱＞只有叱故.

네[녜]로 東ㅅ乾 믈ㄹㅅ
　【乾】達婆의 노온 잣올난 바라고
옛[예]넷 軍도 왓다(고) 烽 살은 ㄹ애 고자
三花의 오롬 보샤올 듣고
달[둘]도 발써 쉴 바에[애]
길올 쓸 별을 바라고
彗星(이)라 숣욀 사롬이 잇다
「後句」달[둘](이) 떠갓더라
이에 밧갓듸 밤ㅅ 비질악(이) 잇고.

≪해(解)≫ 삼국유사(三國遺事) 권오(卷五) 소재(所載). 신라(新羅) 진평왕(眞平王) 때 제오(第五) 거열랑(居烈郎) 제육(第六) 실처랑(實處郎)(일작一作 돌처랑突處郎) 제칠(第七) 보동랑(寶同郎) 등(等) 삼화(三花)의 도(徒)가 풍악(楓岳)(금강산金剛山) 놀러가려 할 적에 마침 혜성(彗星)이 심대성(心大星)을 범(犯)하였다. 낭(郎)들은 이를 의심(疑心)하여 여행(旅行)을 중지(中止)하였더니 그 때 융천사(融天師)란 이가 있어 이 노래를 지으니 성괴(星怪)도 없어지고 일본병(日本兵)도 퇴환(退還)하였다고 한다. 가의(歌意)-

東海 물가의 녯날에는
乾達婆의 놀든 城을 얻으랴고
倭軍이 왔다고 烽火를 들어 警戒할세
마침 三花徒가 山에 올으랴고 이 땅에 오심을 듯고
달도 함께 쉬려하니

신라향가편(新羅鄕歌篇) | 41

별은 이 때문에 길을 쓸고 지나셴 것을
彗星이라고 불으는이 있다
「後句」달은 벌서 떠올랏다
어데 밤비를 求할소냐.

제십삼(第十三). 신충(信忠) 괘관가(掛冠歌)

物叱好支栢史
秋察尸不冬爾屋支＜攴＞墮米
汝於多支＜攴＞行齊敎因隱
仰頓隱面矣改衣賜乎隱冬矣也
月羅理影支＜攴＞古理因淵之叱
行尸浪 阿叱沙矣以支＜攴＞如支＜攴＞
兒史沙叱望阿乃
世理都 之叱逸烏隱第也
「後句亡」.

것쳐 잣(이)
ᄀᆞ올[술] 안들 갓가오어 뻐러디예[메]
너 어듸 녀제이신
울워 조을은 ᄂᆞ채 고티샤온들로
달[둘]의 그름자 고인 못올 녈난
ᄭᆞᆷᆺ 모래예 머믈어
짓을사 바라나
누리도 지즐온 제오.

≪해(解)≫ 삼국유사(三國遺事) 권오(卷五) 소재(所載). 신라(新羅) 효성왕

(孝成王) 잠저(潛邸) 시(時)에 왕(王)은 현사(賢士) 신충(信忠)과 궁정(宮庭) 백수(栢樹) 아래서 바둑을 놀았다. 어느 날 왕(王)이 신충(信忠)더러 타일(他日)에 경(卿)을 잊으면 저 잣나무처럼 되리라 하였다. 수월(數月) 후 왕(王)은 즉위(卽位)한 후 공신(功臣)을 상(賞) 줄 적에 신충(信忠)을 잊었더니 신충(信忠)이 원가(怨歌) 즉(卽) 이 노래를 지어 백수(栢樹)에 붙였더니 나무가 금시 황췌(黃悴)하여졌다. 왕(王)은 연유(緣由)를 알고 충(忠)을 불러 작록(爵祿)을 주었더니 그 백수(栢樹)는 갑자기 소생(蘇生)하였다. 가의(歌意)—

'特別히 잿나무가
가을도 안됫는데 말라 떨어질 수가 있으랴'고
울워쪼은 얼골을 곧이실가하고
달 기름자 고인 못에 가서
금[隈] 모래에 머믈어
君의 얼골 바라보되 자취없으니
世上은 이처럼 푸대접하는가요.

제십사(第十四). 영재(永才) 우적가(遇賊歌)

自矣心米
兒史毛達只將來吞隱
日遠鳥<烏>逸□□過出知遣
今吞藪未去遣省如
但非乎隱焉破□主
次弗□史內於都還於尸朗也
此兵物叱沙過乎
好尸曰沙也內乎吞尼

阿耶 唯只伊吾音之叱恨隱瀿陵隱
安支<攴>尙宅都乎隱以多.

저의 ᄆᆞ음[숨]애
짓 몰을단오
해 머오일□□ 디나아고
열단 숨[숨]에 가고소다
但非乎隱焉破□主
次弗□史內於都還於尸朗也[25]
이 兵物을사 다나오어 말ᄒᆞ기 몰나온 단이(여)
阿耶 아기 졂잔흔 瀿陵은
어닉 놉즉(이) 두오니이다.

≪해(解)≫ 삼국유사(三國遺事) 권오(卷五) 소재(所載). 육십명(六十名)의 도적(盜賊)이 대현령(大峴嶺) 넘어가는 승(僧) 영재(永才)를 가해(加害)하려고 할 적에 태연부동(泰然不動)하는 그 중의 비범(非凡)한 인물(人物)인 줄 알고 이름을 물은 즉 귀에 익은 명승(名僧) '영재(永才)'였다. 적(賊)들은 영재(永才)에게 노래를 지으라 명(命)하니 영재(永才)는 이 노래를 지어 읊었다. 영재(永才)의 언동(言動)에 감동(感動)한 그 적도(賊徒)들은 투항(投降)하여 중이 되었다. 노래의 대의(大意)는—

제 마음에도
제 얼골 몰나보게
껌은 골착이 해는 멀리[不明] 지나가고
인제 이 골착 이 숲 사이에 가게되었다.
(二十字不明)

---

[25] 이 두 구를 소창진평이 미상으로 처리하였기 때문에 김태준 역시 향찰 표기 그대로 옮겼다.

이 賊禍를 받고 말해도 못 듣는 골책이여
阿耶 너의 젊잔흔 善心은 (潽陵＝善業)
어데 높이 두고 오섯는가.

제십오(第十五). 예경제불가(禮敬諸佛歌)

心未筆留
慕呂＜白＞乎隱佛體前衣
拜內乎隱身萬隱
法界毛叱所只至去良
塵塵馬洛佛體叱刹亦
刹刹每如邀里白乎隱
法界滿賜隱佛體
九世盡良禮爲白齊
歎曰 身語意業无疲厭
此良夫作沙毛叱等耶

ᄆᆞᆷ[심]의 붇으로
그리ᅀᆞ온 부텨 앏애
빌ᄋᆞ온 몸은[온]
法界 밑ᄭᆞ지 닐으과라
塵塵마다 부텻[텨ㅅ] 刹이요[오]
刹刹마다 마ᄌᆞ리ᅀᆞ온
法界예26) ᄎᆞ샨 부텨
九世 다ᄋᆞ아 절ᄒᆞᅀᆞ제
嘆曰 身語意業疲厭업시

---

26) 『향가급이두연구』에는 '예'를 ( ) 안에 두었다.

이러히 지의[스]사 믿으드라.

우역가(右譯歌)27)

以心爲筆畵空王(이심위필화공왕)
瞻拜唯應遍十方(첨배유응편십방)
一一塵塵諸佛國(일일진진제불국)
重重刹刹衆尊堂(중중찰찰중존당)
見聞自覺多生遠(견문자각다생원)
禮敬寧辭浩劫長(예경녕사호겁장)
身體語言兼意業(신체어언겸의업)
總无疲厭此爲常(총무피염차위상).28)

의석(意釋)

마음으로
그리는 부처님 앞에
비는 이 내 몸은
法界의 끝까지 닐으리라
塵塵마다 부처님의 國土다
國土마다 맞오랴하고
法界에 가득찬 부처님께
九世에 連하야 빌으옵네

---

27) 상가역(上歌譯).

28) <부처님께 예배하고 공경하는 시>. "마음으로 붓을 삼아 부처님을 그리오며, 우러러 절하오니 두루 시방세계 비춰오시라! 하나 하나 티끌마다 모두가 부처님의 나라이옵고, 곳곳의 절마다 많은 부처님을 모시옵니다. 보고 들을수록 여러 생의 영원한 진리를 깨닫고, 예경하고 공경하는 일에 어찌 영겁의 긴 시간을 사양하오리까. 몸으로 짓는 업과 말로 짓는 업과 생각으로 짓는 삼업(三業)을, 모두 다 싫은 생각을 갖지 않고 닦으오리다." <보현시원가> 한역시 번역은 임기중을 따랐다.(『우리의 옛 노래』, 현암사, 1993, 89~98쪽.)

歌曰 身語意의 三業이 疲厭없이
이러히 지으샤 믿고 싶다.

제십육(第十六). 칭찬여래가(稱讚如來歌)

今日部伊冬衣
南无佛也白孫舌良衣
無<无>盡辯才叱海等
一念惡中涌出去良
塵塵虛物叱邀呂白乎隱
功德叱身乙對爲白惡只
際于萬隱德海肹
間王冬留讚伊白制
「隔句」必只一毛叱德置
毛等盡良白乎<手>隱乃兮.

오늘눌 이들어
南无佛이라 솗을손 혀에
無盡辯才ㅅ 바롤들
一念여해 솟오나과라
塵塵虛物을 마주리솗온
功德ㅅ 몸올 對호솗혀이
ᄀᆞ이 먼 德바롤
間王들을 기리솗제
「隔句」 반ᄃᆞ기 一毛ㅅ德도
모두어 다ᄋᆞ아 솗온네.

우역가(右譯歌)

遍於佛界罄丹衷(편어불계경단충)
一唱南无讚梵雄(일창나무찬범웅)
辯海庶生三寸抄(변해서생삼촌초)
言泉希涌兩唇中(언천희용양진중)
稱揚覺帝塵沙化(칭양각제진사화)
頌詠鬘王刹土風(송영의왕찰토풍)
縱未談窮一毛德(종미담궁일모덕)
此心直待盡虛空(차심직대진허공).29)

의석(意釋)

오날에 닐으러
南無佛이라고 불으시는 혀에
無盡辯才等이
一念에서 솟아난다
塵沙虛物에 佛을 맞으샤온
功德의 몸이 되고 싶어
限없이 먼 德海의
間王을 讚하나이다
「隔句」 반다시 一毛의 德이라도
모두어 다하고 싶소이다.

---

29) <부처님을 찬탄하는 시>. "불계(佛界)에 울려 퍼지도록 온 정성을 다하여, 한결같이 '나무불이여'를 외우면서 부처님을 찬탄합니다. 변재(辯才)의 바다는 짧은 혀끝에서 펼쳐지고, 설법(說法)의 샘물은 두 입술 사이에서 용솟음칩니다. 부처님이시여, 티끌 세계 교화시켜 주신 것을 칭송하옵고, 불보살님들이시여, 시방 국토에 불풍(佛風)이 가득차게 해 주신 것을 송영하옵니다. 비록 한 터럭만큼의 덕도 말하지 못한다 해도, 이 마음은 오직 허공계 끝까지 다하기를 원하옵니다."

제십칠(第十七). 광수공양가(廣修供養歌)

火條執音馬
佛前燈乙直體良焉多衣
灯炷隱須彌也
灯油隱大海逸留去耶
手焉法界毛叱巴(色)只爲旀
手良每如法叱供乙留
法界滿賜仁佛體
佛佛周物叱供爲白制
阿耶 法供沙叱多奈
伊於衣波最勝供也.

火箸를 잡음애[에]
부텨 앏 등잔올 고티논대
등잔심지논 須彌요
등잔기름은 大海 일과라
손온 法界 밋두록 ᄒᆞ며
손애마다 法供ᄋᆞ로
法界예[에] ᄎᆞ샨 부텨
佛佛에 周物을 供ᄒᆞᄉᆞᆸ제
阿耶 {法}法供을사 만ᄒᆞ나
이것바 最勝供이오.

우역가(右譯歌)

至誠明照佛前【灯】(지성명조불전정)
願此香籠法界興(원차향롱법계흥)
香似妙峯雲靉靆(향사묘봉운애대)

油如大海水洪澄(유여대해수홍징)
攝生代苦心當切(섭생대고심당절)
和物修行力漸增(화물수행력점증)
餘供取齊斯法供(여공취제사법공)
直惣<饒>30)千萬惣難勝(직총천만총난승).31)

의석(意釋)

火箸를 잡고
佛前燈火를 고티는데
燈心은 須彌山이요
燈油는 大海로다
손은 法界에 및도록 하며
두 손에 法의 供物을 가지고
法界에 가득찬 부텨님께
여러 물건을 供하실제
阿耶 法의 供物이사 많지만도
이 보담 낳은 供物이야 있을나구.

제십팔(第十八). 참회업장가(懺悔業障歌)

顚倒逸耶
菩提向焉道乙迷波

---

30) < >은 『균여전』의 표기이다.
31) <여러 가지로 공양하는 시>. "지성으로 부처님 전에 등불을 밝히오니, 이 향연(香烟) 법계에 가득 피어오르소서. 향연(香烟)은 수미산 산봉우리에 구름이 피어오르는 듯하고, 등유(燈油)는 큰 바닷물처럼 많고도 맑습니다. 중생을 제도하고 그 괴로움 대신할수록 이 마음은 매양 간절해지고, 만물을 이롭게 하고 수행을 할수록 나의 힘은 점점 불어갑니다. 나머지 공양이 이 법공양(法供養)에 맞서려 하나, 천만 가지 다 대어도 법공양을 이길 것은 없으리이다."

造將來臥乎隱惡寸隱
法界餘音玉只出隱伊音叱如支
惡寸習落臥乎隱三業
淨戒叱主留卜以支乃遣只
今日部頓部叱懺悔
十方叱佛體閼遣只賜立
落句 衆生界盡我懺盡
來際永良造物捨齊.

걱구러디이어
菩提 아[ᄋ]ᄂᆞᆫ 길을 믜워【ᄒᆞ야】
지을[슬]누온 모단(이)는
法界를 남기어 나니이[이]다
모단 버릇(에)32) 디누온 三業
淨戒ㅅ님을 디어내고
오ᄂᆞᆯᄂᆞᆯ 頓ㅅ懺悔
十方ㅅ부텨 알고샤셔
落句 衆生界를 다ᄋᆞ아 내 懺悔
來際 길에 造物【을】 버리제.

우역가(右譯歌)

自從无始劫初中(자종무시겁초중)
三毒成來罪幾重(삼독성래죄기중)
若此惡緣元有相(약차악연원유상)
盡諸空界不能容(진제공계불능용)
思量業障堪惆悵(사량업장감추창)
馨竭丹誠豈惰慵(경갈단성기타용)

---

32) 『조선가요집성』에는 '에'를 ( )안에 두었다.

今願懺除持淨戒(금원참제지정계)
永離塵染似靑松(영리진염사청송).33)

의석(意釋)

그릇되여
菩提 아는 길을 미워하고
自己의 지은 罪業이
法界에 容納되지 못하고 스사로 드러나나이다
고약한 버릇에 빠진 三業을
이에 淨戒의 主를 떠늬고
오날사 精進의 懺悔를 한다
바라건대 十方之佛은 나의 懺悔를 알아 주소서
落句 나는 衆生界를 다하야 懺悔를 하고
來際에 길이 不淨을 버릴 것이다.

제십구(第十九). 수희공덕가(隨喜功德歌)

迷悟同體叱
緣起叱理良尋只見根
佛伊衆生毛叱所只
吾衣身不喩仁人音有叱下呂
修叱賜乙隱頓部叱吾衣修叱孫丁
得賜伊馬落人米無叱昆

---

33) <업장(業障)을 참회하는 시>. "아득한 과거로부터, 세 가지 독을 지어오니 그 죄가 얼마나 무거울까? 이 악업(惡業)의 인연에 본디 체상(體相)이 있다 하면, 나를 받아드릴 허공계는 하나도 없으리. 업장(業障)을 생각하면 서글퍼만 지는데, 온 정성을 다할 뿐 어찌 태만할 수 있으랴. 이제 참회하노니 청정계(淸淨戒)를 지켜서, 푸른 솔처럼 영원히 티끌세상을 떠나려 하네."

於內人衣善陵等沙
不冬喜好尸置乎理叱過
「後句」伊羅擬可行等
嫉妬叱心音至刀來去.

迷悟同體人
緣起를 다스려 츳저보곤
부텨 衆生 믿ᄉᆞ지
나의 몸 아닌디인 사롬 잇이리오
닥샬은 頓올 나의 닥손뎡
어드심예 딜 사롬이 업곤
어니 사롬의 善陵돌이개[사]
안들 깃부어 두오릿가
「後句」이러히 비겨 녀든
嫉妬ㅅ ᄆᆞᆷ[숨]이 닐도올가.

우역가(右譯歌)

聖凡眞妄莫相分(성범진망막상분)
同體元來普法門(동체원래보법문)
生外本無餘佛義(생외본무여불의)
我邊寧有別人論(아변녕유별인론)
三明積集多功德(삼명적집다공덕)
六趣修成少善根(육취수성소선근)
他造盡皆爲自造(타조진개위자조)
惣堪隨喜惣堪尊(홀감수희홀감존).34)

---

34) <남의 공덕을 같이 기뻐하는 시>. "성인(聖人)이니 범인(凡人)이니 진심(眞心)이니 망심(妄心)이니를 나누지 마오. 그 실체는 본래 같아서 부처님의 법 안에 포섭된다네. 중생(衆生)을 제치고는 본래 부처님의 뜻이 없는 것이니, 나와 남이 다르다고 할 것이 무엇이겠는가. 삼명(三明)을 쌓으매 공덕은 늘어가

의석(意釋)

迷悟同體의
緣起를 究尋하여보니
부텨에서 衆生까지
내 몸 아닌 이 있으리오
佛의 精進하신 대로 우리가 修行하고 보면
救치 못할 이 없은지라
어떤 사람의 善行이라도
않 기뿌고 두오릿가
「後句」 이처럼 부텨님께 배워간다면
嫉妬의 마음이 생기리잇가.

제이십(第二十). 청전법륜가(請轉法輪歌)

彼仍反隱
法界惡之叱佛會阿希
吾焉頓叱進良只
法雨乙乞白乎叱等耶
無明土深以埋多
煩惱熱留煎將來出米
善芽毛冬長乙隱
衆生叱田乙潤只沙音也
「後言」 菩提叱菓音烏乙反隱
覺月明斤秋察羅波處也.

나, 육취(六趣)는 닦은대로 이루어지는데 선근(善根)은 보잘 것이 없네. 다른 사람이 짓는 것이 곧 모두 내가 짓는 것이어서, 모두들 서로 따르고 기뻐하며, 모두들 서로 존경하며 받들어 주세."

뎌를 지ᅀᅡ얀
法界옛 佛會예
나ᄂᆞᆫ 頓올 들여
法雨를 비ᄉᆞᆲ올더라
無明土 깁히 묻은 煩惱熱을
다리(又지지)도록 내매
善芽 몰으기 길은
衆生ㅅ받올[을] 불어삼ᄋᆞ오
「後言」菩提ㅅ 열음 열니얀
覺月 붉ᄋᆞᆫ ᄀᆞ술올 밧치요.

우역가(右譯歌)

佛陁成道數難陳(불타성도수난진)
我願皆趣正覺因(아원개추정각인)
甘露洒消煩惱熱(감로주소번뇌열)
戒香熏滅罪愆塵(계향훈멸죄건진)
陪隨善友瞻慈室(배수선우첨자실)
勸請能人轉法輪(권청능인전법륜)
雨寶遍沾沙界後(우보편첨사계후)
更於何處有迷人(갱어하처유미인).35)

의석(意釋)

衆生 때문에

---

35) <설법해주기를 청하는 시>. "부처님께서 성도(成道)하신 길은 다 헤아리기 어려우나, 제 소원은 오직 정각(正覺)의 인(因)을 따르기 원하옵니다. 감로(甘露)는 번뇌의 열을 시원하게 식혀주고, 계향(戒香)은 죄악의 먼지를 샅샅이 소멸시켜 줍니다. 좋은 벗은 모시고 따라 자애로운 가르침을 우러르고, 깨달은 사람에게는 권하고 청하여 설법(說法)을 하게 합니다. 법보(法寶)의 비가 두루 사바세계를 적신 뒤에, 어느 곳에 또 다시 미혹(迷惑)한 사람이 있겠는가."

나는 法界의 佛會에 臨하야
精進을 다하고
法雨를 빌으사
無明土에 깊이 묻은 煩惱熱을
散出하고
善芽을 몰으고 길이 헤미이는
衆生의 田을 적서주리라
「後言」菩提의 열음이 닉으면
眞如의 달이 밝은 가을 하늘을 늬리이다.

제이십일(第二十一). 청불주세가(請佛住世歌)

皆佛體
必于化緣盡動賜隱乃
手乙寶非鳴良爾〈尒〉
世呂中止以友白乎等耶
曉留朝于萬夜未
向屋賜尸朋知良闎尸也
伊知皆矣爲米
道尸迷反群良哀呂舌
「落句」吾里心音水清等
佛影不冬應爲賜下呂.

므릇 부텨
비록 化緣을 다ᄋ나 움즉이샤나
손올 부븨여 울니니
누리에 머믈[물]게 ᄒᆞᆷ오더라
새벽으로 아ᄎᆱ 밤이

아오샤 벋「을」알아 일허
이러케 ᄒᆞ매
길올 왼 무리여 스러워쇠
「落句」우리 ᄆᆞ옴[숨]올 ᄆᆞᆰ히든
佛影 안들[둘] 應하샤이리【(오)】.

우역가(右譯歌)

極微塵數聖兼賢(극미진수성겸현)
於此浮世＜生＞畢化緣(어차부세필화연)
欲示泥洹歸寂滅(욕시니원귀적멸)
請經沙劫利人天(청경사겁리인천)
談眞盛會猶堪戀(담진성회유감연)
滯俗群迷實可憐(체속군미실가련)
若見惠灯＜燈＞將隱沒(약견혜정장은몰)
蓋傾丹懇乞淹延(개경단간걸엄연).36)

의석(意釋)

무릇 부텨는
化緣을 다하야 움즉이지만
손바닥을 合하야 울려서
이 世上에 머믈을 것이니
아침 새벽붙어 져녁까지
벗을 求해도 벗이 없으니

---

36) ＜부처님이 세상에 오래 계시기를 청하는 시＞. "매우 작은 먼지 알처럼 많은 거룩하고 어진 부처님들께서, 뜬 구름같은 이승에서 교화의 인연을 다치려 하네. 열반에 드시어 적멸(寂滅)의 세계로 돌아가려 하시나, 세세무궁토록 인간계와 천상계의 중생들에게 이익 주기를 간청하옵니다. 진리를 말하는 성대한 모임이야 그리운 것이언마는, 세속에 매인 저 미혹한 중생은 참으로 가련합니다. 지혜의 등불이 꺼질듯함을 보면서, 어찌 온 정성 기울여 이 세상에 머물기를 빌지 않겠습니까?"

신라향가편(新羅鄕歌篇) | 57

이렇게
갈 길 아득한 무리는 설어 울 것이다
「落句」 우리 마음만 淸淨히 하면
佛影이 어이 應하지 않으릿가.

제이십이(第二十二). 상수불학가(常隨佛學歌)

我佛體
皆往焉世呂修將來賜留隱
難行苦行叱願乙
吾焉頓部叱逐好友伊音叱多
身靡只碎良只塵伊去米
命乙施好尸歲史中置
然叱皆好尸卜下里
皆佛體<體>置然叱爲賜隱伊留兮
城上人 佛道向隱心下
他道不冬斜良只行齊.

우리 부텨
므릇 가는[논] 누리예 닥글샬은
難行苦行ㅅ願을
나는 頓올 조차이다
몸업시 부스러뎌 들글이 가매
命을 줄 날에[애]도
또[쏘] 다혀 디이리【오.】
므릇 부텨도 또[쏘] ᄒᆞ샨 일이네
城上人 佛道 아논 ᄆᆞᅀᆞ미

他道애 안들 빗겨 녀제.

우역가(右譯歌)

此娑婆界舍那心(차사파계사나심)
不退修來迹可尋(불퇴수래적가심)
皮紙骨毫兼血墨(피지골호겸혈묵)
國城宮殿及園林(국성궁전급원림)
菩提樹下成三點(보제수하성삼점)
衆會場中演一音(중회장중연일음)
如上妙因惣隨學(여상묘인총수학)
永令身出苦河深(영령신출고하심).37)

의석(意釋)

우리 부텨의
過去의 世上에 닥근
難行苦行의 願을
나는 精進을 다하야 쫓나이다
몸은 쓸어저 塵土되고
목숨을 버릴 날이 닐으로도
길이 이 願을 가지리라
무릇 부텨도 그렇게 하신 일이라
(城上人) 마음에 佛道를 닥그면
他道에 誤入할 理 없으리라.

---

37) <부처님을 본받아 배우겠다는 시>. "이 사바세계에서 비로사나(毘盧舍那) 부처님이 큰 보리의 마음을 내시어, 물러서지 않고 닦아온 그 자취를 찾가보리라. 살겨죽을 벗겨 종이를 삼고, 뼈를 쪼개 붓을 삼아서 피를 뽑아 먹물삼아 경전을 베끼셨고, 나라와 궁전과 동산까지도 버리셨습니다. 보리수 아래에서 삼점(三點)의 깨달음을 이루시곤, 대중이 모인 도량에서 우뢰같은 음성으로 법을 설하셨습니다. 이와 같은 오묘한 수행을 모두 따르고 배워서, 영원토록 이 몸을 깊고 깊은 고해(苦海)에서 건지오리다."

제이십삼(第二十三). 항순중생가(恒順衆生歌)

覺樹王焉
迷火隱乙根中沙音賜焉逸良
大悲叱水留潤良只
不冬萎玉內乎留叱等耶
法界居得丘物叱丘物叱
爲乙吾置同生同死
念念相續无間斷
佛體爲尸如敬叱好叱等耶
打心 衆生安爲飛等
佛體頓叱喜賜以留也.

覺樹王온
迷火에 숨을 불휘애[에]사 읊[옮]샤논일야
大悲ㅅ믈을 부어
안들 이우올더라
法界에[예] 가득한[흔] 丘物ㅅ 丘物을
홀 나도 同生同死
念念相續 【无】 間斷업시
부텨 호데 삼가여더라
打心 衆生이 安호느든
부텨 頓을 깃부샤일야.

우역가(右譯歌)

樹王偏向野中榮(수왕편향야중영)
欲利千般萬種生(욕리천반만종생)
花果本爲賢聖體(화과본위현성체)
幹根元是俗凡精(간근원시속범정)

慈波若洽靈根潤(자파약흡령근윤)
覺路宜從行業成(각로의종행업성)
恒順遍教郡<群>品悅(항순편교군품열)
可知諸佛喜非輕(가지제불희비경).38)

의석(意釋)

覺樹王은
迷火에 가리운 뿌리에 옴겨가고
大悲의 물을 부어
시들지 않게 한다
法界에 가득한 衆生의
우리로 부텨와 同生同死한다
나는 念念相續하야 間斷없이
부텨님을 섬기고 싶다
打心 衆生의 마음이 편안하면
佛은 그 精進을 기뻐할 것이다.

제이십사(第二十四). 보개회향가(普皆廻向歌)

皆吾衣修孫
一切善陵頓部叱廻良只
衆生叱海惡中

---

38) <중생의 뜻에 수순(隨順)하겠다는 시>. "보리수왕[菩提樹王]이 광야 한가운데서 무성하게 꽃을 피웠으니, 모든 중생들을 (그의) 자비의 물로 이롭게 했기 때문이라. 꽃과 열매는 불보살(佛菩薩)이고, 줄기와 뿌리는 중생들의 정기입니다. 자비의 물이 영(靈)을 가진 뿌리를 흠뻑 적셔 주듯이, 깨달음의 길은 마땅히 행업(行業)을 따라서 이루어집니다. 항상 따르고 두루 가르친다면 모든 중생들이 기뻐하리니, 모든 부처님들의 즐거움도 적지 않음을 알겠습니다."

迷反群无史悟內去齊
佛體叱海等成留焉日尸恨
懺爲如乎仁惡寸業置
法性叱宅阿叱寶良
舊留然叱爲事置耶
病吟 禮爲白孫隱佛體刀
吾衣身伊波人有叱下呂.

무[므]룻 나의 닥손
一切善陵頓部룰 돌녀
衆生ㅅ 바룰여해
왼 물이 업시 쌔닷게 ᄒ야 가졔
부텨ㅅ 바룰둘 닐운 날혼
懺ᄒ다온 모딘 業도
法性ㅅ宅앳 寶라
녜로 또[쏘] ᄒᆞᆫ 일이더라
病吟 졀ᄒᆞᆷ을손 부텨도
나의 몸인바 사롬 잇이리(오).

우역가(右譯歌)

從初至末所成功(종초지말소성공)
廻與含靈一切中(회여함령일체중)
咸覬得安離苦海(함기득안리고해)
揔斯消罪仰眞風(홀사소죄앙진풍)
同時共出煩塵域(동시공출번진역)
異體咸歸法性宮(이체함귀법성궁)
我此至心廻向願(아차지심회향원)
盡於來際不應終(진어래제불응종).39)

의석(意釋)

무릇 우리의 닦근
一切의 善業 精進을 돌녀
衆生의 苦海애
誤入한 이 없이 모다 悟道하게 하리라
한 번 佛海에 가고나면
懺悔한 惡한 諸業도
法性宮의 寶라고
네전붙어 닐러오더라
(病吟) 禮拜하는 부텨도
우리 몸과 같은 사람이시니라.

제이십오(第二十五). 총결무진가(總結无盡歌)

生界盡尸等隱
吾衣願盡尸日置仁伊而也
衆生叱邊衣于音毛
際毛冬留願海伊過
此如趣可伊羅行根
向乎仁所留善陵道也
伊波普賢行願
又都佛體叱事伊置耶

---

39) <모두 다 회향(廻向)하는 시>. "처음부터 끝까지 이룬 모든 공덕을, 일체의 중생들에게 모두 돌려주리라. 모두 다 안락을 누려 고해를 벗어나고자 하는데, 그 길은 죄를 씻고 참된 깨달음을 우러러 보는 데 있도다. 모두 함께 번뇌의 세계에서 해탈하여, 만물이 모두 열반의 궁전으로 들어가기를 바라노라. 나의 이 지극한 회향의 서원은, 미래제(未來際)가 다하도록 그치지 않으리라."

阿耶 普賢叱心音阿于波
伊留叱餘音良他事捨齊.

生界를 다올든
나의 願 다올 날도 인이마리여
衆生ㅅ ゞ의 움에
ゞ 몰을 願海이과라
이다이 나ㅿ가 닐어녀곤
아온 바일 善陵道이
이바 普賢行願
다시 또[쏘] 부텨ㅅ 일이더라
阿耶 普賢ㅅ ᄆᆞᆷ[含]애 어운바
이를 남아 달은 일을 버리제.

우역가(右譯歌)

盡衆生界以爲期(진중생계이위기)
生界无窮志豈移(생계무궁지기이)
師意要驚迷子夢(사의요경미자몽)
法歌能代願王詞(법가능대원왕사)
將除妄境須吟誦(장제망경수음송)
欲返眞源莫厭疲(욕반진원막염피)
相續一心無間斷(상속일심무간단)
大堪隨學普賢慈(대감수학보현자).40)

---

40) <모두 다함이 없이 하리라로 마치는 시>. "중생계(衆生界)가 마침으로 기약을 삼건마는, 중생계(衆生界)가 가이 없으니 내 뜻이 변하리이까? 보현(普賢)의 마음은 미혹(迷惑)한 자의 꿈을 깨치는 데 있거니, 말로 하는 노래로 원왕사(願王詞)를 대신할 수 있으리. 미망의 경계를 벗어나려 하면 이를 외워야 하고, 참된 근원으로 돌아가려 하면 이를 싫어하는 마음 없어야 하리라. 간절한 마음으로 쉼없이 외운다면, 보현의 자비를 따라 배울 수 있으리라."

의석(意釋)

衆生界를 다하면
나의 願 다할 날도 있겟지만
衆生의 가이인 苦海의
끝 몰을 願海로세라
이처럼 願을 세워 精進함으로
行하는 바 善業은
이야말로 普賢의 行願
부텨의 行事이더라
阿耶 普賢의 마음에 맞는 바
이거나마 다른 일은 버리리라.

백제고가편(百濟古歌篇)

백제가사(百濟歌詞) 부(附) 고구려(高句麗)

고구려(高句麗), 백제(百濟)의 가사(歌詞)는 신라(新羅)를 주(主)로 한 삼국사기(三國史記)와 삼국유사(三國遺事)에 일편(一篇)의 곡목(曲目)도 전(傳)하는 바 없고 이조(李朝)에 들어서 지은 고려사(高麗史) 악지(樂志) 속에 비로소 약간(若干)의 곡목(曲目)과 해설(解說)만이 실려 있는데

고구려(高句麗) …… 내원성(來遠城), 연양(延陽), 명주(溟州)

백제(百濟) …… 선운산(禪雲山), 무등산(無等山), 방등산(方等山), 지리산(智異山), 정읍(井邑)

그런데 이 최후(最後)의 정읍사(井邑詞)를 제(除)하고는 도무지 전(傳)치 아니하니 일련(一聯)의 가사(歌詞)로써 전반(全盤)의 미(味)를 췌측(揣測)할 필요(必要)가 있다. 그럼으로 이에는 정읍사(井邑詞)만을 편(編)하고 사족(蛇足)으로써 참고(參考) 삼아 산유화(山有花) 일편(一篇)을 첨부(添附)하여 두었다.

제일(第一). 정읍사(井邑詞)

전강(前腔)	둘하 노피곰 도두샤
	어긔야 머리곰 비취오시라
	어긔야 어강됴리 강
소엽(小葉)	아으 다롱디리
후강(後腔)	全[1]져재 녀러신고요
	어긔야 즌더롤 드더욜셰라

	이(어)긔야² 어강됴리
과편(過編)	어느이(이)다 노코시라
금선조(金善調)	어긔야 내 가논 더 졈그롤셰라
	어긔야 어강됴리
소엽(小葉)	아으 다롱디리

≪해(解)≫ 고려사(高麗史) 악지(樂志)에 정읍사(井邑詞)의 해제(解題)가 있으니 '정읍(井邑)은 전주(全州)의 속현(屬縣)인데 현인(縣人)이 행상(行商)하려 갓다가 오지 아니함으로 그 아내가 망부석(望夫石)에 올라 바라 보다가 남편이 야행(夜行)하다가 범해(犯害)되었는가 두려워하여 이수(泥水)에 비(比)하여 노래한 것이다.'라고³⁾ 이 노래는 악학궤범(樂學軌範)에⁴⁾ 전(傳)해 온다.

곰은 고어(古語)에 부사(副詞) 끝에 달아서 관습적(慣習的)으로 쓴 것이니 '하여곰'(사使) '시러곰'(득得)도 이 유(類)이다. '널으신다'는 '행(行)한다 길 간다'는 뜻.

대의(大意).

달이 높이 돋으샤
어긔야 머리를 비춰오시라
즂져재에 가섯는가요

---

1) '전(全)'을 후강에 붙이지 않고 져재에 붙임으로써 후에 작품의 국적 귀속 논란를 제공하기도 하였다.
2) ( )안은 봉좌문고본(蓬左文庫本) 『악학궤범(樂學軌範)』의 표기이다.
3) "井邑全州屬縣 縣人爲行商久不至 其妻登山石以望之 恐其夫夜行犯害 托泥水之污以歌之 世傳有登岾望夫石云."
4) 현전하는 『악학궤범』은 봉좌문고본(초간본, 1493), 태백산본(1610), 국립국악원본1(1655), 국립국악원본2(1763) 등이 있는데, 이 가운데 초간본은 김태준 사후에 발견되었기 때문에 표기로 보아 당시 김태준이 대상으로 삼은 『악학궤범』은 태백산본으로 보인다.

어긔야 즌데를 드데올세라
어데서 놀고세라
어긔야 흘너 가는 냇물에 해는 점으러 온다.5)

제이(第二). 산유화(山有花)

일(一).

山有花兮 山有花야 저 꽃피여 農事일 始作하야 저 꽃지더락 畢役하게
얼널널상사듸 어여뒤여 상사듸

山有花兮 山有花야 저 꽃피여 繁華함을 자랑마라 九十韶光 잠간간다
얼널널상사듸 어여뒤여 상사듸

鷲靈峯에 날뜨고 泗沘江에 달진다 저 달 떠서 들에 나와 저 달 져서 집에 돌아간다
얼널널상사듸 어여뒤여 상사듸

農事짓는 일이 밧부것마는 父母妻子 구제하니 뉘 손을 기달일고
얼널널상사듸 어여뒤여 상사듸

扶蘇山이 높어 있고 九龍浦 깊어 있다 扶蘇山도 平地되고 九龍浦도 平原되니 世上일 뉘가 알고
얼널널상사듸 어여뒤여 상사듸

---

5) 『고려가사』(1939)에 실린 현대역은 다음과 같다. 돌아 높이 도다셔서, 어긔야 멀리 비춰주소셔, 어귀야 어강됴리, 아으 다롱디리, 져재에 가셧다가, 어긔야 진데를 드릴세라, 어긔야 어강됴리, 어느곧에서 노시다가, 어긔야 오시는데 저 므를세라, 어긔야 어강됴리, 아으 다롱디리.

이(二).

어듸후후야 시내셤곡 가리갈가마구야 잔솔밭을 넘어 굵은 솔밭으로 넘어가는구나
허허후후야 가리갈가마구야 이후후

동모네야 벗님네야 어서 가자 밧비 가자 점심도 느저 가고 술도 느저간다
허허후후야 가리갈가마구야 이후후

山川草木은 젊어가고 우리 父母는 늙어간다 空山落木 一墳土에 王侯子弟도 한 번 가면 그만이다
허허후후야 가리갈가마구야 이후후.

≪해(解)≫ 일(一)은 고적보존회(古蹟保存會) 발행인(發行人)인 백제(百濟) 사적(事蹟) 소개판(紹介版)에 실린 것이요 이(二)는 경상북도(慶尙北道) 일대(一帶)에 유행(流行)하는 산유해로 학우(學友) 이재욱(李在郁) 군(君)의 채집(採集)에 계(係)한 것이다. 노래의 언사(言辭)는 근세(近世)의 것이라 하여도 그 악곡(樂曲)은 고조(古調)를 장(藏)한 것 같기로 혹(或)은 속설(俗說)과 같이 백제(百濟)가 망(亡)한 직후(直後)에 이러한 곡조(曲調)가 생겨 전(傳)해 오지 않았는가 하여 이에 백제(百濟) 고가(古歌) 끝에 붙여둔다.

고려가사편(高麗歌詞篇)

고려가사해제(高麗歌詞解題)

고려사(高麗史)(권칠십일卷七十一) 악지(樂志)에 동동(動動), 무애(無㝵), 서경(西京), 이하(以下) 이십팔편(二十八篇)의 곡목(曲目)과 해설(解說)만을 부쳤으니

동동(動動), 무애(無㝵), 서경(西京), 대동강(大同江), 오관산(五冠山), 양주(楊州), 월정화(月精花), 장단(長湍), 정산(定山), 벌곡조(伐谷鳥), 원흥(元興), 금강성(金剛城), 장생포(長生浦), 총석정(叢石亭), 거사연(居士戀), 처용가(處容歌), 사리화(沙里花), 장암(長巖), 제위보(濟危寶), 안동자청(安東紫靑), 송산(松山), 예성강(禮成江), 동백목(冬栢木), 한송정(寒松亭), 정과정(鄭瓜亭), 풍입송(風入松), 야심사(夜深詞), 한림별곡(翰林別曲), 삼장(三藏), 사룡(蛇龍), 자하동(紫霞洞)

등(等)이다. 그 중(中) 풍입송(風入松), 야심사(夜深詞), 한림별곡(翰林別曲), 삼장(三藏), 사룡(蛇龍), 자하동(紫霞洞)은 장단구(長短句)로 된 한문(漢文) 악장(樂章)일 뿐이요 오관산(五冠山), 거사연(居士戀), 사리화(沙里花), 장암(長巖), 제위보(濟危寶), 처용(處容), 정과정(鄭瓜亭)은 고려(高麗) 충선왕(忠宣王) 때의 익재(益齋) 이제현(李齊賢)의 손에 한역(漢譯)되어 있고 한송정(寒松亭)은 고려(高麗) 광종(光宗) 때의 진공(晉公) 장연우(張延祐)의 손에 한역(漢譯)되고 그 제(除)는 거기 실린 약간(若干)의 해설(解說) 이외(以外)에 사리부재(詞俚不載)로 상고할 수 없었으나 이조(李朝) 성종(成宗) 때 성현(成俔)의 손에 된 악학궤범(樂學軌範)에 동동(動動), 진작(眞勺)(즉 정과정鄭瓜亭), 처용가(處容歌)의 본문(本文)을 한 글로 역재(譯載)하여 있고 영남(嶺南)으로 전(傳)해온 악장가사(樂章歌詞)에는 위의 처용가(處容歌) 외(外)에 한림별곡(翰林別曲)의 전문(全文)을 전(傳)하고 또 보허자(步虛子), 감군은

(感君恩), 정석가(鄭石歌), 청산별곡(靑山別曲), 서경별곡(西京別曲), 사모곡(思母曲), 능엄찬(楞嚴讚), 영산회상(靈山會相), 쌍화점(雙花店), 이상곡(履霜曲), 가시리, 유림가(儒林歌), 신도가(新都歌), 풍입송(風入松), 야심사(夜深詞), 만전춘(滿殿春), 어부가(漁父歌), 화산별곡(華山別曲), 오륜가(五倫歌), 연형제곡(宴兄弟曲), 상대별곡(霜臺別曲), 여민락(與民樂)(용비어천가龍飛御天歌의 일부一部)이 전(傳)해 오는데 어의(語意)와 작자(作者), 작풍(作風)으로 보아 신도가(新都歌)와 및 어부가(漁父歌), 화산별곡(華山別曲), 오륜가(五倫歌), 이하(以下)는 이조가사(李朝歌詞)에 속(屬)할 것으로 간주(看做)하였고 정석가(鄭石歌), 서경별곡(西京別曲)의 일부(一部)는 이익재(李益齋)의 한역(漢譯)이 있고 쌍화점(雙花店)의 일부(一部) '삼장(三藏)은 고려사(高麗史) 소재(所載)의 삼장(三藏)과 문합(吻合)하는 것이요 그 타(他)도 이하(以下) 각각(各各) 해설(解說)에 논(論)한 바와 같은 이유(理由)로써 이 십칠편(十七篇)을 고려가사(高麗歌詞)에 부쳤다.

그런데 악장가사(樂章歌詞) 일명(一名) 국조사장(國朝詞章)이란 책은 고려(高麗), 이조초기(李朝初期)까지에 전(傳)해 오는 속악가곡(俗樂歌曲)을 퇴계(退溪) 이황(李滉)의 당시인(當時人) 박준(朴浚)이란 영남(嶺南) 선비가 모은 것이니 퇴계집(退溪集)(권사삼卷四三) 서어부가후(書漁父歌後)에

'경세(頃歲) 유밀양박준자(有密陽朴浚者) 명지중음(名知衆音), 범계동방지악(凡係東方之樂), 혹아혹속(或雅或俗), 미불부집(靡不裒集) 위일부서(爲一部書), 간행우세(刊行于世) 이차사(어부가)(而此詞(漁父歌) 여상화점(與霜花店) 제곡혼재기중(諸曲混在其中).'[1)]

---

1) "근자에 밀양에 사는 박준이라는 자가 중음(衆音)을 안다고 이름이 났으며, 무릇 동방 음악의 아(雅)하고 속(俗)된 노래를 빠짐없이 수집하여 한 책을 만들어 세상에 내놓았으며, 이 책에 <어부가>와 <상화점> 등 여러 곡이 섞여 있다."

이라 하였으니 이 일본(一本)이 우연(偶然)히 이왕직(李王職) 도서관(圖書館)에 전(傳)하여 온 것이 근자(近者)에 광포(廣布)되어 악장가사(樂章歌詞) 혹(或)은 국조사장(國朝詞章)이란 명칭(名稱)으로 전(傳)한다.2)

이에 보면 거의 고려(高麗) 때로부터 전(傳)하는 어부사(漁父詞)도 있었던 것 같고 또 국조사장(國朝詞章) 그 자체(自體)가 엄격(嚴格)히 시대적(時代的)으로 나열(羅列)한 편찬(編纂)은 아니라 할지라도 특수(特殊)한 이삼종(二三種)(상대별곡霜臺別曲, 화산별곡華山別曲)을 제(除)한 외(外)에는 거의 고려(高麗) 때로부터 이두(吏讀) 혹(或)은 구전(口傳)으로 전(傳)해 오던 것을 그대로 부집(裒集)하여 간행(刊行)한 것이라고 본다. 그 특별(特別)한 이삼종(二三種)도 고려말(高麗末)에 배양(培養)된 것이며 그 별곡체(別曲體)는 여말(麗末)과 이조(李朝)까지의 풍상(風尙)이어서 오륜가(五倫歌), 연형제가곡(宴兄弟歌曲)도 불교(佛敎)를 눌으고 유교(儒敎)를 신흥(新興)하는 이조(李朝) 초기(初期)의 작(作)이라고 보고 싶다. 왜 그러냐 하면 정(丁)불우헌곡(不憂軒曲), 도동곡(道東曲), 어부사(漁父詞)에서 보는 바와 같이 이조(李朝) 중엽(中葉)에 가까울수록 한림별곡(翰林別曲)을 모방(模倣)하는 형식(形式)이 흩어지기 때문이다. 그 중(中)에도 한림별곡(翰林別曲), 서경별곡(西京別曲)같은 것은 그 후(後) 가원(歌苑)에 기여(寄與)한 바 가장 많으며 여말(麗末), 시조형식(時調形式)의 성립(成立)과 함께 조선(朝鮮)의 정형시(定型詩)는 전(全)혀 고려시대(高麗時代)에 출발(出發)하였다고 하여도 과언(過言)이 아니며 비록 일일(一一)히 전(傳)치 못할망정 이를 통(通)하여 그 불리(不利)한 조건(條件) 하(下)에서도 과거(過去)에 조선문학(朝鮮文學)이 어떤 경로(經路)를 밟아 자란는지 알 수 있다.

그리고 여조(麗朝)에는 예종(睿宗)과 충렬왕(忠烈王) 같이 성색(聲色)을

---

2) 김태준은 『악장가사』를 16세기 즈음 민간인 박준이 편찬하여 후에 궁중어 유입되었다고 보고 있으나, 이 악서의 내용이 주로 국가 제례와 연향에 사용된 노래의 가사라는 점과 노래의 일부가 17세기 이후에 제작된 점을 고려할 때, 16세기 민간인 편찬 궁중 유입설은 재고의 여지가 있다.

좋아하는 분이 있어서 교방(敎坊) 아악(雅樂)을 숭상(崇尙)하기 때문에 김부식(金富軾)은 벌곡조(伐谷鳥)의 노래를 듣고 '가인유창구가사(佳人猶唱舊歌詞)'3)라 하며 최자(崔滋)는 교방소아시(敎坊小娥詩)에 '연개상부전신곡(蓮開相府傳新曲)'이라고 하였다. 의종(毅宗) 때에는 가수(歌手)로서 백선연(白善淵)같은 이가 있고 충렬왕(忠烈王) 때에는 김원상(金元祥)같은 이가 있어 태평곡(太平曲)을 주(奏)하였다. 불교(佛敎)의 흥성(興盛)하는 때라 관음찬(觀音讚), 능엄찬(愣嚴讚)같은 노래가 전(傳)하여 오며 또 의종(毅宗) 이후(以後)로 동요(童謠)(일칭—稱 참요讖謠)가 성행(盛行)하였으니

　의종(毅宗) 때 '하처시보현찰(何處是普賢刹), 수차진동력살(隨此盡同力殺)'4)

　고종(高宗) 때 '호지목지(瓠之木枝), 절지일수(切之一水5)) 운운(云云)'6)

　충렬왕(忠烈王) 때 '만수산연무폐(萬壽山煙霧蔽)'7)

　충숙왕(忠肅王) 때 '묵책정사(墨冊政事)'8)

　충혜왕(忠惠王) 때 '아야마가(阿也麻歌)'9)

---

3) "미녀들이 아직도 옛 가사 부르네."
4) "보현찰이 어디 있나, 이곳에서 힘을 합쳐 모두 죽이네."『동국통감(東國通鑑)』 권25 의종 24년.
5) 『조선가요집성』에는 '수(手)'로 표기되었다.
6) "瓠之木枝切之一水鐥 陋台木枝切之一水鐥 去兮去兮遠而去兮 彼山之巓遠而去兮 霜之不來磨鎌刈麻去兮."『증보문헌비고(增補文獻備考)』 권11 상위고11 동요. "박나무(瓠木) 가지 잘라 두레박 하나 만들자, 느티나무 가지 잘라 두레박 하나 만들자. 가자 가자 멀리 가자, 저 산 꼭대기까지 멀리 가자. 서리가 내리기 전에 낫 갈아 삼 베러 가자."
7) "만수산(萬壽山)에 연기 안개 자욱하다네."『증보문헌비고(增補文獻備考)』 권11 상위고11 동요.
8) "用綜布作都目 政事眞墨冊 我欲油 今年麻子少 噫不得."『증보문헌비고』 권11 상위고11 동요. "가는 베로 만든 도목(都目), 썼다 지웠다, 정사(政事)는 정말 먹물책(墨冊)인가, 기름 발라 둘까 해도, 올해는 삼씨도 귀해 아! 얻지 못하네."
9) "阿也麻古之那 從今去 何時來至是 岳陽亡故之難 今日去何時還."『고려사(高麗史)』 권36 세가36 충혜왕. "아아! 망가져라 이제 가면 언제 오나. 악양에서 죽

공민왕(恭愍王) 때 '우일후(牛一吼) 용이해(龍離海) 운운(云云)'[10]

등(等)이 그것이다. 고려가사(高麗歌詞)는 그 자체(自體)는 전(傳)치 못하나 그 유적(遺跡)만은 여러 문헌(文獻)에 많이 드러나는 것이다.

제일(第一). 예종(睿宗) 도이장가(悼二將歌)

主乙完乎白乎心聞
際天乙及昆
魂是去賜矣中
三烏賜敎
職麻又欲望彌阿里刺
及彼可二功臣良
久乃直隱
跡烏隱現乎賜丁.

님을 살오 숩온 모음믄
궃하눌을 밋곤
기밀이가 시이매
설오시샤
굳셈도하고 바래매 알리라
뎌거 두 功臣여
오래나 곧은 자취는
나타나오샨뎡.[11]

는 괴로움이여 오늘 가면 언제나 돌아오려나."
10) "牛大吼 龍離海 淺水弄淸波 古聞其言 今見其驗."『고려사(高麗史)』권39 세가 39 공민왕2. "소가 크게 우니 용은 바다를 떠나, 얕은 물에 물살이나 일드키며 노는구나! 옛적에 이 말을 들었는데 지금 그 실상을 보는구나!"

≪해(解)≫ 장절공(壯節公) 신숭겸(申崇謙)의 행장(行狀)에[12] 실린 고려(高麗) 예종(睿宗)의 노래다. 김락(金樂)과 신숭겸(申崇謙)이 고려(高麗) 태조(太祖) 왕건(王建)을 위(爲)하여 전사(戰死)한 후(後) 태조(太祖)는 이 두 사람을 사념(祀念)하기 위(爲)하여 우상(偶像)을 만들어 가면희(假面戲)를 꾸며 팔관회(八關會)에 내여 극좌(劇座)를 차지(差知)하게 되었더니 마침 풍류(風流)로 등양(騰揚)하던 예종(睿宗) 왕(王)이 그 십오년(十五年) 신사(辛巳)에 마침 이를 보시고 크게 감격(感激)하여 두 장군(將軍)을 추모(追慕)하여 이 노래를 읊은 것이다.(고려사高麗史 예종조睿宗條 참조參照)[13]

예종(睿宗)은 고려(高麗) 초기(初期)의 임금으로 풍류(風流) 일화(逸話)가 많이 전(傳)하였을 뿐 아니라 가무(歌舞) 유연(遊宴)을 더욱 즐겨 그의 지은 노래로는 이 외(外)에도 벌곡조(伐谷鳥 벅국새)의 노래가 있었다.

이 노래의 대의(大意).

님금을 死地에서 救하야 完全하게 하신 心誠은
하늘까에 밎을만 하지만
이 몸이 죽어 넋이 한 번 가시매
설운지라
그의 勇武는 偶像을 보면 알리라

---

11) <도이장가>에 대한 해독은 김태준이 최초로 시도한 것으로 보인다. 이후 양주동(1947), 지헌영(1947)의 해독이 있었다. 참고로 양주동 해독을 소개한다. "ᄆᆞᄉᆞ몬 ᄀᆞ하늘 밋곤, 넉시 가샤디, 사ᄆᆞ샨 벼슬마 쪼ᄒᆞ져, ᄇᆞ라며 아리라, 그 쩨 두 功臣여, 오라나 고돈, 자치는 나토산뎌."

12) 평산신씨(平山申氏) 성보(姓譜) 태사개국장절공행장(太師開國壯節公行狀). 이 행장에 '잉사어제사운일절(仍賜御題四韻一絶) 단가이장(短歌二章)'을 기록하고 있다. "見二功臣像 汎濫有所事 公山縱寂寞 平壤事留遺 忠義明千古 死生惟一時 爲君躋白刃 從此保王基."

13) "辛巳 設八關會王觀雜戲有國初功臣金樂申崇謙偶像王感歎賦詩." 『고려사(高麗史)』 권14 세가14 예종. "신사일에 팔관회를 열었다. 왕이 여러 가지 유희를 구경하였는데 거기에는 국초의 공신 김락(金樂), 신숭겸(申崇謙) 등의 우상(偶像)이 있었다. 왕이 이 우상을 보고 감개한 마음으로 시를 지었다."

져것 두 功臣은 간 지는 오랫으나 忠直한 그 자취는
아즉도 나타나는도다.

제이(第二). 동동(動動)

德으란 곰비예 받줍고
福으란 림비예 받줍고
德이여 福이라호
눌14)나ᄋ(ᅀ)15)라 오소이(이)다
아으 動動다리

正月ㅅ 나릿 므른
아으 어져 녹져 ᄒ논디
누릿 가온디 나곤
몸하 ᄒ올로 녈셔
아으 動動다리

二月ㅅ 보로매
아으 노피 현
燈ㅅ블 다호라
萬人 비취실 즈이(ᅀ)샷다
아으 動動다리

三月 나며 開ᄒ

---

14) '눌'을 '나ᄋ라'와 붙여 놓았으나, 앞으로 놓아야 할 것이다.
15) ( )안은 봉좌문고본 『악학궤범』의 표기이다. ( ) 앞 부호는 교주자가 『악학궤범』 소재 노래들에 대해 같은 의미로 사용하였다. <처용가>, <정과정>, <관음찬>.

아으 滿春 둘욋고지여(여)
누믜 브롤 즈을(슬)
디녀 나샷다
아으 動動다리

四月 아니 니져
아으 오실셔 곳고리새여
므슴다 錄事니믄
녯나롤 닛고신뎌
아으 動動다리

五月 五日애
아으 수릿날 아춤 藥은
즈믄힐 長存ᄒ샬
藥이라 받줍노이(이)다
아으 動動다리

六月ㅅ 보로매
아으 별해 브룐 빗 다호라
도라보실 니믈
젹곰 좃니노이(이)다
아으 動動다리

七月ㅅ 보로매
아으 百種 排ᄒ야 두고
니믈 ᄒᆞᆫᄃᆡ 녀가져
願을 비ᅀᆞᆸ(ᄉᆞᆸ)노이(이)다
아으 動動다리

八月ㅅ 보로몬
아으 嘉俳나(니)리마론
니믈 뫼셔 녀곤
오늜낤 嘉俳샷다
아으 動動다리

九月 九日에
아으 藥이라 먹논
黃花고지 안해 드니
새셔 가만ᄒ얘라
아으 動動다리

十月애
아으 져미연 ᄇ릇 다호라
것거 ᄇ리신 後에
디니실 ᄒᆞ부니 업스샷다
아으 動動다리

十一月ㅅ 봉당(당) 자리예
아으 汗衫 두퍼 누워
슬홀ᄉ라온뎌
고우닐 스싀옴 녈셔
아으 動動다리

十二月ㅅ 분디남ᄀ로 갓곤
아으 나올(술)盤잇 져다호라
니믜 알픠 드러 얼이노니
소니 가재다 므ᄅ옵(숩)노이(이)다
아으 動動다리.

고려가사편(高麗歌詞篇) | 83

≪해(解)≫ 악학궤범(樂學軌範)에 실린 노래니 고려사(高麗史) 악지(樂志)에 해제(解題)하였으되 '동동지희(動動之戲) 그 가사(歌詞)가 많이 송도(頌禱)의 뜻이 있으니 대개 선어(仙語)를 본 받어 지은 듯하다. 사리(詞俚)하여 싣지 않는다.'라고16) 하였던 것이다. 인제 대의(大意)를 들면

덕(德)으란~: 곰배님배는 평안도(平安道) 방언(方言)에 아직도 쓰는 말인데 예(例)컨대 '림배곰배먹고 다시 먹을 여지(餘地)가 없다.'라고 하여 지금 듣기에는 피복차복(彼腹此腹)이라는 것 같으나 적확(的確)히 알 수 없다. 곰은 대감(大監)의 감의 변화(變化)요 림은 신주(神主)의 님이 아닐까. '동동(動動)다리'라는 것은 원시(原始) 조선인(朝鮮人)의 의식(儀式)―동맹(東盟), 영고(迎鼓), 무천(舞天)―같은 때에 무가(舞歌)와 행무요(行舞謠)의 흥(興)을 돕는 후렴구(句)였을 것이니 일본(日本)의 '도- 도- 다레' 또는 '얼사둥둥'의 유(類)요 심해(甚解)를 구(求)치 않을 것이다. 그럼으로 덕(德)은 곰배에 받고 덕(德)은17) 님배에 받자오니 덕(德)이며 복(福)이 날어 들어오소서 라는 뜻임.

정월(正月)~: 누리는 훈몽자회(訓蒙字會)에 '세(世), 누리'라 하고 삼국유사(三國遺事)에도 세상(世上)이란 말에 두 곳이나 쓰여있다. '녈서'는 간다[行]는 뜻 그럼으로 정월(正月)에 내리는 물은 얼자녹자[半凍半解]하는 상태(狀態)인데 이 세상(世上)에 나서 그렇게 조심스러운 곳을 혼자 갈 수 있느냐라는 뜻.

이월(二月)~: 이월(二月) 십오일(十五日)에는 동국여지승람(東國輿地勝覽)과 동국세시기(東國歲時記)에 제주도(濟州島)는 이월(二月) 삭일(朔日)부터 십오일(十五日)까지 연등(燃燈)하는 고속(古俗)이 있는 것을 보(報)하였다. 그럼으로 이월(二月) 보름날 높이 혀 놓은 등(燈)불이 되어서 만인(萬

---

16) "動動之戲 其歌詞 多有頌禱之詞 盖效仙語而爲之 然詞俚不載"
17) '덕(德)'이 아니라 '복(福)'인 것 같으나 『조선가요집성』에는 '덕(德)'으로 표기되었다.

人)을 빛위울 것이다라는 뜻.

　삼월(三月)~: 삼월(三月)이 되자 피는 만춘(滿春) 달의 꽃[花]이여 삼월(三月)이 되자 즉시(卽是) 봄되었다고 선언(宣言)하듯 부르짓[叫]는 넋이로다라는 뜻일지니 일설(一說)에는 그가 피는 것을 남이 선모(羨慕)한 상태(狀態)라고 하며 혹(或)은 말하기를 '부롤즈을'은 꽃이 피여 불 붙는 것처럼되여 불을 지였다는 뜻이라고도 한다.

　사월(四月)~: 녹사(綠事)는 고려(高麗)의 관명(官名) '목종(穆宗)때에 둔 문하녹사(門下綠事)'로서 어느 녹사(綠事)의 고사(故事)가 있었던지 혹(或)은 불전(佛典)의 녹사(綠事)인지 알 수 없으나 전수(全首)의 뜻은 사월(四月)을 잊지 아니하고 꾀꼬리새는 오셨지만 무삼 일인가 녹사(綠事)님은 한 번 가더니 올 줄을 모르고 옛날을 잊었는가라는 뜻.

　오월(五月)~: 오월(五月) 오일(五日) 단오(端午)날은 차의(車衣)(삼국유사三國遺事 문무왕조文武王條), 수뢰(水瀨)(김매순金邁淳, 열양세시기洌陽歲時記의 오월조五月條), 술의(戌衣)(홍석모洪錫謨의 동국세시기東國歲時記 즉(則) 수릿날이라고 전(傳)하여 온다. 동국세시기(東國歲時記)에 '술의자동어차야(戌衣者東語車也) 시일채애엽(是日採艾葉) 난도입갱미분발녹색(爛搗入粳米粉發綠色) 타이위고상차륜형(打而爲糕象車輪形) 식지고위술의일(食之故謂戌衣日), 오시(午時) 채익모초희렴(採益母草豨薟) 쇄위약용(曬爲藥用)'18) 그러면 즈믄희는 천년(千年)이라는 말이니 이 날 채취(採取)한 익모초(益母草)같은 풀을 말려서 연명장수(延命長壽)한다는 관습(慣習)이 있는 것은 아닌가. 이 전문(全文)은 오월(五月) 오일(五日) 수릿날 아침 천년장수(千年長壽)할 약(藥)을 받습니다라는 뜻.

　유월(六月)~: '별해 브론빗'은 특별(特別)히 발은 빛 희미(熹微)한 광선

---

18) "수리는 우리 말로 차라 한다. 이 날 쑥을 캐어 그것을 찧어 쌀가루에 섞어 녹색으로 물들인 다음 치대어 떡을 만들고 그것으로 수레모양으로 만들어 먹는 까닭에 수릿날이라 일컫는다. 정오에 익모초와 진득찰을 뜯어다가 볕에 말여 약용으로 만든다."

(光線)이라는 뜻인가? 혹(或)은 월광(月光)이 희박(稀薄)하여 별을 바라보는 빛과 같다는 뜻인가? 어슬하게 희미한 밤에 돌아보실 임은 조금 좇닐겠다는 뜻이다.

칠월(七月)~: 동국세시기(東國歲時記)에 '중원(中元) 국속칭백중일(國俗稱百種日) 승도설재공불(僧徒設齋供佛) 위대명절(爲大名節) 동속이중원위망혼일(東俗以中元爲亡魂日) 개이여염소민(蓋以閭閻小民) 시야월석(是夜月夕) 비소과주반(備蔬果酒飯) 초기망친지혼야(招其亡親之魂也)',19) 경도잡지(京都雜誌)에 '칠월십오일(七月十五日) 구백미오과(具百味五果) 이저분중공양십방대덕(以著盆中供養十方大德) 금소운백종(今所云百種) 즉백미지위야(卽百味之謂也) 고려숭불위우란분회(高麗崇佛爲盂闌盆會) 금속취포이이(今俗醉飽而已)'라20) 하였으니 칠월(七月) 십오일(十五日)은 백중(百中), 혹(或)은 백종일(百種日)이라 하여 백미진수(百味珍需)를 벌려 놓는 것이 불교(佛敎) 사회(社會)의 고려(高麗)의 명절(名節) 행사(行事)이였음으로 맛있는 음식(飮食)을 차려 놓고 님한데 찾어 갈가하고 기원(祈願)을 비나이다 라는 뜻일 것이다.

팔월(八月)~: 삼국사기(三國史記) 유리이사금(儒理尼師今) 구년조(九年條)에 '왕기정육부(王旣定六部) 중분위이(中分爲二) 사왕여이인각률부내여자(使王女二人各率部內女子) 분붕조당(分朋造黨) 자추칠월기망(自秋七月旣望) 매일조집대부지정(每日早集大部之庭) 적마을야이파(績麻乙夜而罷) 지팔월십오일(至八月十五日) 고기공지다소(考其功之多小) 부자치주식(負

---

19) "중원은 우리나라 풍속에서 백중날이라 한다. 중들이 재를 올리며 불공을 드리고 큰 명절로 한다. 우리나라 풍속에 백중날을 망혼일이라 한다. 대개 여염집 사람들은 이 날 저녁 달밤에 채소 과일 밥 등을 차려 놓고 죽은 어버이의 혼을 부른다."
20) "칠월 십오일에 여러 음식과 과일을 갖추어 쟁반 안에 넣어 가지고 이 세상의 모든 부처에게 공양한다고 했는데 지금 말하는 백종일이 백과를 가리키는 것이다. 고려시대에는 부처를 숭앙하여 이 날이면 우란분회를 베푼 것이었는데 지금 풍속은 먹고 취할 뿐이다."

者置酒食) 이사승식(以謝勝食) 어시(於是) 가무백희개작(歌舞百戱皆作) 위지 가배(謂之嘉俳).'21) 이것이 팔월(八月) 보름날을 가위[가배嘉俳]날이라는 연기담(緣起談)이다. 팔월(八月) 보름날은 한가윗날이지만 님을 뫼시려는 오늘날이 가위날이다라는 뜻.

　구월(九月)~: 동국세시기(東國歲時記) 구월(九月) 구일조(九日條)에 '채황국화위나미고(採黃菊花爲糯米糕) …… 역왈화전(亦曰花煎)'이라22) 하였으니 황국(黃菊)을 약(藥)으로 먹는 것은 고려(高麗)의 유습(遺習)이 아닌가. 구월(九月) 구일(九日)날 국고(菊糕)와 같이 약(藥)이라고 먹는 국화(菊花)꽃이 아직도 산락(散落)하지 않았으니 세서(歲序)가 만(晩)하게 되니라라는 뜻인가? 새셔는 셰셔의 의(意)일가.

　시월(十月)~: '바룻'은 식물명(植物名). '미연'은 좋다는 의미(意味)의 형용사(形容詞). 대의(大意)는 시월(十月)에 저미연 '바룻' 되어라 꺾어 버리신 후(後)에 기지실23) 한 분이 없구나라는 뜻인 듯.

　십일월(十一月)~: 봉당자리는 진애(塵埃)가 쌓인 좌석(座席)이니 '봉당자리에 한삼(汗衫)을 푹 두루쳐 쓰고 누어서 설어서 애상(哀傷)합니다. 곱게 늙혀서 뫼서 갑소서'라는 뜻인 것 같으나 그 고사(故事)는 계고(稽考)할 바 없다.

　십이월(十二月)~: 나올 반(盤)은 납일반(臘日盤)이란24) 뜻일까? '얼인다'는 얼린다는 말. 그럼으로 전문(全文)의 대의(大義)는 십이월(十二月)에 납일반(臘日盤)에 분다 나무 즉(卽) 산추나무로 깎은 젓가락[箸]이 되오리

---

21) "왕이 6부를 정한 후, 이를 두 부분에 나누어 왕녀 두 사람으로 하여금 각각 부내의 여자를 거느려 편을 짜고 패를 나눠 추 7월 기망부터 날마다 일찍이 대부의 마당에 모여 길쌈을 시작, 을야에 파하게 하고, 8월 15일에 이르러 그 공의 다소를 고사하여 지는 편은 주식을 장만하여 이긴 편에 사례하고 이에 가무와 온갖 유희가 일어나니, 이를 가배라 한다."
22) "빛이 누런 국화를 따다가 찹쌀떡을 만든다 …… 화전이라고 한다."
23) '가지실'이 아닌가 싶다.
24) 섣달 그믐날 내놓는 쟁반.

라 그러면 님의 앞에 들여서 어릴 적에 손[手]이 그 젓가락을 가져다가 다믈으는 것 같이 호리라는 뜻인 것 같다.25)

제삼(第三). 처용(處容)

    (前腔)   新羅聖代 昭盛代

---

25) 『고려가사』(1939)에 실린 <동동> 현대역 전문은 다음과 같다.
德을랑은 뒷배에 받잡고 福을랑은 앞배에 받잡고 德이여 福이여 나의게로 오소서 아아 動動다리
正月 나룻물은 아아 얼자 녹자하는데 이널븐 세상에 나서 내신세야 외로히 가는구나 아아 動動다리
二月 보름날 아아 노피켠 燈불같고나 萬人을 비칠 姿態를 지녓도다 아아 動動다리
三月 나면서 편 滿春달의 꽃이여 남이 부러워할 모양을 타고 낫구나 아아 動動다리
四月을 잊지 않고 아아 날아온 꾀꼬리새여(四月을 잊지안코 꾀꼬리새는 날러 왓는데) 無心타 錄事님은 옛날의 나를 니저섯는가 아아 動動다리
五月五日에 아아 수릿날 아츰藥은 千年을 長壽할 藥이라 밧잡슴니다 아아 動動다리
六月 보름에 아아 흐르는 별빛갓고나 못니즐 님을 제각금 (별이나 사람이나) 쫓는도다 아아 動動다리
七月 보름에 아아 百種排를 다해두고 님을 한데 따라가고져 願을 비옵니다 아아 動動다리
팔월 보름에 아아 秋夕嘉俳날이것만 님을 뫼시고 가니 오늘이 참말 秋夕같다 아아 動動다리
九月九日에 아아 藥으로 먹는 黃花고지(野菊?) 제철 안에 피니 歲序가 늦고나 아아 動動다리
十月에 아아 접어논 보룻갓도다 꺽거 버러신후 차지해야할님은 업서젖고나 아아 動動다리
十一月은 봉당자리에 아아 汗衫을 덮고누어 佳人을 생각하며 슲이도 사라가는구나 아아 動動다리
十二月 분듸나무로 깍근 아아 進上하는 盤上에 져같애라 님의 앞에 드러 올니노니 손이 갓다가 다므릅소서 아아 動動다리.

	天下太平 羅侯德
	處容아바
	以是人生애 相不語ㅎ시란디
	以是人生애 相不語ㅎ시란디
(附葉)	三災八難이 一時消滅ㅎ샷다
(中葉)	어와 아븨 즈이(ᅀ)여 處容아븨 즈이(ᅀ)여
(附葉)	滿頭揷花 계오샤 기울어신 머리예
(小葉)	아으 壽命長願ㅎ샤 【넙거신 니마해
(後腔)	山象이슷 깅(깃)어신 눈납에
	愛人相見ㅎ샤】26) 오올(술)어신 누네
(附葉)	風入盈庭ㅎ샤 우글어신 귀예
(中葉)	紅桃花ᄀ티 븕거신 모야해
(附葉)	五香 마트샤 웅긔어신 고해
(小葉)	아으 千金 머그샤 어위어신 이베
(大葉)	白玉琉璃ᄀ티 희여신 닛바래
	人讚福盛ㅎ샤 미나거신 특애
	七寶 계우샤 숙거신 엇게애
	吉慶 계우샤 늘의어신 ᄉ맷길헤
(附葉)	실(셜)믜 모도와 有德ㅎ신 가ᄉ매
(中葉)	福智俱足ㅎ샤 브르거신 비예
	紅鞓 계우샤 굽거신 히(허)리예
(附葉)	同樂大平ㅎ샤 길이(어)신 허튀예
(小葉)	아으 界面 도르샤 넙거신 바래
(前腔)	누고 지어(셔) 셰니오 누고 지어(셔) 셰니오
	바늘도 실도 어ᄶᅵ 바늘도 실도 어ᄶᅵ
(附葉)	處容아비를 누고 지어(셔) 셰니오
(中葉)	마아만 마아만ㅎ니여
(附葉)	十二諸國이 모다 지어 셰온

---

26) 【 】은 『악학궤범』에는 있으나 『조선가요집성』에는 없는 표기이다.

(小葉)	아으 處容아비롤 마아만ᄒ니여
(後腔)	머자 외야(야)자 綠李야
	섈리나 내 신고홀 미야라
(附葉)	아니옷 미시면 나리어다 머즈(즌)말
(中葉)	東京 볼ᄀ 드래 새도록 노니다가
(附葉)	드러 내자리롤 보니 가ᄅ리 네히로새라
(小葉)	아으 둘흔 내해어니와 둘흔 뉘해어니오
(大葉)	이런 저거 處容아비옷 보시면
	熱病神(大神)이아(사) 膾ㅅ가시로다
	千金을 주리여 處容아바
	七寶를 주리여 處容아바
(附葉)	千金 七寶도 말오
	熱病神를 날자바 주쇼셔
(中葉)	山이여 미히여 千里外예
(附葉)	處容아비롤 어여려거져
(小葉)	아으 熱病大神의 發願이샷다.

≪해(解)≫ 신라(新羅) 향가(鄕歌) 처용가(處容歌) 해설조(解說條) 참조(參照). 이 노래는 악학궤범(樂學軌範), 악장가사(樂章歌詞)에 모두 전(傳)해 온다. 처용(處容)이가 열병신(熱病神)의 외탄(畏憚)하는 바된 후(後)로부터 이 노래를 불러 벽사진경(僻邪進慶)하기로 된 것이다. 문장(文章)이 평이(平易)하기로 해석(解釋)은 약(略)함.[27]

---

27) 『고려가사』(1939)에 실린 <처용가> 현대역 전문은 다음과 같다.
新羅聖代 昭聖代 天下太平 羅侯德 處容아비 以是人生애 相不語하시란대 三災八難이 一時消滅하샷다
어화 아버지여 處容아버지여 滿頭揷花를 꼬지사 기우러진 머리에 아으 壽命長壽하사 넓으신 니마에 山象인 듯 길다란눈섭에 愛人相見하사 둥그런눈에 風入盈庭하사 우그러진귀에 紅桃花가치 붉은모양에 五香을마트사 웅기어버린코에 아으 千金을목으사 넓은입에 白玉琉璃가치 하얀이마에 人讚福盛하사 내밀은턱에 七寶게우사 숙으러진억개에 吉慶게우사 늘어진소매에 智慧가모

제사(第四). 정과정(鄭瓜亭) 일명(一名) 진작(眞勺)

(前腔)	내님믈 그리ᅀᆞ와 우니다니
(中腔)	山 졉동새 난 이슷ᄒᆞ요이(이)다
(後腔)	아니시며 거츠르신ᄃᆞᆯ 아으
(附葉)	殘月曉星이 아ᄅᆞ시리이(이)다
(大葉)	넉시라도 님은 ᄒᆞᆫᄃᆡ 녀져라 아으
(附葉)	벼기더시니 뉘러시니잇(잇)가
(二葉)	過도 허믈도 千萬 업소이(이)다
(三葉)	몰힛마러(마리)신뎌
(四葉)	슬읏브뎌(븐뎌) 아으
(附葉)	니미 나ᄅᆞᆯ ᄒᆞ마 니ᄌᆞ시니잇(잇)가
(五葉)	아소 님하 도람 드르샤 괴오쇼셔.

우한역(右漢譯) 익재(益齋) 이제현(李齊賢)의[28] 소악부(小樂府)

혀 有德하신가슴에 福智俱足하사 부르신배에 紅鞓계우사 굽으러진허리에 同
樂大平하사 길다란종아리에 아으界面돌ᄋᆞ사 넓은발에
누가 지엿(或은그렷)단말이요 누가지엿단말이요 바늘도 실도없이 바늘도 실
도없이 處容애비를 누가지엿단말이요 거록한 거록한 분이여 十二諸國이 모
두 지으신 아으 處容아비를 거록한이여
ᄇᆞᆯ이야 외앗이야 綠李야 빨리나와 내 신코를 매라 곳 매지 아니하면 最後宣
言을내리리라
東京밝은달아레 밤새도록놀다가 드러와 내잠자리를 보니 다리가랭이가 넷이
로라 아으 둘은 내해거니와 둘은 뉘핸고
이런 제긔 處容애비가 곳 보면 熱病神아 膾ㅅ가시로다 千金을 주리다 處容
아비 七寶를 주리다 處容아비 山이여 뫼여 千里밖에 處容아비를 避해ᄀᆞ자
아으 熱病大神의 發願이샷다.

[28] 이제현(李齊賢, 1287~1367): 본관은 경주(慶州), 자는 중사(仲思), 호는 익재(益齋)·역옹(櫟翁)·실재(實齋), 시호는 문충(文忠)이다. 1301년 성균시(成均試)에 장원하여 권무봉선고판관(權務奉先庫判官), 예문춘추관(藝文春秋館), 삼사판사(三司判事), 문하시중(門下侍中) 등을 지냈다. 당대의 명문장가로 정주학(程朱學)의 기초를 확립하였다. 경주의 귀강서원(龜岡書院)과 금천(金川)의 도산서

억군무일불점의(憶君無日不霑衣) 정사춘산촉자규(政似春山蜀子規)
위시위비인막문(爲是爲非人莫問) 지응잔월효성지(只應殘月曉星知).29)

해석(解釋)

고려사(高麗史) 악지(樂志)에 내시낭중(內侍郎中) 정서(鄭叙)라는30) 이가 인종(仁宗)의 척의(戚誼)로서 총용(寵用)되다가 의종(毅宗)이 즉위(卽位)한 후 그 고향(故鄕) 동래(東萊)로 방귀(放歸)할 세 오늘날 조의(朝議)에 못 이겨 보내지만 미구(未久)에 다시 부르리라고 하더니 동래(東萊)에 가서 아무리 기다려 부르지 아니하니 연칭(連稱)의 과만(瓜滿)같이 되었다. 그래서 읊은 것이 이 노래요 과정(瓜亭)은 서(叙)의 동래(東萊)가 돌아간 후(後)의 호(號)일 것이다.31)

접동새는 단결(鶗鴂), 두우(杜宇), 두견(杜鵑), 자규(子規), 촉혼(蜀魂)의 별명(別名)을 가진 새니 두보(杜甫)의 '고사두우칭망제(古事32)杜宇稱望帝)'라는 시구(詩句)와도33) 같이 망제(望帝) 개명(開明)에 선위(禪位)하고 자도

원(道山書院)에 제향되었다. 저서에 『효행록(孝行錄)』 『익재집(益齋集)』 『역옹패설(櫟翁稗說)』 『익재난고(益齋亂藁)』 등이 있다.
29) "임 생각에 옷을 적시지 않은 적이 없으니, 봄 산의 뻐꾹새와도 같구나. 옳고 그른 것은 사람들이여 묻지 마소, 이지러진 달과 새벽 별만은 알고 있겠지."
30) 정서(鄭敍, 1116~1171): 본관은 동래(東萊), 호는 과정(瓜亭)이다. 음보(蔭補)로 내시낭중(內侍郎中)에 이르렀다. 공예태후(恭睿太后:仁宗妃) 동생의 남편으로서 왕의 총애를 받았으며 문장에 뛰어났다. 1151년 유배되었다가 1170년 등용되었다. 저서에 『과정잡서(瓜亭雜書)』가 있다.
31) 鄭瓜亭 內侍郎中鄭叙所作也 叙自號瓜亭 聯昏外戚 有寵於仁宗 及毅宗卽位 放歸其鄕東萊日 今日之行 迫於朝議也 不久當召還 叙在東萊日久 召命不至 乃撫琴而歌之 詞極悽惋.
32) 두보시에는 '시(時)'로 되어 있다. 아래 각주 참고.
33) <杜鵑行> 古時杜宇稱望帝　魂何杜鵑何微細　跳枝竄葉樹木中　搶伴瞥捩雌隨雄　毛衣慘黑貌憔悴　衆鳥安肯相尊崇　隳形不敢栖華屋　短翅惟願巢深叢　穿皮啄朽觜欲禿　苦飢始得食一蟲　誰言養雛不自哺　此語亦足爲愚蒙　聲音咽咽如有謂　號啼略與嬰兒同　口乾垂血轉迫促　似欲上訴於蒼穹　蜀人聞之皆起立

(自逃)하여 서산(西山)에 숨었다가 그 후 복위(復位)하려다 되지 않아서 죽어 원혼(冤魂)이 되고 두견(杜鵑)은 곧 그 원혼(冤魂)의 화신(化身)이라는 중국(中國)의 전설(傳說)이 있다.

벼긴다는 저항(抵抗), 참소의 뜻도 있지만 훈몽자회(訓蒙字會)에 [貳 버글이]라고 하였으니 이심(二心)을 품는다는 뜻이다. 도람드르라는 것은 반성(反省)하라는 말. 괴온다는 것은 꼬인다 사랑한다 공경한다는 뜻으로 다시 거두어 총용(寵用)하여 달라는 말일 것이다. 의역(意譯)하면

　　님글여 우는 양이 접동새와 비슷하다
　　옳으고 글은 것은 殘月曉星 제 알리라
　　넋[魂]이라도 님한테 있거니 두 마음 뉘있으랴
　　千萬에 罪 없네만 이 말하면 뭣 하오리
　　님이 설마 닞엇으랴 反省하사 괴오쇼셔.[34]

악부궤범(樂府軌範)에[35] '삼진작(三眞勺)이라고 한 것은 일이삼사(一二三四)라는 숫자(數字)를 가(加)한 것은 대동운옥(大東韻玉)의 말과[36] 같이 음절(音節)의 완급(緩急)을 말함이다.

　　至今相效傳微風　洒知變化不可窮　豈思昔日居深宮　嬪嬙左右如花紅.
[34] 『고려가사』(1939)에 실린 현대역은 다음과 같다.
　　우리님을 그리워 우니노라니 山접동새와 비슷하외다 옳은 것이며 그른 것은 아아 지는 달 새벽별이 아르실 것이리다 넋이라도 님은 한데 가거라 아아 두 마음을먹다니 뉘라서 그러릿가 過失도 허물도 千萬없소이다. (두 줄은 현대역 하지 않음) 님이 나를 하마 이젓겠습니까 그리운 님이여 다시 도라 보소서.
[35] 『악학궤범』인 듯하다.
[36] "樂府 眞勺一二三四 乃聲音緩急之節也 一眞勺 最緩 二三四 又次之." 『대동운부군옥(大東韻府群玉)』. "악부의 진작에 1·2·3·4가 있는데 바로 성음이 느리고 급한 음절이다. 1 진작이 가장 느리고 2·3·4 진작이 그 다음으로 느리다."

제오(第五). 한림별곡(翰林別曲)

일(一).

元淳文俞元淳 仁老詩李仁老 公老四六李公老
李正言李奎報 陳翰林陳澕 雙韻走筆
沖基對策劉沖基 光鈞經義閔光鈞 良鏡詩賦金良鏡
위 試場ㅅ 景 긔 엇더ᄒ니잇고
(葉) 琴學士琴儀의 玉笋門生 琴學士의 玉笋門生
위 날조차 몃부니잇고

이(二).

唐漢書 莊老子 韓柳文集
李杜集 蘭臺集 白樂天集
毛詩尙書 周易春秋 周戴禮記
위 註조쳐 내외옩 景 긔 엇더ᄒ니잇고
(葉) 大平廣記 四百餘卷 大平廣記 四百餘卷
위 歷覽ㅅ 景 긔 엇더ᄒ니잇고

삼(三).

眞卿書 飛白書 行書草書
篆籀書 蝌蚪書 虞書南書
羊鬚筆 鼠鬚筆 빗기 드러
위 딕논 景 긔 엇더ᄒ니잇고
(葉) 吳生劉生 兩先生의 吳生劉生 兩先生의
위 走筆ㅅ 景 긔 엇더ᄒ니잇고

사(四).

黃金酒 栢子酒 松酒醴酒
竹葉酒 梨花酒 五加皮酒
鸚鵡盞 琥珀盃예 フ득 브어
위 勸上ㅅ 景 긔 엇더ᄒ니잇고
(葉) 劉伶陶潛 兩仙翁의 劉伶陶潛 兩仙翁의
위 醉혼 景 긔 엇더ᄒ니잇고

오(五).

紅牡丹 白牡丹 丁紅牡丹
紅芍藥 白芍藥 丁紅芍藥
御柳玉梅 黃梅紫薔薇 芷芝冬柏
위 間發ㅅ 景 긔 엇더ᄒ니잇고
(葉) 合竹桃花 고온두분 合竹桃花 고온두분
위 相暎ㅅ 景 긔 엇더ᄒ니잇고

육(六).

阿陽琴 文卓笛 宗武中琴
帶御香 玉肌香 雙伽倻ㅅ고
金善琵琶 宗智嵇琴 薛原杖鼓
위 過夜ㅅ 景 긔 엇더ᄒ니잇고
(葉) 一枝紅의 빗근 笛吹 一枝紅의 빗근 笛吹
위 듣고아 줌드러지라

칠(七).

蓬萊山 方丈山 瀛洲三山
此三山 紅樓閣 婥妁仙子
綠髮額子 錦繡帳裏 珠簾半捲

위 登望五湖ㅅ 景 긔 엇더하니잇고
(葉) 綠楊綠竹 栽亭畔애 綠楊綠竹 栽亭畔애
위 囀黃鸚 반갑두셰라

팔(八).

唐唐唐 唐楸子 皂莢남긔
紅실로 紅글위 미오이다
혀고시라 밀으시라 鄭少年하
위 내가논디 눔 갈셰라
(葉) 削玉纖纖 雙手ㅅ길헤 削玉纖纖 雙手ㅅ길헤
위 携手同遊ㅅ 景 긔 엇더하니잇고.

≪해(解)≫ 고려사(高麗史) 악지(樂志)와 지봉유설(芝峰類說)에는 고려(高麗) 고종(高宗) 때 한림제유(翰林諸儒)의 소찬(所撰)이라 하며 이는 이후(以後) 일정(一定)한 형식(形式)을 지어 여말(麗末)로부터 이조(李朝) 중엽(中葉)까지 한림별곡체(翰林別曲體)라 하여 유관(儒冠)의 모방작(模倣作)을 많이 보게 되었다. 예(例)컨대 정극인(丁克仁), 이현보(李賢輔)의 노래는 그 자신(自身)들이 말하는 바와 같이 한림별곡(翰林別曲)의 음절(音節)에 의(依)한 것이다.37)

고려(高麗) 고종(高宗) 때에 한림별곡(翰林別曲)이 생기고 또 당시(當時)에 서경별곡(西京別曲)이 있는 것을 이익재(李益齋)가 소악부(小樂府)에 번역(飜譯)하였고 익재(益齋)도 '별곡(別曲)의 의(意)에 감(感)하는 자(者)를 번(翻)하여 신사(新詞)를 만든다'라고 하였으니 별곡(別曲)의 명칭(名稱)과 형식(形式)은 뜻밖에 퍽 오랜 것 같아서 몽고(蒙古)와 교섭(交涉)이 있기

---

37) "每念天恩罔極 倚用高麗翰林別曲音節 作不憂軒曲." 『불우헌집(不憂軒集)』 행장(行狀). "늘 임금의 은혜가 망극함을 생각하고 고려 한림별곡(翰林別曲)의 음절에 의탁하여 불우헌곡(不憂軒曲)을 지었다."

이전(以前) 고종(高宗) 때까지에 고정(固定)된 듯하다.38)

제육(第六). 서경별곡(西京別曲)

일(一).

西京이 아즐가
西京이 셔울히 마르는
위 두어렁셩 두어렁셩 다링디리

이(二)

닷곤 딘 아즐가
닷곤 딘 쇼셩경 고외마른

---

38) 『고려가사』(1939)에 실린 현대역은 다음과 같다.
  兪元淳의 文과 李仁老의 詩와 李仁老(李公老 인듯-저자 주)의 四六騈儷와 李奎報 陳澕의 雙韻走筆과 劉沖基 閔光鈞 金良鏡의 詩賦 아으 試場景幾 엇더하잇고 太學士 琴儀 門下에 玉笋같이 美材輩出한 門生들이 나를조차 놀 분이 몇분이 닛고
  唐書漢書 莊子老子 韓退之 柳宗厚의 文集 李太白 杜子美의 詩集 蘭臺集 白樂天集 毛詩尙書 周易春秋 周戴禮 禮記 아으 註를 倂해서 내리 暗誦하든 景긔 엇더하니잇고 大平廣記 四百餘卷을 歷覽하는 景幾하니잇고
  顔眞卿書 飛白書 行書草書 篆籒書 蝌蚪書 虞書南書를 羊鬚筆 鼠鬚筆을 橫捴 하야 아으 딕어내는 景幾 엇더하니잇고 吳生劉生 兩先生의 走筆景幾 엇더하 니잇고
  黃金酒 柏子酒 ……酒를 鸚鵡盞 琥珀盃예 가득히 부어 勸上하는 景幾하니잇 고 劉伶 陶潛 두 仙翁의 醉한 景幾 엇더하니잇고
  紅牡丹 白牡丹 丁紅牡丹 紅芍藥 白芍藥 丁紅芍藥 御柳玉梅 黃梅紫薔薇 芷芝 冬柏 위 간발間發人 경지 긔 엇더하니잇고
  (6, 7연은 解釋 略)
  唐楸子 나무거나 皂莢나무에 紅실로 紅色글 鞦韆을 맨다 그리고 댕겨주고 밀어준다, 鄭少年아 아으 내가 미친 곳에 남이 딸라 잡지 말거라 削玉纖纖 두 손을 蓮한 길에 손목잡고 함께 노는 景幾 엇더하니잇고.

위 두어렁셩 두어렁셩 다링디리

삼(三).

여히므론 아즐가
여히므논[론]39) 질삼뵈 ᄇ리시고
위 두어렁셩 두어렁셩 다링디리

사(四).

괴시란ᄃᆡ 아즐가
괴시란ᄃᆡ 우러곰 좃니노이다
위 두어렁셩 두어렁셩 다링디리

오(五).

구스리 아즐가
구스리 바회예 디신ᄃᆞᆯ
위 두어렁셩 두어렁셩 다링디리

육(六).

긴히ᄯᆫ 아즐가
긴힛ᄯᆫ 그츠리잇가 나논
위 두어렁셩 두어렁셩 다링디리

---

39) [ ]은 『악장가사』(봉좌문고본)의 표기이다. 『악장가사』의 이본은 봉좌문고본(17세기 후반), 윤씨본(18세기 초중반), 장서각본(19세기) 등 총 3종이다. 이하 『악장가사』는 봉좌문고본을 가리킨다. [ ] 앞 부호는 교주자가 이하『악장가사』 소재 작품들에 대해 같은 의미로 사용하였다. <정석가>, <청산별곡>, <만전춘 별사>, <이상곡>, <사모곡>, <쌍화점>, <가시리>, <감군은>, <능엄찬>.

칠(七).

즈믄 히를 아즐가
즈믄 히를 외오곰 녀신돌
위 두어렁셩 두어렁셩 다링디리

팔(八).

信잇돈 아즐가
信잇돈 그츠리잇가 나는
위 두어렁셩 두어렁셩 다링디리

구(九).

大同江 아즐가
大同江 너븐디 몰라셔
위 두어렁셩 두어렁셩 다링디리

십(十).

빈 내여 아즐가
빈 내여 노흔다 샤공아
위 두어렁셩 두어렁셩 다링디리

십일(十一).

네 가시 아즐가
네 가시 럼난디 몰라셔
위 두어렁셩 두어렁셩 다링디리

십이(十二).

【널 빈예 아즐가

널 빈예 연즌다 샤공아
위 두어렁셩 두어렁셩 다링디리】 40)
大同江 아즐가
大同江 건넌[넌]편 고즐여
위 두어렁셩 두어렁셩 다링디리

십삼(十三).
빈타들면 아즐가
빈타들면 것고리이다 나는
위 두어렁셩 두어렁셩 다링디리.

이는 자세(仔細)히 보면 일장(一章)(1~4), 이장(二章)(5~8), 삼장(三章)(9~13)에 분(分)할 수 있으니 '아즐가 위 두어렁셩 두어렁셩 다링디리'라는 후렴句를 빼고 요약(要約)하면

일(一). 西京이 셔울히마른 닷곤 디 쇼셩경 고외마른 여히므론 질삼뵈 브리시고 괴시란디 우러곰 좃니노이다
이(二). 구스리 바회예 디신둘 긴힛둔 그츠리잇가 즈믄 힌를 외오곰 녀신둘 信잇둔 그츠리잇가
한역(漢譯) 익재(益齋) 이제현(李齊賢)의 소악부(小樂府)
縱然岩<巖>41)石落珠璣 纓縷固應無斷時 與郞千載相離別 一点<點>丹心何改移.42)
삼(三). 大同江 너븐디 몰라서 빈 내여 노흔다 사공아 네 가시 럼난디

---
40) 【 】은 『악장가사』에는 있으나 『조선가요집성』에는 없는 표기이다. 『고려가사』(1939)에는 이 부분을 복원하여 총 14연으로 보았다. 이하 【 】 앞 부호는 고려가사편에서는 같은 의미로 사용하였다.
41) < >은 『익재난고』의 표기이다.
42) "비록 바위에 구슬이 떨어지더라도, 꿰미실은 끊어지지 않으리. 임과 천년 서로 이별한다더라도, 한 점 단심이야 바뀌리."

몰라서 大同江 건넌편 고즐여 비타들면 것고리이다.

해석(解釋)

한림별곡(翰林別曲)과 함께 고려(高麗) 때 가장 유행(流行)하던 노래인 듯하나 고려사(高麗史)에는 오르지 않았고 고려사(高麗史)의 서경곡(西京曲)은 그 내용(內容)에 '절패지류(折敗之柳)도 또한 생의(生意)가 있다.'는[43] 뜻이 있다고 하였은 즉 서경별곡(西京別曲)과 서경곡(西京曲)은 스스로 다른 것이요 이조(李朝) 성종(成宗) 십팔년(十八年)에 왕(王)의 교지(敎旨)에 '종묘지악(宗廟之樂)이 여보대평정대업(如保大平定大業) 즉선의(則善矣)로되 기여속악(其餘俗樂)이 여서경별곡(如西京別曲)은 남녀상열지사(男女相悅之詞)니 심불가(甚不可)라'고[44] 한 그 서경별곡(西京別曲)이 즉(卽) 이 노래일 것이요 이익재(李益齋)의 한역(漢譯)까지 있는 것을 보면 고려(高麗)의 것일 것은 틀림없다. 이를 우(右) 삼단(三段)에 풀면

1. 쇼성경은 서경(西京)의 '셔'를 반복(反覆)한 셔셔경의 와전(訛傳)이거나 또는 작은 서울이란 말일 것이다. 평안도(平安道) 방언(方言)에 조그만 시냇물을 '쇼성개', '쇼샹개'라고 하기 때문이다. '고와'니 '괴시'는 모두 '그리운다, 사랑한다'의 뜻일 것이요 '여희'는 '여흰다'와 동의(同義)일지니 西京이 서울이지만 닦은 데는 西京이라 그리운 곳이지만 離別에 臨하여서는 布帛의 紡績하는 것도 내던지고 戀慕하는 당신을 仰從하겠나이다.

2. 구슬이 바위 우에 떨어진달 月姥紅繩의 끈이야 끈츨릿가 千年을 외롭게 떠나 있어도 百年의 約을 끈츨잇가

3. 大同江 깊은 디 몰라서 사공아 배내여 논다 네가 실여하겟는지 몰으나 네가 배를 태우고 저어주면 大同江 건녀편 곧을 님을 爲하야 꺾어 오리이다.[45]

---

43) "꺾인 버들까지도 살아나게 할 수 있다는 것을 말하였다."
44) "종묘악(宗廟樂)의 보태평(保太平)・정대업(定大業)과 같은 것은 좋지만 그 나머지 속악(俗樂)의 서경별곡(西京別曲)과 같은 것은 남녀(男女)가 서로 좋아하는 가사(歌詞)이니, 매우 불가(不可)하다."

제칠(第七). 정석가(鄭石歌)

일(一).

딩아 돌아[하] 當今에 계샹이다
딩아 돌아 當今에 계샹이다
先王聖代예 노니ᄋᆞ와지이다

이(二).

삭삭기 셰몰애 별헤 나는
삭삭기 셰몰애 별헤 나는
구은 밤 닷 되를 심고이다

삼(三).

그 바미 우미 도다 삭나거시아
그 바미 우미 도다 삭나거시아
有德ᄒᆞ신 님믈 여희ᄋᆞ와지이다

사(四).

玉으로 蓮ㅅ고즐 사교이다
玉으로 蓮ㅅ고즐 사교이다
바회 우희 接柱ᄒᆞ요이다

---

45) 『고려가사』(1939)에 실린 현대역은 다음과 같다.
西京이 서울이지 마는 닷곤디 쇼셩경 고외마른 離別하곤 질삼뵈를 버리시고 그리운데를 우러러 좃습니다
구실(玉)이 바회예 떠러진들 끈이야 끈어지릿가 千年을 외오곰 가신들 信이야 끈어지릿가
大同江 넓은디 몰라서 비내여 노흔다 샤공아 네가 시름난지 몰라서 널빈에 연즌다 샤공아
大同江 건넌편을 고즐여에 비를 타고 가면 꺽어 오리이다.

오(五).

그 고지 三同이 퓌거시아
그 고지 三同이 퓌거시아
有德ᄒ신 님 여희ᄋ와지이다

육(六).

므쇠로 텰릭을 몰아 나는
므쇠로 텰릭을 몰아 나는
鐵絲로 주롬 바고이다

칠(七).

그 오시 다 헐어시아
그 오시 다 헐어시아
有德ᄒ신 님 여희ᄋ와지이다

팔(八).

므쇠로 한쇼를 디여다가
므쇠로 한쇼를 디여다가
鐵樹山에 노호이다

구(九).

그 쇠 鐵草를 머거아
그 쇠 鐵草를 머거아
有德ᄒ신 님 여희ᄋ와지이다

십(十)

구스리 바회에[예] 디신둘
구스리 바회에 디신둘

긴힛둔 그츠리잇가

십일(十一).

즈믄 히룰 외오곰 녀신둘
즈믄 히룰 외오곰 녀신둘
信잇둔 그츠리잇가.

≪해(解)≫ 악장가사(樂章歌詞) 소재(所載). '딩아'는 철기(鐵器)에서 나는 정동성(丁東聲)이니 딩아돌아는 금석(金石)으로 된 당시(當時)의 악기(樂器)를 명(命)한 말같다. 정석가(鄭石歌)라고 한 것은 '딩'과 '돌'을 한자(漢字)로 번역(飜譯)하여 이 노래를 명명(命名)한 것이나 이 노래 자체(自體)는 오늘날 일본(日本) 국가(國歌) '君が代'와도 같은 성질(性質)을 가진 노래다. 그렇게 보면 위의 10, 11 두 장(章)은 서경별곡(西京別曲) 문구(文句)의 혼입(混入)한 것으로 간주(看做)하여 여기서 제거(除去)할 것이요 이 노래는 일(一)에서 구(九)까지로 된 노래다.

1. 딩아돌아 우리는 지금 階上(?)에 있다. 聖王盛代에 잘 놉세다
2. 삭삭한 細砂로 된 岩畔에 구은 밤 닷되(燒栗五升)을 심을가 합니다
3. 그 구은 밤이 엄(萠芽)이 돋아 싹날 때에 有德하신 님금을 떠날가 합니다 (그럼으로 永遠히 有德한 이 聖王을 뫼시겟다는 말이 된다)
4. 玉으로 蓮꽃을 맨들어 바위 우에 꽂어 둘가 합니다
5. 그렇면 그 玉蓮花가 三冬에 꽃이 필 적에 有德하신 聖主를 떠날가 합니다
6. 무쇠(鍛鐵)로 甲胄를 맨들고 鐵絲로 주름을 박을가 합니다
7. 그 鐵衣가 다힐어 달아질 적에나 有德하신 님금을 떠날가 합니다
8. 무쇠로 큰소를 맨들어 鐵樹山에 놓을가 합니다
9. 그 鐵牛가 鐵草를 먹을 적에나 有德하신 聖主를 떠날지 떠날마음은 없음네다.46)

이는 시조(時調)에도

「千歲를 누리소서 萬歲를 누리소서 무쇠기동에 꽃피여 여름이 여러 따드리도록 누리소서 云云」과 근사(近似)하다.

제팔(第八). 청산별곡(靑山別曲)

일(一).

살어리 살어리랏다
靑山애 살어리랏다
멀위랑 드래랑 먹고
靑山애 살어리랏다
얄리얄리 얄랑셩 안[얄]라리 얄라

이(二).

우러라 우러라 새여
자고 니러 우러라 새여
널라와 시름한 나도
자고 니러 우니로라
얄리얄리 얄랑[라]셩 얄라리 얄라

삼(三).

가던 새 가던 새 본다
믈아래 가던 새 본다
잉무든 장글란 가지고
믈아래 가던 새 본다

---

46) 『고려가사』(1939)에 그대로 실렸다.

얄리얄리 얄랑[라]셩 얄라리 얄라

사(四).

이링공 뎌링공 ᄒᆞ야
나즈란 디내와손뎌
오리도 가리도 업슨
바므란 쏘 엇디호리라
얄리얄리 얄랑[라]셩 얄라리 얄라

오(五).

어듸라 더디던 돌코
누리라 마치던 돌코
믜리도 괴리도 업시
마자셔 우니노라
얄리얄리 얄랑[라]셩 얄라리 얄라

육(六).

살어리 살어리랏다
바ᄅᆞ래 살어리랏다
ᄂᆞᄆᆞ자기 구조개랑 먹고
바ᄅᆞ래 살어리랏다
얄리얄리 얄랑[라]셩 얄라리 얄라

칠(七).

가다가 가다가 드로라
에졍지 가다가 드로라
사ᄉᆞ미 짒대예 올아셔
奚琴을 혀거를 드로라

얄리얄리 얄랑[라]셩 얄라리 얄라

팔(八).
가다니 비브른 도긔
셜진 강수를 비조라
조롱곳 누로기 믹와
잡스와니 내 엇디ㅎ리잇고
얄리얄리 얄랑[라]셩 얄라리 얄라.

≪해(解)≫ 악장가사(樂章歌詞) 소재(所載). 살어리는 살게 된 일이 있다는 말이다. '얄리얄랑성 얄라리얄라'는 후렴구(句). 멀위는 산포도(葡萄)요 다래 또한 산과명(山菓名)이다. '나마자기'는 조개의 일종(一種)이니 모두 바다에 있는 것이다. 바다를 예전에는 '바ᄅᆞ'라고 한 것은 용비어천가(龍飛御天歌)같은 데도 나온다. '사ᄉᆞ미'는 녹(鹿). 짒대는 범장(帆檣). '셜진강수를'은 기름진 농도(濃度)의 정주(精酒) 곱백이 강술이란 말. 조롱은 박아지의 소형(小形)으로 된 것. 누로기는 누룩(麴子)다. 나는 이를 위에 쓴 팔단(八段)에 나누어 설명(說明)하겠는다. 나는 여기서 고려인(高麗人)의 생활난(生活難)을 엿볼 수가 있다 한다.

1. 멀위와 다례같은 것을먹고 靑山에서 살어간다
2. 새여(鳥) 자고 닐어 울고 또 울어라 너와 함께 山속에 愁心 많은 나 亦是 자고 닐어 울리로다
3. 시냇물 아래로 갈고 있든 새 밭을 버힌다 아주 鈍하게 무딘 쟁기(刀物)를 가지고 갈고 있든 새 밭을 베힌다는[47] 뜻인가 或은 鈍한 쟁기 弓矢 같은 것을 가지고 水邊의 '새'를 노리고 본다는 뜻인가

---

47) 『고려가사』(1939)에 그대로 옮겼으나 이 부분만 달라졌다. 시냇물 아래로 울고 가는 새를 본다 아주 鈍하게 무딘 쟁기(刀物)를 들고 울고 가는 새를 본다

4. 이러쿵 저러쿵해서 낮(晝)에는 지나가고 오고가는 사람도 없는 靑山 속에서 밤에는 어떻게 지나리요

5. 어듸라고 던지던 돌코(石角) 누구에게던지 마치는 돌코에 내가 마조처 울어도 누가 메여(擔)주거나 扶護하여 줄 이도 없는 이 곧에서 自己 혼자 설어워서 남 몰으게 운다

6. (山에서 살 수 없어) 바다로 가서 살게 된다, 나마자기와 조개같은 것이나 잡아먹고—

7. 부엌 정지로 가다가 奚琴을 듯는다. 사스미는 짒대에 올라서 奚琴을 듯는다

8. 가늘고 배불은 독(瓮)에 기름진 强술을 빚을세 한 박아지에 누룩을 메워서 누룩을 잡자니 또 한 獨力이라 어떻게 하리잇가.

제구(第九). 만전춘(滿殿春) 별사(別詞)

일(一).

어름 우희 댓닙자리 보와 님과 나와 어러 주글만뎡
어름 우희 댓닙자리 보와 님과 나와 어러 주글만뎡
情둔 오닔범 더듸 새오시라 더듸 새오시라

이(二).

耿耿 孤枕上애 어느 즈미 오리오
西窓을 여러ᄒᆞ니 桃花ㅣ 發ᄒᆞ두다
桃花ᄂᆞᆫ 시름업서 笑春風ᄒᆞᄂᆞ다 笑春風ᄒᆞᄂᆞ다

삼(三).

넉시라도 님을 ᄒᆞᆫᄃᆡ 녀닛景 너기다니

넉시라도 님을 훈디 녀닛景 너기다니
【벼기더시니】 뉘러시니잇가 뉘러시니잇가

사(四).

올하 올하 아런 비올하
여흘[흘]란 어듸 두고 소해 자라온다
소콧 얼면 여흘도 됴호니 여흘도 됴호니

오(五).

南山애 자리 보아[와] 玉山을 벼여 누어
錦繡山 니블 안해 麝香 각시를 아나 누어
南山애 자리 보아 玉山을 벼여 누어
錦繡山 니블 안해 麝香 각시를 아나 누어
藥든 가슴을 맛초옵사이다 맛초옵사이다

아소 님하 遠代平生애 여힐 술 모르옵새.[48]

≪해(解)≫ 악장가사(樂章歌詞)에 실린 노래니, 나는 편의상(便宜上) 이를 오단(五段)으로 나누었다. 만전춘(滿殿春) 그 자체(自體)가 궁녀(宮女) 구기(口氣)가 있는 궁정문학(宮廷文學) 냄새가 농후(濃厚)한 노래다. 그 중(中) 제삼단(第三段)은 정과정(鄭瓜亭), 즉(卽) 진작곡(三眞勺曲)에서 인용(引用)되었다. 대의(大意)를 들면

1. 얼음(氷板)우에 竹葉으로 자리보아 大端히 찬 자리 우에서 님과 나와 함께 얼어죽을망정 情든 오날밤이 될소록 延長되여 더듸 밤이 밝아디기를 바랜다

---

48) 이 부분은 『악장가사』에는 연 구분 표시(○)를 하였으나 『조선가요집성』에는 함께 묶어 놓았다.

 2. 耿耿한 燈불 아래 외로운 벼게 우에 어느 잠이 오리요 此所謂 '愁多夢不成'이라 西窓을 열어보니 桃花가 滿發하엿다 桃花만 시름없이 春風에피엿구나

 3. 魂魄이라도 님한데 가 있거니 빗(잘못) 너기느니 누구십닛가[49]

 4. 오시라 오시라한 비(?)가 온다. 여흘(淺瀨)이란 어데두고 물깊은 '소'에 자라 온다 소가 얼어붙으면 여흘도 좋다. 소는 여흘 아래 물이 깊이 담겨 있는 곧(아런비 未詳)[50]

 5. 南山에 자리보아 玉山을 벼게로 하고 錦繡山으로 맨든 니불 아래 麝香각시를 안어 눂이고 香氣있는 藥든 가삼을 서로 맛출가 합니다 아소 님이여 永遠히 떨어질 줄 몰으고 遠代平生을 이와 같이 하여이다.

제십(第十). 이상곡(履霜曲)

 비오다가 개야 아 눈 하 디신나래
 션[서]린 석석사리 조븐 곱도신 길헤
 다롱디우셔 마득사리 마녀[두]너즈세[세] 너우지
 잠짜간 내니믈 너겨
 깃돈 열명길헤 자라오리잇가
 죵죵 霹靂 生陷墮無間
 고대셔 싀여딜 내 모미
 죵 霹靂 아 生陷墮無間
 고대셔 싀여딜 내 모미
 내님 두옵고 년뫼롤 거로리

---

49) 『고려가사』(1939)에 그대로 옮겼으나 이 부분만 달라졌다. '이것이어인일입니까'
50) 『고려가사』(1939). 새야새야야鳳凰새야 여흘은어데두고 「소」에자려오는가 소가 얼어붙엇으면 여흘이라도조치만, 여흘(淺瀨)이란 어데두고 물깊은소에자라온다, '소가얼어붙으면 여흘도좋다'

이러쳐 뎌러쳐
이러쳐 뎌러쳐 期約이잇가
아소 님하 흔디 녀졋 期約이이다.

≪해(解)≫ 악장가사(樂章歌詞)에 있는 노래니, 주역(周易)의 '이상견빙(履霜堅氷)'이란 말로 굳은 약속(約束)을 말함이다. 석석사리는 만수(蔓藪). 관목잡초(灌木雜草)가 험클어진 것을 말함이며 지금(至今) 경주지방(慶州地方)에서 쓴다. 마득사리도 그와 비슷한 것일 것 같다. 무간(無間)은 두간지옥(無間地獄)이요 '싀여딘다'는 '식는다' '변화(變化)한다'는 뜻이다.

비 오다가 개서 눈(雪)이 내려 쌓인 날에
서리운 석석사리와 마득사리가 좁고 굽으러진 길에
눈 우에 班色을 일넛는데 잠따간 내 님을 爲해서
그처럼 險한 열(?)命길에 자려고 오릿가
죵죵霹靂이 니는 無間地獄에 陷墮해서
달은 짐생으로 變할 내 몸이
내 님을 내버리고 어느 뫼를 걸어 가릿가
이러처 져러처 期約이닛까니
님이여 녜젼 그 期約을 잘직히소서.

제십일(第十一). 사모곡(思母曲)

호미도 놀히언마르는
낟ᄀᆞ티 들리도 업스니이다
아바님도 어이어신마르는
위 덩더둥셩

어마님ᄀ티 괴시리 업세라
아소 님하 어마님ᄀ티 괴시리 업세라.

≪해(解)≫ 악장가사(樂章歌詞) 소재(所載).

호미(鋤)도 날챙기(刃屬)이지만
낟(鎌)같이 잘 들리도 없다,
아버님도 어버이(親)이지만
어머님같이 多情하지못하다.

'위 덩더둥셩'은 음악(音樂)에 맞추기 위(爲)한 허음(虛音)일 것이며 어이는 '엉이', '엉지', '어버이'란 말일 것이다.

제십이(第十二). 쌍화점(雙花店)

일(一).

雙花店에 雙花사라 가고신딘
回回이[아]비 내손모글 주여이다
이말슴이 이店 밧긔 나명들명
다로러【거】디러
죠고맛감 삿기광대 네 마리라 호리라
더러둥셩 다리러디러 다리러디러 다로러거디러 다로러
긔자리예 나도 자라 가리라
위위 다로러거디러 나[다]로러
귀잔디ᄀ티 덦거츠니 업다

이(二).

三藏寺애 블혀라 가고신딘
그뎔 社主ㅣ 내손모글 주여이다
이말스미 이뎔밧긔 나명[나명들명]
다로러거디러
죠고맛간 삿기 上座ㅣ 네 마리라 호리라
더러둥셩 다리러디러 다리러디러 다로러거디러 다로러
긔자리예 나도 자라가리라
위위 다로러거디러 다로러
긔잔티 ᄀᆞ티 덦거츠니 업다

삼(三).

드레우므레 므를길라 가고신딘
우믓龍이 내손모글 주여이다
이말스미 이우믈밧긔 나명들명
다로러거디러
죠고맛간 드레바가 네 마리라 호리라
더러둥셩 다리러디러 다리러디러 다로러거디러 다로러
긔자리예 나도 자라가리라
위위 다로러거디러 다로러
긔잔티ᄀᆞ티 덦거츠니 업다

사(四).

술풀지븨 수를사라 가고신딘
그짓이[아]비 내손모글 주여이다
이말스미 이집밧긔 나명들명
다로러거디러
죠고맛간 싀구비가 네 마리라 호리라
더러둥셩 다리러디러 다리러디러 다로러거디러 다로러

긔자리예 나도 자라가리라
위위 다로러거디러 다로러
긔잔ᄃᆡ가티 덦거츠니 업다.

≪해(解)≫ 쌍화점(雙花店)은 꽃파는 가게다. 회회(回回)아비는 고려(高麗) 서울 송도(松都)에 와서 살던 색목인(色目人) 노옹(老翁)이란 말. '다로러디러'는 혹(或) '더러둥성, 다로러거디러'는 음악(音樂)에 맞추기 위(爲)해서 첨입(添入)한 조흥구(助興句)일 것이다. '죠고맛감'은 '조고만'이란 말 삿기는 새끼[稚][子息]이란 말로 상대자(相對者)에 대(對)한 천칭(賤稱)이다. 나로긔잔ᄃᆡᄀ티 덦거츠니업다는 것은 나로더부터 함께 잔 데처럼 울황(鬱荒)하고 낭자(狼藉)한 곳은 없다는 뜻이 아닌가 한다. 그리하여 그 대의(大意)는

일(一). 雙花店에 꽃 싸러가니 回回아비가 손목을 쥔다 이 말삼이 이 店 밖에 나면 조고만 색기야 廣大 네 말이라호리라 다로러 그 자리에 나도 자러 가리라 위위 다로러 그 잔 데처럼 덦거츤 곧은 없더라

이(二). 이 이절(二節)은 고려사(高麗史) 악지(樂志)에 역재(譯載)한 삼장가(三藏歌)니 '三藏寺裡点燈去 有社主兮執吾手 倘此言兮出寺外 謂上座兮是汝語'51)

삼(三). 드러움 물에 물 길러가니 우물엣 龍이 손목을 쥔다 이 말이 우물 밖에 나고 보면 조고만 드러박아 네 말이라 호리라

사(四). 술집에 술 살어 가니 술집애비가 손목을 쥔다 이 말이 이 집 밖에 나면 술구븨 네 말이라 호리라

'싀구비'는 술 뜨는 그릇 '술구긔'다.
퇴계(退溪) 이황(李滉)의 '서어부가후(書漁父歌後)'라는 문(文) 속에는 상

---

51) "삼장사 안에 등불을 켜러 갔더니, 사주(社主)가 있어 내 손을 잡았네, 만약에 이 말이 절간 밖으로 나간다면은, 상좌(上座)에게 네가 한 말이라고 이르겠노라."

화점곡(霜花店曲)이라고 쓰여 있으나 꽃장사의 집이라는 의미(意味)에 있어서는 쌍자(雙字)가 나보이는 고(故)로 상자(霜字)로 전(傳)해 오는 것을 개제(改題)한 것 같다. 어숙권(魚叔權)이 또한 '쌍화점(雙花店) 일곡(一曲) 역불가주(亦不可奏)'라고[52] 쌍자(雙字)를 썼다.

고려사(高麗史)에는 삼장가(三藏歌)가 충렬왕(忠烈王) 시(時) 소작(所作)이라 하여 동왕(同王)이 성색(聲色)을 좋아해서 각도(各道)에 재기가인(才妓歌人)들을 모아올 적에 이 노래도 읊은 것이라 하지만 쌍화점(雙花店), 삼장사(三藏寺) 운운(云云)한 것을 보면 그 때 도성(都城) 부근(附近)의 유행가(流行歌)를 채용(採用)한 것 같다.

제십삼(第十三). 가시리

가시리 가시리잇고[나는]
나는 브리고 가시리잇고[나는]
나는 위 증즐가 太平盛代

날러는 엇디 살라 ᄒ고
브리고 가시리잇고[나는]
나는 위 증즐가 太平盛代

잡ᄉ와 두어리마ᄂᆞᆫ
선ᄒ면 아니 올셰라[나는]
나는 위 증즐가 太平盛代

셜온님 보니옵노니다 나는

---

52) "<쌍화점> 일곡 역시 연주할 수 없다."

가시는 둣 도셔 오쇼셔[나는]
나는 위 증즐가 太平盛代.

≪해(解)≫ 악장가사(樂章歌詞) 소재(所載). 전사단(全四段)의 의미(意味)를 요약(要約)하면

나를 버리고 가심닛가
나는 어떻게 살라고 버리고 가십닛가
붓자어 두겟지만 한 번 선하면 아니옴즉 하기로
설은 님 보내오니 님이여 가시는 것처럼 오실 적에도 빨리 돌아 오소서.

라는 뜻으로 자못 규원(閨怨)의 절조(絶調)라고 하겠다.

제십사(第十四). 감군은(感君恩)

일(一).

四海 바닷 기픠는 닫줄로 자히리어니와
님의 德澤 기픠는 어내 줄로 자히리잇고
享福無彊ᄒ샤 萬歲를 누리쇼셔
享福無彊ᄒ샤 萬歲를 누리쇼셔
一竿明月이 亦君恩이샷다

이(二).

泰山이 놉다컨마ᄅᆞᆫ 하ᄂᆞᆯ[를]해 몬 밋[밋]거니와
님의 놉프[프]샨 恩과 德과는 하ᄂᆞᆯᄀᆞ티 노프샷다
享福無彊ᄒ샤 萬歲를 누리쇼셔

享福無彊ᄒ샤 萬歲롤 누리쇼셔
一竿明月이 亦君恩이샷다

삼(三).

四海 넙다ᄒᆞᆫ 바다 ᄒᆞᆫ 舟楫이면 건너리어니와
님의 너브샨 恩澤을 此生애 갑소오릿가
享福無彊ᄒ샤 萬歲롤 누리쇼셔
享福無彊ᄒ샤 萬歲롤 누리쇼셔
一竿明月이 亦君恩이샷다

사(四).

一片丹心뿐을 하늘하 아ᄅᆞ쇼셔
白骨糜粉인돌 丹心이ᄯᆫ 가시리잇가
享福無彊ᄒ샤 萬歲롤 누리쇼셔
享福無彊ᄒ샤 萬歲롤 누리쇼셔
一竿明月이 亦君恩이샷다.

≪해(解)≫ 악장가사(樂章歌詞) 소재(所載). 충렬왕(忠烈王) 사년(四年)이 원제(元帝)에게 주상(奏上)한 감황은(感皇恩)과는 별종(別種)일 것이며, 왕우(王禑) 때에 정도전(鄭道傳), 하륜(河崙) 등(等)이 지었다는 말이 근리(近理)할 것 같다.

제십오(第十五). 관동별곡(關東別曲) 구장(九章)

일(一).

海千重 山萬疊 關東別境
碧油幢 紅蓮幕 兵馬營主

玉帶傾盖 黑朔紅旗 鳴沙路

爲 巡察景 幾何如(鳴沙路에 위 巡察景ㅅ 긔엇더하니잇고)

朔方民物 慕義超風

爲 王化中興景 幾何如(위 王化中興景ㅅ 긔엇더하니잇고)

이(二).

鶴城東 元帥臺 穿島國島

轉三山 移十洲 金鼇頂上

收紫霧卷紅嵐 風恬浪靜

爲 登望滄溟景 幾何如(위 登望滄溟景ㅅ 긔엇더하니잇고)

桂棹蘭舟 紅粉歌吹

爲 歷訪景 幾何如(위 歷訪景ㅅ 긔엇더하니잇고)

삼(三).

叢石亭 金幱窟 奇岩怪石

顚倒巖 四慕[仝]53)峯 蒼苔古碣

我也足 石巖回 殊形異狀

爲 四海天下 無豆含[舍]叱多(위 四海天下(에) 업드삿다)

玉簪珠履 三千徒客

爲 又來悉 何奴日是古(위 쏘 오다 하ᄂ니잇고)

사(四).

三日浦 四仙亭 奇觀異迹

彌勒堂 安祥渚 三十六峯

夜深深 波瀲瀲 松梢片月

爲 古溫貌 我隱伊西爲乎伊多(위 녯양지 난이슷하오이다)

述郎徒矣 六字丹書

---

53) [ ]은 『근재집』(일사본)의 표기이다.

爲 萬古千秋 尙分明(위 萬古千秋 아즉도 分明하사이다)

오(五).

仙遊潭 永郎湖 神淸洞裡[裏]
綠荷洲 靑瑤嶂 風煙十里
香冉冉 翠霖霖 琉璃水面
爲 泛舟景 幾何如(위 泛舟景ㅅ 긔엇더하니잇고)
蓴羹鱸鱠[膾] 銀絲雪縷
爲 羊酪 豈勿蔘[參]爲古里[里古](위 羊酪 어디 말삼하고리)

육(六).

雪嶽東 洛山西 襄陽風景
降仙亭 祥雲亭 南北相望
騎紫鳳 駕紅鸞 佳麗神仙
爲 爭弄朱絃景 幾何如(위 爭弄朱絃景ㅅ 긔엇더하니잇고)
高陽酒徒 習家池舘
爲 四節 遊伊沙伊多(위 四節 노녀이사이다)

칠(七).

三韓禮義 千古風流 臨瀛古邑
鏡浦臺 寒松亭 明月淸風
海棠路 菌箈池春秋佳節
爲 遊賞景{幾}54) 何如爲尼伊古(위 遊賞하는 幾景ㅅ 긔엇더하니잇고)
【燈明樓上 五更鍾後
爲 日出景 幾何如

팔(八).

---

54) { }은 『근재집』에는 없으나 『조선가요집성』에는 있는 글자이다.

五十川 竹西樓 西村八景
　　翠雲樓 越松亭 十里靑松
　　吹玉篴 弄瑤琴 淸歌緩舞
　　爲 迎送佳賓景 幾何如】 55)
　　望佺亭上 滄波萬里
　　爲 鷗伊鳥 藩甲豆斜羅(위 갈맥이새 반갑도셰라)

　구(九). 56)

　　江十里 壁千層 屛圍鏡澈
　　倚風巖 臨水穴 飛龍頂上
　　傾綠蟻 聳氷峯 六月淸風
　　爲 避署景 幾何如(위 避署景ㅅ 긔엇더하니잇고)
　　朱陳家世 武陵風物
　　爲 傳子傳孫景 幾何如(위 傳子傳孫景ㅅ 긔엇더하니잇고).

　《해(解)》 이는 고려말(高麗末) 안축(安軸, 1282-1348 AD.)의 작(作) 그의 저(著) 관동와주(關東瓦注)에서 뽑은 것이다. 관동별곡(關東別曲)은 그가 강릉도존무사(江陵道存撫使)로 갔을 적에 관동(關東)의 절승(絶勝)을 읊은 것이요 다음 죽계별곡(竹溪別曲)도 또한 관동와주(關東瓦注)에서 뽑았다. 관동와주(關東瓦注)는 일칭(一稱) 근재집(謹齋集)이라고 한다. 괄호(括弧)안악에 쓴 것은 편자(編者)의 역(譯)이다.

제십육(第十六). 죽계별곡(竹溪別曲) 오장(五章)

---

55) 【 】은 『근재집』에는 있는 『조선가요집성』에는 빠져 있다. 이 때문에 <관동별곡>을 9장이라 했지만 8장만 수록하고 있다.
56) 『조선가요집성』에는 팔(八)로 되어 있다.

일(一).

竹嶺南 永嘉北 小白山前
千載興亡 一樣風流 順政城裡[裏]57)
他代無隱(난딘업논) 翠華峯 王子藏胎
爲 釀作中興景 幾何如(위 釀作中興景ㅅ 긔엇더하니잇고)
淸風杜閣 兩國頭御
爲 山水【淸】58)高景 幾何如(위 山水놉흔景ㅅ 긔엇더하니잇고)

이(二).

宿水樓 福田臺 僧林亭子
草庵洞 郁錦溪 聚遠樓上
半醉半醒 紅白花開 山雨裏良(속애)
爲 遊興景 幾何如(위 遊興景ㅅ 긔엇더하니잇고)
高陽酒徒 珠履三千
爲 携手相徒59)景 幾何如(위 携手相徒景ㅅ 긔엇더하니잇고)

삼(三).

彩鳳飛 玉龍盤 碧山松麓
紙筆峯 硯墨池 齊隱鄕校
心趣六經 志窮千古 夫子門徒
爲 春誦夏絃景 幾何如(위 春誦夏絃景ㅅ 긔엇더하니잇고)
年年三月 長程路良(길애)
爲 呵喝迎新景 幾何如(위 呵喝迎新景ㅅ 긔엇더하니잇고)

---

57) [ ]은 『죽계지(竹溪志)』의 표기이다.
58) 【 】은 『죽계지』에는 있으나 『조선가요집성』에는 없는 글자이다.
59) 『죽계지』(홍재휴본; 김문기본; 가람본; 일사본; 규장각본), 『대동야승』, 『근재집』(1934년본)에는 '종(從)'으로, 『근재집』(연세대본)에는 '유(遊)'로 표기되어 있다.

사(四).

楚山曉 小雲英 山苑佳節
花爛熳 爲君開 柳陰谷(에)
忙待重來 獨倚欄干 新鶯聲裏
爲 一朶紅[綠]雲 垂未絶
天生絶艶 小紅時(에)
爲 千里想思 又柰何

오(五).

紅杏紛紛 芳草萋萋 樽前永日
綠樹陰陰 畵閣沉沉 琴上薰風
黃國丹楓 錦繡春山 鴻飛後良
爲 雪月交光景 幾何如(위 雪月交光景ㅅ 긔엇더하니잇고)
中興聖代 長樂太平
爲 四節遊是沙伊多(위 四節노녀이사이다).

≪해(解)≫ 안축(安軸)의 작(作). 관동별곡(關東別曲) 조(條) 하참조(下參照).

제십칠(第十七). 능엄찬(楞嚴讚) 악장가사(樂章歌詞) 소재(所載)

世界衆生이 迷失本覺隨波逐浪이어를 如來哀憫ᄒᆞ샤
始修行路ㅣ 無非一大師[ㅣ]시니 阿難尊者ㅣ 眞慈方便으로
副爲末學이어시ᄂᆞᆯ 觀世音圓通을 文殊ㅣ 獨善이샷다
南無釋伽世尊하 照此今悔心ᄒᆞ쇼셔 十方佛毋無上寶印으로
有緣을 門道[開道]ᄒᆞ시ᄂᆞ니 若有隨證者ㅣ어든 魔風이 不得吹케ᄒᆞ쇼셔
善哉라 護法ᄒᆞ신 天龍鬼神이여샷다.

제십팔(第十八). 관음찬(觀音讚) 악학궤범(樂學軌範) 소재(所載)

白花ㅣ 芬其萼ᄒᆞ고
香雲이 彩其光ᄒᆞ니
圓通觀世音이
承佛遊十方이샷다

權相百福嚴ᄒᆞ시고
威神이 巍莫測이시니
一心若稱名ᄒᆞ시오면
千殃이 即殄滅ᄒᆞᄂᆞ니라

慈雲이 布世界ᄒᆞ고
凉雨ㅣ 洒昏塵ᄒᆞᄂᆞ니
悲願이 何曾休ㅣ시리오
功德으로 濟天人이샷다

四生이 多怨害ᄒᆞ야
八苦ㅣ 相煎迫이어늘
尋聲而濟苦ᄒᆞ시며
應念而與樂ᄒᆞ시ᄂᆞ니라

無作自在力과
妙應三十二와
無畏를 施衆生ᄒᆞ시니
法界普添利ᄒᆞᄂᆞ니라

始終三慧入ᄒᆞ시고
乃獲二殊勝ᄒᆞ시니

金剛三摩地를
菩薩이 獨能證ᄒᆞ시니라

不思議妙德이여
名偏百億界ᄒᆞ시니
淨聖無邊澤이
流波及斯世시니라.

≪해설(解說)≫ 어숙권(魚叔權)의 말에 '관음찬(觀音讚)은 반드시 고려(高麗) 때 능문승(能文僧)이 지었을 것이고 매편(每篇)에 아미타불나무아미(阿彌陀佛南無阿彌)란 말이 있고, 전편(全篇)이 송불(頌佛)이니 어찌 내전용(內殿用)이 되리오.'라고,[60] 아마 이는 그 일부(一部)였던 것 같다.

제십구(第十九). 나옹화상(懶翁和尙) 서왕가(西往歌)

나도 이럴만뎡 世上에 人子러니
無常을 생각하니 다 거즛 거시로다
父母前에 受한 얼골 죽은 後에 쇽졀없다
져근덧 져근덧 마음을 깨쳐 世事를 흘이치고
父母前에 下直하고 單瓢子 一衲衣로
靑藜杖을 빗기잡고 名山을 ᄎᆞ자들어
善知釋을 親見하야 이 마음을 볼키리라
千經萬論을 낫낫치 追尋ᄒᆞ야
六賊을 잡자리라 虛空馬를 틱겨ᄐᆞ고

---

60) "所謂觀音讚 不知昉於何時 必高麗之世有能文阿彌者所撰也 每篇有阿彌陀佛南無阿彌陀佛之語 又其全篇專頌佛道 豈可以此道內殿之曲乎."『증보문헌비고(增補文獻備考)』권107. 악고.

莫耶釖을 빗기들고 五蘊山 ᄎᄌ가니
千山은 疊疊ᄒᆞᆫ더 四相山이 더욱놉다
六根門頭에 자최 업손 도적은
나며들며 ᄒᆞ는 둥에 煩腦心 베텨 내고
六度로 비를 무어 三界海 건너랴고
念佛衆生 실어 두고 三乘짐째예
一乘돗 둘아 두니 春風이 슌히 블고
白雲이 섯도는더 人間을 생각ᄒᆞ니
슬프고 셜운디라 念佛마는 衆生들아
몃生을 살래ᄒᆞ고 世事만 貪着ᄒᆞ야
愛慾에 ᄌᆞᆷ겻는다 ᄒᆞ로도 열 두 시요
ᄒᆞᆫ 둘도 설흔 날에 어느 날에 閑暇ᄒᆞᆫ 境界어 들넌고
淸淨ᄒᆞᆫ 佛性은 사ᄅᆞᆷ마다 ᄀᆞ자신돌
어느 날에 싱각ᄒᆞ며 恒沙功德은
本來俱足ᄒᆞ여신들 어느 째예 내여 쁠고
셔왕(極樂)⁶¹⁾은 멀어디고 地獄은 갓갑도다
이보시소 어ᄅᆞ신니 念佛善種 심으시소
今生에 ᄒᆞ온 功德 後生애 受ᄒᆞᄂᆞ니
百年貪物은 하로 아젹 틔글이요
三日ᄒᆞ온 念佛은 千萬劫에 다히업손 보비로다
어와 이보샤요 歷千劫而 不古ᄒᆞ고
極萬世而 長今이라
乾坤이 크다ᄒᆞᆫ들 이 ᄆᆞᄋᆞᆷ에 미출손가
三世諸佛은 이 ᄆᆞᄋᆞᆷ을 아ᄅᆞ시고
六道衆生은 이 ᄆᆞᄋᆞᆷ을 져ᄇᆞ릴시
三界輪廻 어느 때에 긋칠손가
져근닷 싱각ᄒᆞ야 ᄆᆞᄋᆞᆷ을 ᄭᆡ쳐 먹고
어와 슬프다 어ᄅᆞ신니 이 내 말ᄉᆞᆷ 信聽ᄒᆞ야

---

61) '셔왕(西往)'을 풀어 쓴 것으로 보인다.

부즈러니 念佛ᄒ야 西方으로 가시쇼셔.

≪해(解)≫ 이는 근세(近世)에 해인사(海印寺) 승(僧) 유기(有機)의 간행(刊行)한 신편(新編) 보권문(普勸文)의 부록(附錄)에 실린 강월사왕가(江月四往歌)니 강월(江月)은 여말(麗末)의 명승(名僧) 나옹화상(懶翁和尙)의 일호(一號)이며 서왕(西王)은 셔왕 즉(卽) 극락세계(極樂世界)라는 말이다. 나옹(懶翁)의 작(作)에는 서왕가(西往歌)도 여러 가지로 전(傳)하며 그 타(他) 낙빈도(樂貧道)도 전(傳)하지만 문체(文體)가 신(信)하기 어렵고 이도 물론(勿論) 나옹(懶翁)의 작(作) 그대로 전(傳)하는 것이라고는 믿을 수 없지만 다소(多少)라도 원형(原形)을 보존(保存)하였다면 다행(多幸)이라 하여 고려시가(高麗詩歌)의 말미(末尾)에 첨부(添附)하여 둔다.

제이십(第二十). 나옹화상(懶翁和尙) 서왕가(西往歌)[62]

우리도 이럴망정 世上에 丈夫로세
天地로 帳幕삼고 日月로 벗을삼아
天下江山 구경ᄒ고 萬古風霜 격근 後에
故鄕으로 돌아오니 山川은 不變이나
人心이 大變ᄒ야 惡ᄒ 사람 數업스며
善ᄒ 사람 하나업다 적은듯 생각ᄒ니
夢中갓튼 이 世上에 念佛안코 무엇ᄒ리
유루낙이 조타ᄒ나 무루낙에 當ᄒᆯ소야
王侯將相 英雄豪傑 今世上에 丈夫로서
三度輪廻 못 免ᄒ니 그도 亦是 夢幻이요
金銀七寶 조와ᄒ나 生老病死 못 免ᄒ니

---

[62] <자책가>, <몽환가> 등의 영향으로 확대된 작품으로 보인다.

그도 亦是 夢幻이요 萬乘天子 轉輪王도
육취왕환 못 免ᄒ니 그도 亦是 夢幻이라
尊卑貴賤 上下업시 世上樂만 貪着ᄒ고
念佛ᄒᆞ번 아니ᄒ니 이 목숨이 죽어갈졔
日直使者 月直使者 牛頭羅利 馬頭羅利
前後左右 列立ᄒ야 金강鐵방 손에들고
이슬갓튼 이 니몸을 이리치고 져리치며
四大색신 結縛할제 父母妻子 代身갈가
鑊湯노탄 져 地獄에 활살갓치 들어가서
萬般苦痛 바들젹에 모은 財物 가저다가
저 地獄에 人情쓸가 萬死萬生 大苦痛을
어느 때나 버서날고 아이고답답 셜음이야
저 苦痛을 어이할고 地獄 한 번 들어가면
나올 期約 죠히업서 더를 엇디 하잔말고
世上事를 싱각ᄒ니 모도 다 罪惡이요
썻썻ᄒᆞ 것 하나업서 도모치 夢幻이라
世上事를 후리치고 父母前에 下直하고
單瓢子 一衲衣로 靑藜杖 빗겨들고
名山을 차저가서 션지식을 친견 후에
일디시괴 閱覽ᄒ고 形體업는 육도젹을
낫낫치 잡으리라 半夜에 劍 손에 들고
오온山에 들어가니 오온山은 疊疊하고
사상山이 더욱 놉다 오온山上 육근문에
八萬四千 번뢰젹을 한 手段에 사로잡고
智慧로 배를 무어 만힝으로 莊嚴ᄒ야
念佛衆生 실어두고 三승짐디 一승돗을
놉히놉히 달아두고 精進으로 運轉ᄒ야
三界바디 건너갈제 順風는 順히불고
白雲은 섭도난디 人間을 생각ᄒ니

슬푸고도 可憐ᄒ다 三界화턱 風塵 속에
미진갓튼 져 衆生을 어이 다 濟度홀고
草露갓튼 人生들아 一生이 얼마관더
念佛ᄒ번 아니하고 世間만 貪着ᄒ냐
愛慾網에 걸여난고 하루도 열두시요
한 달도 三十日에 어늘 날이 閑暇할가
자셩불을 모셧것만 어느 달에 차자볼가
極樂은 멀어디고 地獄은 갓갑도다
답답ᄒ 蒼生들아 勸ᄒ노니 念佛ᄒ오
今世上에 지은 功德 後世上에 밧나니다
빅연탐물 쓸쩌업고 일렴션근 보비로다
日月이 밝다ᄒ들 이 니 마음 갓틀손가
三世諸佛 歷代죠사 이 마음을 밝케니여
자셩불을 진득ᄒ야 육도중싱 건지시며
사견외도 간탐중싱 愛慾網에 깁히잠겨
自性眞佛 背叛하니 六道往還 免할손가
世間貪着 그만ᄒ소 아이고 답답 셜음이야
그것저것 다 버리고 一心으로 念佛ᄒ세
南無 阿彌陀佛 화장바디 건너가셔
極樂世界 들어가니 黃金樓閣 지어놋코
七寶지사 色蓮花 곳곳이 피여잇고
가지가지 보비남기 七寶망을 둘넛스니
求景하기 더욱죳타 九品蓮臺 念佛소리
자자히 놉하잇고 靑鶴白鶴 鸚鵡孔雀
前後左右 날아들어 우는소리 念佛이요
金銀花彩 鳳凰鳥는 雙雙히 날아들어
우난소리 法文이라 淸風이 건들부니
화기당번 모든 장엄 바람머리 춤을 추니
無上樂이 이 아닌가 極樂당중 일회상에
無上樂을 서로 밧고 화장장엄 七寶堂에

逍遙自在 노르면서 션망부모 구현칠죡
十方法界 一體衆生 남음업시 건저다가
비료성히 보리장에 太平歌를 불러보시
南無阿彌陀佛.

≪해(解)≫ 이 때에 벌써 이런 노래를 지었을는지 의문(疑問)이나 참고(參考)삼아 이에 첨부(添附)함. 퇴경(退耕) 권상로(勸相老) 선생(先生)의 채집(採集)에 의(依)한 것이며 이하(以下) 심우가(尋牛歌) 낙도가(樂道歌)도 또한 그러하다.

제이십일(第二十一). 나옹화상(懶翁和尙) 심우가(尋牛歌)[63]

하하 우사올사 허물된 말 우사올사
엇지하야 허물인가 볼너공적 무상사를
누셜ᄒ야 일넛스니 엇지아니 허물인가
平等不動 無高下를 동셜ᄒ야 자랑ᄒ니
일런 故로 허물일시 不生不滅 無去來를
닥가가라 일넛스니 이도 쏘한 허물일시
不增不減 일원상을 有라無라 말셩ᄒ니
眞實로 허물이며 有象無象 돌아님을
단상이견 의론ᄒ니 허물리 절로되네
本來淸淨 無物件을 명상이러시비ᄒ니
근들아니 허물될가 苦樂榮貴 업난 것을
善業惡業 分明ᄒ니 인들 아니 허물인가

---

63) <참선곡(參禪曲)>(인혜신사(印慧信士) 지형(智瑩), 『수선곡(修善曲)』)도 이 이본에 해당한다.

쳬동허공 본젹ᄒᆞᄃᆡ 망상번뇌 일넛스니
허물리라 못할손가 불구부졍 무렴상을
有色無生 議論ᄒᆞ니 自然이 허물되네
니의 즁간 업난 것을 차지라고 이르오니
허물리 업다할가 무거루러 역무쥬를
三界去來 일넛스니 이 아니 허물인가
알고도 못 본 것을 견셩이라 일넛스니
이도 쪼한 허물이라 보고도 못ᄒᆞᆫ 것을
아라 보라 가르치니 망상허물 졀노되네
심힝쳐가 ᄭᅳᆫ어진ᄃᆡ 관심ᄒᆞ라 일넛스니
分別험을 아니될가 말할 길리 ᄭᅳᆫ어진ᄃᆡ
화두하라 일넛스니 쪼한 허물될만ᄒᆞ네
包含萬象 총지법을 일물리라 일넛스니
슈공허물 되야난이 무물ᄒᆞ야 무렴쳐를
졍염이라 일넛스니 유상허물 이 아닌가
무삼방변 베푸러야 허물된 病 다 곳치고
진실도에 바로들고 이를들고 볼진ᄃᆡ난
聖人凡夫 둘업스며 古今始終 次第업셔
八萬四千 經典말삼 허물이라 하올진ᄃᆡ
無非허물 다되나니 허물 中에 善察ᄒᆞ야
明昧利鈍 兩者 中에 허물아니 되난 妙理
그 中에 잇나니다 심우벗님 들어보소
볼ᄂᆡ功績 일넛스나 見聞各地 分別니고
不生不滅 일넛스나 因지으면 果를 밧고
不增不減 일넛스나 作善作惡 길다르고
有象無象 둘 아니나 二者가 相對ᄒᆞ고
本來淸淨 無物이나 緣을 ᄯᆞ라 差別하고
苦樂榮貴 업다ᄒᆞ나 善惡貴賤 보다르고
尋行處가 업다ᄒᆞ나 臨時差別問答ᄒᆞ고

常住不滅 일넛스나 볼나ᄒᆞ즉 죠히 업네
數多言句 일넛스나 허물이라 疑心말고
그 中에셔 修行ᄒᆞ면 眞實道가 나타나셔
主着相이 업서지고 出入업난 解脫門이
두렷이 졀로놉하 去來업난 일진상이
宛然尙存 喧傳ᄒᆞ니 현젼상을 主人삼아
圓覺山中 집흔고딕 法聖寺를 차저가셔
半夜혜 劍 ᄲᅡ여들고 계셩확을 놉피싸고
육근門을 구지닷고 육적中에 한놈이나
자최업시 비츄거든 털방으로 打殺ᄒᆞ고
번뇌젹을 한 手段에 낫낫치 다 벼히고
政事官이 되여안져 萬般政事 다사리고
善事惡事 兩事中에 喜怒相을 닉지말소
老少貴賤 尊大ᄒᆞ며 탐진심도 닉지말고
對人閑談 길거말소 먹고입고 하난 것도
슈분ᄒᆞ야 보명ᄒᆞ쇼 隊衆에 處ᄒᆞ야도
망상분멸 닉지말고 어닌아히 졋싱각듯
목말을 ᄯᅢ 물싱각듯 俯仰間에 昭昭ᄒᆞ나
닉의 쥰간 차지랴면 종셩쇼리 들이오나
쇼리 형상 몯 보나니 이럼으로 닐으사되
말할 길이 끈어지고 尋行處가 업다하네
쳬동허공 공젹한쥴 다른 사상 닉지말고
시심마로 方便삼아 젼젼이 거각ᄒᆞ면
百千方便 億萬說理 이 곳에난 쓸디업네
어묵동졍 이변상에 촌보간도 間斷업시
셩셩不寐 거각ᄒᆞ되 이ㅣ무삼 道理ㄴ고
취야부득 사야부득 無去無來亦無住라
당쳐현젼 쇼쇼ᄒᆞ나 닉의 중간 못 보나니
상야 무상야 힝쥬좌와 어묵동졍

念念不寐 놋치말쇼 힝야좌야 동지간에
거야니야 間斷업시 前念後念 頓忘ᄒ고
일령현젼 원망도리 衆生諸佛 增減업네
歷千劫而 不久ᄒ고 亘萬古而 長今이라
슬푸다 尋牛벗님 이 말삼이 올사오니
自己상에 잇난 寶物 나는 알고 쓰거니와
남들도 알으신지 진실로 몰으거든
어묵 중에 차자니여 나와 함께 同行ᄒ시
이 보비를 어더니면 萬乘天子 보러ᄒ며
滿堂黃金 貴할손가 七寶黃金 쓰자ᄒ면
다할 씨가 잇거니와 자기상에 어드 寶物
암만쓴들 다할손가 하하 길겁도다
낙야 불낙야 낙불낙이 둘아니라
격외장부 君子들아 니의 말삼 들어보소
쇽회심도 니지말고 如是道에 자미붓쳐
懈怠心도 니지말고 실금실금 하여가세
밤시도록 가난 길에 희도들쎠 이니볼가
이런 고로 삼세계불 의차修行 ᄒ옵시고
이승셩문 연각들도 의차슈증 ᄒ압시고
古今歷代 죠사들도 의차슈징 ᄒ압시고
삼도슈고 즁싱들도 의차ᄒ야 보를밧고
자기보물 알고쓰면 苦 즁에도 樂이잇고
자기보물 모르오면 樂 즁에도 苦가 잇네
이런 고로 즁싱졔불 일니졔평 ᄒ다ᄒ네
여보 參禪동 모임네 이 말삼을 信聽ᄒ오
마하반야바리밀.

제이십이(第二十二). 나옹화상(懶翁和尙) 낙도가(樂道歌)

靑山林 깁흔고딕 一間茅屋 지여두고
송門을 半開ᄒ고 石徑에 徘徊ᄒ니
春風이 건들불어 花草를 掀動ᄒ다
隔林에 百花꼿은 處處에 피엿거든
物外에 神仙鶴은 白雲間에 셧도난 듯
風景도 죠커니와 物象이 더욱 조타
그 中에 無心樂은 世上樂과 다름이라
한쪼각 진보향은 玉爐中에 꼬자두고
寂寂한 明月下에 무침히 홀로안저
十年을 期限定코 一大事를 窮究ᄒ니
從前에 모르든걸 今日에사 알리로다
一단고명 심지월은 萬古에 밝앗스되
무명장야 업히랑에 길몰나 단엿더니
靈鷲山 諸佛會相 處處에 뫼아거든
소림굴 죠사가품 엇지멀리 어들소냐
쳔경만론 진법셜은 耳邊에 昭昭ᄒ고
빅역찰토 진불면은 眼前에 顯顯ᄒ다
靑山은 默默ᄒ고 綠水난 潺潺ᄒ디
淸風이 실실ᄒ니 이 엇더훈 消息이며
明月이 단단ᄒ기 이 엇더한 경계던고
일이제명 ᄒ온 중에 활계죠차 구죡ᄒ다
萬壑千山 푸른松葉 일발 中에 담어두고
빅공천창 기은누비 두엇계에 거럿스니
기한에 무심ᄒ다 기한에 무심ᄒ니
셰욕졍이 잇슬소냐 욕졍이 담박ᄒ니
인아사상 쓸디업네 사상산 업난고디
법셩산이 놉고놉다 千山이 깁고깁허

一物도 업난 中에 一圓相이 독노로다
皎皎한 夜月下에 圓覺상에 올나안저
無空[64]笛을 빗겨불고 無絃琴을 노피타니
石虎난 춤을 추고 松風은 和答흔다
무위자셩 진공낙은 그 中에 갓촤더라
장쳔을 두러쓰고 디지를 건너안자
무착영을 넌짓올라 부지슌을 구버니
각슈담화 죠흔꼿치 쳐쳐에 피엿더라.

---

64) '공(孔)'의 오자인 듯하다.

이조가사편(李朝歌詞篇)

이조가사예언(李朝歌詞例言)

　박준(朴浚)의 편(編)이라고 할 악장가사(樂章歌詞)에서 신도가(新都歌) 이하(以下) 여민락(與民樂)까지는 이를 이조(李朝) 이후(以後)의 것이라 억단(臆斷)하고 이를 이조편(李朝篇)에 변(弁)하며 그 타(他)는 각(各) 문집(文集)과 영조(英祖) 때 김천택(金天澤)의 편(編)이라고 하는 청구영언(靑丘永言)과 그 타(他) 작자(作者) 및 그 저작년대(著作年代)가 적어도 이조(李朝) 숙종(肅宗) 이하(以下)를 내려가지 않으리라고 생각(生覺)하는 것만을 우선(于先) 이에 편찬(編纂)하였다. 철자(綴字)는 될 수록 그 원문(原文)대로 실리려 하였으나 전연(全然) 의미(意味)가 통(通)치 않는 부분(部分)은 편자(編者)의 마음대로 한글을 맞추었다. 이조(李朝)의 가사(歌詞)는 실(實)로 한우충동(汗牛充棟)이 될만큼 많지마는 여기는 선현(先賢)의 문집(文集)에서 그 중(中)에도 송강(松江), 노계(蘆溪), 고산(孤山) 같은 대가(大家)의 장편(長篇)은 전부(全部) 망라(網羅)하고 끝에 속칭(俗稱) 십이가사(十二歌詞)로 숙종(肅宗) 영종(英宗) 간(間)에 된 가곡원류(歌曲源流), 청구영언(靑丘永言), 해동가요(海東歌謠) 속에 있는 것만 집어 넣고 마지막에 자하(紫霞) 신위(申緯)의 시조(時調) 한역(漢譯)을 부록(附錄)하여 두었다. 시조(時調), 민요(民謠), 동요(童謠)와 및 가사(歌詞)의 누설(漏洩)된 부분(部分)은 후집(後輯)을 약(約)하고 간단(簡單)하나마 이로써 끝막었다.

제일(第一). 신도가(新都歌) (양주곡楊洲曲)

악장가사(樂章歌詞) 소재(所載)

네는 楊州ㅣ 쏘올히여
디위예 新都形勝이샷다
開國聖王이 聖代를 니르어샷다
잣다온뎌 當今景 잣다온뎌
聖壽萬年ᄒ샤 萬民의 咸樂이샷다
아으 다롱다[디]1)리
알폰 漢江水여 뒤흔 三角山이여
德重ᄒ신 江山즈으메 萬歲를 누리쇼셔.

≪해(解)≫ 고려사(高麗史) 악지(樂志), 고려(高麗) 속악조(俗樂條)에 양주곡(陽州曲)을 설명(說明)하되 '양주(楊州)는 고려(高麗) 한양부(漢陽府)니 북(北)은 화산(華山), 남(南)은 한수(漢水), 토지(土地)는 평연(平衍)하고 부서번화(富庶繁華)하여 타주(他州)의 비(比)가 아님으로 주인(州人) 남녀(男女)가 방춘호유(方春好遊)하여 즐겨서 노래 부르나니 그것이 양주곡(陽州曲)이다.'라고2) 하였으나 만일(萬一) 신도가(新都歌)가 고려사(高麗史)의 작자(作者)가 말하는 양주곡(陽州曲)이라면 그는 이조(李朝)가 한양(漢陽)에 존도(奠都)한 이후(以後)의 노래일 것 같다.

---

1) [ ]은 『악장가사』의 표기이다. [ ] 앞 부호는 교주자가 이하 『악장가사』 소재 작품들에 대해 같은 의미로 사용하였다. <유림가>, <상대별곡>, <화산별곡>, <오륜가>, <연형제곡>.

2) "楊州 卽高麗 漢陽府 北據華山 南臨漢水 土地平衍 富庶繁華 非他州比 州人男女 方春好遊 相樂而歌之也." 『高麗史』 卷71 樂志.

제이(第二). 유림가(儒林歌)

악장가사(樂章歌詞) 소재(所載) 육장(六章)

일(一).

五百年이 도라 黃河ㅅ므리몰가
聖主ㅣ 重興ᄒᆞ시니 萬民의 咸樂이로다
五百年이 도라 沂水ㅅ므리몰가
聖主ㅣ 重興ᄒᆞ시니 百穀이 豊登ᄒᆞ샷다
[葉] 我窮且樂아 窮且窮且樂아 浴乎沂, 風乎舞雩, 詠而歸호리라
我窮且樂아 窮 且窮且樂아

이(二).

五百年이 도라 泗水ㅅ므리몰가
聖主ㅣ 重興ᄒᆞ시니 天下ㅣ 大平ᄒᆞ샷다
五百年이 도라 漢水ㅅ므리몰가
聖主ㅣ 重興ᄒᆞ시니 干戈ㅣ 息靜ᄒᆞ샷다
[葉] 我窮且樂아 窮且窮且樂아 浴乎沂, 風乎舞雩, 詠而歸호리라
我窮且樂아 窮 且窮且樂아

삼(三).

五百年이 도라 四海ㅅ므리몰가
聖主ㅣ 重興ᄒᆞ시니 民之父母ㅣ샷다
桂林마뒷 鶴이 郊詵枝예 안재라
天上降來ᄒᆞ시니 人間蓬萊샷다
[葉] 我窮且樂아 窮且窮且樂아 浴乎沂, 風乎舞雩, 詠而歸호리라
我窮且樂아 窮 且窮且樂아

사(四).

丹穴九色[包]ㅅ鳳이 九重宮闕에 안재라
覽德來儀ᄒᆞ시니 重興聖主샷다
朝陽碧梧ㅅ鳳이 當今에 우루믈 우러
聲聞于天ᄒᆞ시니 文治太平ᄒᆞ샷다
[葉] 我窮且樂아 窮且窮且樂아 浴乎沂, 風乎舞雩, 詠而歸호리라
我窮且樂아 窮 且窮且樂아

오(五).

珠履三千客과 靑衿七十徒와
杳矣千載後에 豈無其人이리오
黃閣三十年과 淸風一萬古와
我與房與杜로 終始如一호리라
[葉] 我窮且樂아 窮且窮且樂아 浴乎沂, 風乎舞雩, 詠而歸호리라
我窮且樂아 窮 且窮且樂아

육(六).

十年螢雪榻애 白衣一書生이여
暫登龍榜後에 脚底靑雲이로다
鳳城千古地예 學校를 排ᄒᆞ야이다
年年三月暮애 나리라 壯元郞이여
[葉] 我窮且樂아 窮且窮且樂아 浴乎沂, 風乎舞雩, 詠而歸호리라
我窮且樂아 窮 且窮且樂아.

제삼(第三). 상대별곡(霜臺別曲)

악장가사(樂章歌詞) 소재(所載) 오장(五章)

일(一).

華山南 漢水北 千年勝地
廣通橋 雲鍾街 건나드러
落落長松 亭亭古柏[栢] 秋霜烏府
위[偉] 萬古淸風ㅅ 景 긔 엇더ᄒ니잇고
[葉] 英雄豪傑 一時人才 英雄豪傑 一時人才
위[偉] 날조차 몃분니잇고

이(二).

鷄旣鳴 天欲曉 紫陌長堤
大司憲 老執義 臺長御史
駕鶴驂鸞 前阿後擁 辟除左右
위[偉] 上臺ㅅ 景 긔 엇더ᄒ니잇고
[葉] 싁싁ᄒ녀 風憲所司 싁싁ᄒ녀 風憲所司
위[偉] 振起頹綱ㅅ 景 긔 엇더ᄒ니잇고

삼(三).

各房拜 禮畢後 大廳齊坐
正其道 明其義 參酌古今
時政得失 民間利害 救弊條陳[條]
위[偉] 狀上ㅅ 景 긔 엇더ᄒ니잇고
[葉] 君明臣直 大平盛代 君明臣直 大平盛代
위[偉] 從諫如流ㅅ 景 긔 엇더ᄒ니잇고

사(四).

圓議後 公事畢 房主有司
脫衣冠 呼先生 섯거안자
烹龍炮鳳 黃金醴酒 滿鏤臺盞
위[偉] 勸上ㅅ 景 긔 엇더ᄒ니잇고
[葉] 즐거온뎌 先生監察 즐거온뎌 先生監察
위[偉] 醉홈 景 긔 엇더ᄒ니잇고

오(五).

楚澤醒吟이아 녀는 됴ᄒ녀
鹿門長性[往]이아 녀는 됴ᄒ녀
明良相遇 河淸盛代예
驄馬會集이아 난 됴하이다.

≪해(解)≫ 이는 양촌(陽村) 권근(權近, 1352-1409)이[3] 이조(李朝) 태종(太宗) 때에 헌부(憲府) 소미연(燒尾宴)에서 진상(進上)한 노래다. 양촌(陽村)은 고려말(高麗末) 인물(人物)로 이조(李朝)에서도 사관(仕官)하였으니 이 또한 여조(麗朝) 가사(歌詞)로 간주(看做)하여도 좋을 것이며 용재총화(慵齋叢話) 감찰(監察) 조(條)에 '挾一女而坐 謂之安枕 酒酣唱 霜臺別曲'이라고[4] 한 것은 이를 말함이다.

---

[3] 권근(權近, 1352~1409): 고려 말·조선 초의 문신·학자로 본관 안동이며 자는 가원(可遠)·사숙(思叔), 호는 양촌(陽村), 시호는 문충(文忠), 초명은 진(晉)이다. 1367년(공민왕 16) 성균시(成均試)를 거쳐 이듬해 문과에 급제하여 고려와 조선조에서 벼슬을 하였다. 저서로는 『동국사략(東國史略)』, 『입학도설(入學圖說)』등과 문집 『양촌집(陽村集)』이 있다.

[4] "여자 한 사람씩을 안겨주는데 이를 안침(安枕)이라 하며 술이 거나하면 <상대별곡>을 노래한다."

제사(第四). 화산별곡(華山別曲) 악장가사(樂章歌詞) 소재(所載) 팔장(八章) 문헌비고(文獻備考)에 인(引)

일(一).

華山南 漢水北 朝鮮勝地
白玉京 黃金闕 平夷通[洞]達
鳳峙龍翔 天作形勢 經緯陰陽
偉(위) 都邑ㅅ 景 긔 엇더ㅎ니잇고
【葉】5) 太祖太宗 創業貽謀 【太祖太宗 創業貽謀】
위[偉] 持守ㅅ 景 긔 엇더ㅎ니잇고

이(二).

內[納]受禪 上禀命 光明正大
禁草竊 通商賈 懷服倭邦
善繼善述 天地交泰 四境寧一
위[偉] 太平ㅅ 景 긔 엇더ㅎ니잇고.
至誠忠孝 睦隣以道 【至誠忠孝 睦隣以道】
위[偉] 兩得ㅅ 景 긔 엇더ㅎ니잇고

삼(三).

存敬畏 戒逸欲 躬行仁義
開經筵 覽經史 學貫天人
置集賢殿[殿集賢] 四時講學 春秋製述
위[偉] 右文ㅅ 景 긔 엇더ㅎ니잇고
葉 天縱之聖 學文之美 【天縱之聖 學文之美】

---

5) 【 】은 『악장가사』에는 있으나 『조선가요집성』에는 없는 글자이다. 이하 경기체가 작품에서도 같은 의미로 사용되었다.

위[偉] 古人[今]人 景{에} 긔 엇더ᄒ니잇고[몃부니앗고]

사(四).

訓兵書 敎陣法 以習坐作
順時令 擇閑曠 不廢蒐狩
萬騎雷駕[鷲] 殺不盡物 樂不極盤
위[偉] 講武ㅅ 景 긔 엇더ᄒ니잇고
葉 長慮却顧 安不忘危 【長慮却顧 安不忘危】
위[偉] 豫[預]備【ㅅ】 景 긔 엇더ᄒ니잇고

오(五).

懷[懼]天災 閔[憫]人窮 克謹祀事
進忠直 退姦[奸]邪 欽恤刑罰
考古論今 夙夜圖治 日愼一日
위[偉] 無逸ㅅ 景 긔 엇더ᄒ니잇고
葉 天生聖主 以惠東人 【天生聖主 以惠東人】
위[偉] 千歲世를[ㅣ] 누리소셔

육(六).

慶會樓 廣延樓 崔巍[嵬]敞豁[割]
軼[輯]煙氛 納顥[灝]氣 遊目天表
江山風月 景槩[槪]萬千 宣暢鬱堙
위[偉] 登覽【ㅅ】 景 긔 엇더ᄒ니잇고
葉 蓬萊方丈 瀛洲三山 【蓬萊方丈 瀛洲三山】
위[偉] 何代可覓 【어데가 어드리잇고】

칠(七).

止於慈 止於孝 天性同歡

止於仁 止於敬 明良相得
先天下憂 後天下樂 樂而不淫
위[偉] 侍宴ㅅ【人】 景 긔 엇더ᄒᆞ니잇고
葉 天生聖人[主] 父母東人 【天生聖主 父母東人】
위[偉] 萬歲【를 누리소셔】

팔(八).

勸農桑 厚民生 培養邦本
崇禮讓 尙忠信 固結民心
德澤之光[充] 風化之洽 頌聲洋溢
위 長治ㅅ 景 긔 엇더ᄒᆞ니잇고
葉 華山漢水 朝鮮王業 【華山漢水 朝鮮王業】
위 並[幷]久ㅅ 景 긔 엇더ᄒᆞ니잇고.

≪해(解)≫ 이는 세종(世宗) 을사(乙巳)에 춘정(春亭) 변계량(卞季良, 1369-1430)의[6] 작(作)이니 권제(權踶)의 지은 춘정집서(春亭集序)에 '선생(先生)이 일찍이 신조(新調)를 지어 양궁(兩宮)의 자효(慈孝)를 가영(歌詠)하고 일대(一代)의 치공(治功)을 형용(形容)하여 율려(律呂)에 맞추어 무궁(無窮)에 드리우게 하였다.'라고[7] 한 것이 이것일 것이다. 변춘정(卞春亭) 또한 양촌(陽村) 권근(權近)의 문인(門人)으로 일찍 고려(高麗) 때에 급제(及第)하였고 이조초(李朝初)에 이십여년(二十餘年)이나 문형(文衡)을 주(主)하였다. 화양별곡(華陽別曲)은 이 곡(曲)의 일칭(一稱)일 것이다.

---

6) 변계량(卞季良, 1369~1430): 고려 말·조선 초 문신으로 본관은 밀양, 자는 거경(巨卿), 호는 춘정(春亭), 시호는 문숙(文肅)이다. 1385년 문과에 급제하여 고려와 조선조에 벼슬을 하였다. 저서에 『춘정집』이 있다.
7) "而先生嘗作新調 歌詠兩宮之慈孝 形容一代之治功 被諸律呂 垂之無窮." 『춘정집구서(春亭集舊序)』. "선생이 일찍이 새 곡조를 지어 양궁(兩宮)의 효성을 노래하고 한 시대의 치적(治績)을 형용하였는데 이를 악보(樂譜)에 올려 후세에 남겼다."

제오(第五). 오륜가(五倫歌)

악장가사(樂章歌詞) 소재(所載) 육장(六章)

일(一).

判陰陽 位高下 天尊地卑
生萬物 厚黎民 代作聖賢
仁義禮智 三綱五常 秉彛之德
위[偉] 萬古流行ㅅ 景 긔 엇더ᄒᆞ니잇고
葉 伏羲神農 黃[皇]帝堯舜 伏羲神農 黃[皇]帝堯舜
위[偉] 立極ㅅ 景 긔 엇더ᄒᆞ니잇고

이(二).

父爲天 母爲地 生我劬[歸]勞
養以乳 敎以義 欲報鴻恩
泣竹笋生 扣氷魚躍 至誠感神
위[偉] 養老ㅅ 景 긔 엇더ᄒᆞ니잇고
葉 曾參閔子 兩先生의 曾參閔子 兩先生의
위[偉] 定省ㅅ 景 긔 엇더ᄒᆞ니잇고

삼(三).

納陳[諫]君 盡忠臣 居仁有義
尙文德 韜武功 民得其所
耕田鑿井 含哺[飽]鼓腹 大平盛代
위[偉] 復唐虞ㅅ 景 긔 엇더ᄒᆞ니잇고
葉 鳳凰來儀 麒麟必至 鳳凰來儀 麒麟必至[麒麟必至 鳳凰來儀 麒麟必至 鳳凰來儀]
위[偉] 祥瑞ㅅ 景 긔 엇더ᄒᆞ니잇고

사(四).

男有室 女有家 天定其配
納履[雙]鴈[雁] 合二姓 文定厥祥
情勢好合 如鼓琴瑟[瑟琴] 夫唱婦隨
위[偉] 和樂ㅅ 景 긔 엇더ㅎ니잇고
葉 百年偕老 死則同穴 百年偕老 死則同穴
위[偉] 言約ㅅ 景 긔 엇더ㅎ니잇고

오(五).

兄及弟 式相好 無相猶矣
鬩于墻 外禦侮 死生相救
兄恭弟順 秩然有序 和樂且湛
위[偉] 讓義ㅅ 景 긔 엇더ㅎ니잇고
葉 伯夷叔齊 兩聖人의 伯夷叔齊 兩聖人의
위[偉] 相讓ㅅ 景 긔 엇더ㅎ니잇고

육(六).

益友三 損友三 擇其善從
補其德 責其善 無忘故舊
有酒湑我 無酒沽我 蹲蹲舞我
위 表誠ㅅ 景 긔 엇더ㅎ니잇고
葉 晏平仲의 善與人交 晏平仲의 善與人交
위[偉] 久而敬之ㅅ 景 긔 엇더ㅎ니잇고.

제육(第六). 연형제곡(宴兄弟曲)

악장가사(樂章歌詞) 소재(所載) 오장(五章)

일(一).

父生我 母育我 同氣連枝
負[免]襁褓 著斑襴[爛] 竹馬嬉戲
食必同案 遊必共方 無日不偕
위[偉] 相愛ㅅ 景 긔 엇더ᄒ니잇고
葉 良知良能 天賦使然 良知良能 天賦使然
위[偉] 率性ㅅ 景 긔 엇더ᄒ니잇고

이(二).

就外傅 學幼儀 曉解事理
或書字 或對句 互相則效
我日斯邁 而月斯征 朝益暮習
위[偉] 相勉ㅅ 景 긔 엇더ᄒ니잇고
葉 中養不中 才養不才 中養不中 才養不才
위[偉] 進德ㅅ 景 긔 엇더ᄒ니잇고

삼(三).

歌常棣 詠行葦 敦其友愛
誦角弓 觀葛藟 戒其衰薄
豈無他人 不如同父 天生羽翼
위[偉] 厚倫ㅅ 景 긔 엇더ᄒ니잇고
葉 百年憂樂 手足相須 百年憂樂 手足相須
위[偉] 永好ㅅ 景 긔 엇더ᄒ니잇고

사(四).

有大德 履大位 乘龍御天
抱兼恭 謹名分 恪守從[臣]職
長枕大被 以庇本根 惟日戒愼
위[偉] 兩全ㅅ 景 긔 엇더ᄒ니잇고
葉 天尊地卑 情意交通 天尊地卑 情意交通
위[偉] 無間ㅅ 景 긔 엇더ᄒ니잇고

오(五).

愛之深 敬之至 通于神明
始于家 始於政 民興於仁
風淳俗美 熏爲大和 産祥致瑞
위[偉] 泰治ㅅ 景 긔 엇더ᄒ니잇고
葉 順德所感 萬福來崇 順德所感 萬福來崇
위[偉] 壽昌ㅅ 景 긔 엇더ᄒ니잇고.

제칠(第七). 용비어천가(龍飛御天歌)

1.
海東 六龍이 ᄂᆞᄅᆞ샤 일마다 天福이시니 古聖이 同符ᄒ시니
海東 六龍飛 莫非天所扶 古聖同符

2.
불휘 기픈 남ᄀᆞᆫ ᄇᆞᄅᆞ매 아니 뮐씨 곶 됴코 여름 하ᄂᆞ니
시미 기픈 므른 ᄀᆞᄆᆞ래 아니 그츨씨 내히 이러 바ᄅᆞ래 가ᄂᆞ니
根深之木 風亦不抗 有灼其華 有蕡其實

源遠之水 旱亦不竭 流斯爲川 于海必達

3.
周國 大王이 豳谷애 사ᄅᆞ샤 帝業을 여르시니
우리 始祖ㅣ 慶興에 사ᄅᆞ샤 王業을 여르시니
昔周大王 于豳斯依 于豳斯依 肇造丕基
今我始祖 慶興是宅 慶興是宅 肇開鴻業

4.
狄人ㅅ 서리예 가샤 狄人이 ᄀᆞᆯ외어늘 岐山 올ᄆᆞ샴도 하ᄂᆞᇙᄠᅳ디시니
野人ㅅ 서리예 가샤 野人이 ᄀᆞᆯ외어늘 德源 올ᄆᆞ샴도 하ᄂᆞᇙᄠᅳ디시니
狄人與處 狄人于侵 岐山之遷 實維天心
野人與處 野人不禮 德源之徙 實維[是]⁸⁾天啓

5.
漆沮ᄀᆞᇫ앳 움흘 後聖이 니ᄅᆞ시니 帝業憂勤이 뎌러ᄒᆞ시니
赤島안햇 움흘 至今에 보ᅀᆞᆸᄂᆞ니 王業艱難이 이러ᄒᆞ시니
漆沮陶穴 後聖以矢 帝業憂勤 允也如彼
赤島陶穴 今人猶視 王業艱難 允也如此

6.
商德이 衰ᄒᆞ거든 天下ᄅᆞᆯ 맛ᄃᆞ시릻씨 西水ㅅ ᄀᆞᅀᅵ[ᅀᅵ] 져재ᄀᆞᆮᄒᆞ니
麗運이 衰ᄒᆞ거든 나라홀 맛ᄃᆞ시릻씨 東海ㅅ ᄀᆞᅀᅵ[ᅀᅵ] 져재ᄀᆞᆮᄒᆞ니
商德之衰 將受九圍 西水之滸 如市之歸
麗運之衰 將受大東 東海之濱 如市之從

---

8) [ ]은 『용비어천가(龍飛御天歌)』(만력본, 1610)의 표기이다. 현재 용비어천가 판본은 모두 5종이(고판본, 실록본, 만력본, 순치본, 건륭본) 소개된 바 있으며, 이 가운데 완질이면서 고본인 만력본(규장각 소장)을 대교(對校)로 삼았다.

7.
블근새 그를 므러 寢室 이페 안ᄌ니 聖子革命에 帝祜ᄅ 뵈ᅀᆞᄫᆞ니
ᄇᆞ야미 가칠 므러 즘겟가재 연ᄌ니 聖孫將興에 嘉祥이 몬졔시니
赤爵御書 止室之戶 聖子革命 爰示帝祜
大蛇御鵲 寘樹之揚 聖孫將興 爰先嘉祥

8.
太子ᄅᆞᆯ 하ᄂᆞᆯ히 글히샤 몃ᄀ쁘디 일어시ᄂᆞᆯ 聖孫을 내시니이[이]다
世子ᄅᆞᆯ 하ᄂᆞᆯ히 글히샤 帝命이 ᄂᆞ리어시ᄂᆞᆯ 聖子ᄅᆞᆯ 내시니이[이]다
維周太子 維天擇兮 兄讓旣遂 聖孫出兮
維我世子 維天簡兮 帝命旣降 聖子誕兮

9.
奉天討罪실ᄊᆡ 四方諸侯ㅣ 몯더니 聖化ㅣ 오라샤 西夷 ᄯᅩ 모ᄃᆞ니
唱義班師ㅣ실ᄊᆡ 千里人民이 몯더니 聖化ㅣ 기프샤 北狄이 ᄯᅩ 모ᄃᆞ니
奉天討罪 諸侯四合 聖化旣久 西夷亦集
唱義班師 遠人競會 聖化旣深 北狄亦至

10.
一夫ㅣ 流毒ᄒᆞᆯᄊᆡ 我后ᄅᆞᆯ 기드리ᅀᆞᄫᅡ 玄黃筐篚로 길헤 ᄇᆞ라ᅀᆞᄫᆞ니
狂夫ㅣ 肆虐ᄒᆞᆯᄊᆡ 義旗ᄅᆞᆯ 기드리ᅀᆞᄫᅡ 簞食壺漿ᄋᆞ로 길헤 ᄇᆞ라ᅀᆞᄫᆞ니
一夫流毒 爰迓我后 玄黃筐篚 于路迎候
狂夫肆虐 爰迓義旗 簞食壺漿 于路望來

11.
虞芮質成ᄒᆞᄂᆞᆯ 方國이 해 모ᄃᆞ나 至德이실ᄊᆡ 獨夫受ㄹ 셤기시니
威化振旅ᄒᆞ시ᄂᆞᆯ 興望이다 몯ᄌᆞᄫᆞ나 至忠이실ᄊᆡ 中興主를 셰시니
虞芮質成 方國多臻 維其至德 事獨夫辛
威化振旅 興望咸聚 維其至忠 立中興主

12.
五年을 改過몯ᄒ야 虐政이 날로 더을씨 倒戈之日에 先考ㅎ뜯 몯일우시니
첫나래 讒訴롤드러 兇謀ㅣ 날로 더을씨 勸進之日에 平生ㄱ뜯 몯일우시니
五年罔悛 虐政日深 倒戈之日 莫遂考心
始日聽讒 兇謀日熾 勸進之日 莫遂素志

13.
말쓰몰 술ᄫ리 하디 天命을 疑心ᄒ실씨 꾸므로 뵈아시니
놀애롤 브르리 하디 天命을 모ᄅ실씨 꾸므로 알외시니
獻言雖衆 天命尙疑 昭玆吉夢 帝酒趣而
謳歌雖衆 天命靡知 昭玆吉夢 帝酒報之

14.
聖孫이 一怒ᄒ시니 六百年 天下ㅣ 洛陽애 올ᄆ니이다
聖子ㅣ 三讓이사[시]니[나] 五百年 나라히 漢陽애 올ᄆ니이다
維周聖孫 一怒而起 六百年業 洛陽是徙
維我聖子 三讓雖堅 五百年邦 漢陽是遷

15.
揚子江南을 【ᄶㅓ리샤】9) 使者롤 보내신둘 七代之王을 뉘마ᄀ리잇가
公州ㅣ江南을 저ᄒ샤 子孫올 ᄀᄅ치신둘 九變之局이 사ᄅᆷᄠᅳ디리잇가
揚子江南 忌且遣使 七代之王 誰能禦止
公州江南 畏且訓嗣 九變之局 豈是人意

16.
逃亡애 命을 미드며 놀애예 일훔 미드니 英主△ 알ᄑᆡ 내내 븟그리리
올모려 님금 오시며 姓 ᄀᆞᆯᄒᆡ야 員이 오니 오ᄂᆞᆳ나래 내내 웃브리
恃命於逃 信名於謳 英主之前 曷勝其羞

---
9) 【 】은 『용비어천가』(만력본)에는 있으나 『조선가요집성』에 없는 표기이다.

欲遷以幸 擇姓以尹 當今之日 曷勝其哂

17.
宮女로 놀라샤미 宮監이 다시언마론 問罪江都룰 느치리잇[읫]가
官妓로 怒ᄒᆞ샤미 官吏의 다시언마론 肇基朔方올 뵈아시니이[이]다
宮娥以驗[驚] 宮監之尤 問罪江都 其敢留只[止]
官妓以怒 官吏之失 肇基朔方 實維趣只

18
驪山役徒룰 일흐샤 지브로 도라오싫제 열희ᄆᆞᅀᆞ물 하ᄂᆞᆯ히 달애시니
셔ᄫᅳᆯ使者룰 쩌리샤 바ᄅᆞ를 건너싫제 二百戶룰 어느 뉘 請ᄒᆞ니
失驪役徒 言歸于家 維十人心 天實誘他
憚京使者 爰涉于海 維二百戶 誰其請爾

19.
구든 城을 모ᄅᆞ샤 싫 길히 업더시니 셴 하나비룰 하ᄂᆞᆯ히 브리시니
쇠한 도ᄌᆞᄀᆞᆯ 모ᄅᆞ샤 보리라 기드리시니 셴 할미룰 하ᄂᆞᆯ히 보내시니
不識堅城 則迷于行 皤皤老父 天之令兮
靡知黠賊 欲見以竢 皤皤老嫗 天之使兮

20.
四海룰 년글 주리여 ᄀᆞᄅᆞ매 ᄇᆡ 업거늘 얼우시고 ᄯᅩ 노기시니
三韓을 ᄂᆞ물 주리여 바ᄅᆞ래 ᄇᆡ 업거늘 여[녀]토시고 ᄯᅩ 기피시니
維彼四海 肯他人錫 河無舟矣 旣氷又釋
維此三韓 肯他人任 海無舟矣 旣淺又深

21.
하ᄂᆞᆯ히 일워시니 赤脚仙人 아닌ᄃᆞᆯ 天下蒼生을 니ᄌᆞ시리잇[읫]가
하ᄂᆞᆯ히 골히이시니 누비즁 아닌 ᄃᆞᆯ 海東黎民을 니ᄌᆞ시리잇[읫]가

天旣成之 匪赤脚仙 天下蒼生 其肯忘焉
天方擇矣 匪百衲師 海東黎民 其肯忘斯

22.
赤帝 니러나시릴씨 白帝 ᄒᆞᆫ 갈해 주그니 火德之王ᄋᆞᆯ 神婆ㅣ 알외ᅀᆞᇦ니
黑龍이 ᄒᆞᆫ 사래 주거 白龍ᄋᆞᆯ 살아내시니 子孫之慶ᄋᆞᆯ 神物이 ᄉᆞᆯᄫᅵ니
赤帝將興 白帝劒戮 火德之王 神婆告止
黑龍卽殪 白龍使活 子孫之慶 神物復止

23.
雙鵰ㅣ ᄒᆞᆫ 사래 ᄢᅦ니 絶世 英才ᄅᆞᆯ 邊人이 拜伏ᄒᆞᅀᆞᇦ니
雙鵲이 ᄒᆞᆫ 사래 디니 曠世 奇事ᄅᆞᆯ 北人이 稱頌ᄒᆞᅀᆞᇦ니
維彼雙鵰 貫於一發 絶世英才 邊人拜伏
維彼雙鵲 墮於一縱 曠世奇事 北人稱頌

24.
ᄂᆞᄆᆞᆫ 뜯 다ᄅᆞ거늘 님그믈 救ᄒᆞ시고 六合애도 精卒ᄋᆞᆯ 자ᄇᆞ시니
앗ᄋᆞᆫ 뜯 다ᄅᆞ거늘 나라해 도라오시고 雙城에도 逆徒ᄅᆞᆯ 平ᄒᆞ시니
他則意異 我救厥辟 于彼六合 又殱精卒
弟則意異 我還厥國 于彼雙城 又平逆賊

25.
德望이 뎌러ᄒᆞ실씨 가다가 도라싫 軍士ㅣ ᄌᆞ걋긔 黃袍 니피ᅀᆞᇦ니
忠誠이 이러ᄒᆞ실씨 죽다가 살언 百姓이 아ᄃᆞᆳ긔 袞服 니피ᅀᆞᇦ시니
德望如彼 言旋軍士 迺於厥躬 黃袍用被
忠誠若此 其蘇黎庶 迺於厥嗣 袞服以御

26.
東都애 보내어시ᄂᆞᆯ 하리로 말이ᅀᆞᄫᆞᆫᄃᆞᆯ 이곧 뎌고대 後ㅿ날 다ᄅᆞ리잇가

北道애 보내어시눌 글훌로 말이ᄉᆞᄫᆞᆫ 둘 가ᅀᆞᆷ 겨샤매 오늘 다ᄅᆞ리잇가
遣彼東道[都] 沮以讒說 於此於彼 寧殊後日
遣彼北道 尼以巧詞 載去載留 豈異今時

27.
큰 화리 常例 아니샤 언즈ᄫᅡ ᄀᆞ초ᅀᆞᄫᅡ 濟世才를 後人이 보ᅀᆞᄫᆞ니
큰 화리 常例 아니샤 보시고 더디시나 命世才를 卽日에 깃그시니
大弧匪常 得言藏之 濟世之才 後人相之
大箭匪常 見焉擲之 命世之才 卽日懌之

28.
員의 지븨가샤 避仇홇 소니 마리 兩漢故事애 엇더ᄒᆞ니잇고
아바닚 뒤헤 셔샤 赴京홇 소니마리 三韓 今日에 엇더ᄒᆞ리[니]잇고
適彼令舍 避仇客辭 兩漢故事 果何如其
立在父後 赴京客辭 三韓今日 果何如其

29.
漢德이 비록 衰ᄒᆞ나 帝胄ㅣ 中興ᄒᆞ시릴씨 大耳兒를 臥龍이 돕ᄌᆞ[ᄉᆞ]ᄫᆞ니
世亂을 救호려나샤 天姿ㅣ 奇偉ᄒᆞ실씨 大耳相을 詔使ㅣ 일ᄏᆞᄌᆞᄫᆞ니
漢德雖衰 帝胄中系[興] 大耳之兒 臥龍丞之
世亂將救 天姿奇偉 大耳之相 詔使美之

30.
뒤헤는 모딘 도족 알ᄑᆡ는 어드본 길헤 업던 번개[게]를 하ᄂᆞᆯ히 ᄇᆞᆯ기시니
뒤헤는 모딘 즘[즁]싱 알ᄑᆡ는 기픈 모새 열븐 어르믈 하ᄂᆞᆯ히 구티시니
後有獵賊 前有暗程 有燁之電 天爲之明
後有猛獸 前有深淵 有薄之氷 天爲之堅

31.
젼ᄆᆞ리 현버늘 딘ᄃᆞᆯ 三十年 天子ㅣ 어시니 모딘 쇠를 일우리잇가

石壁이 훈잣스인[신]둘 數萬里△ 니미어시니 百仞虛空애 ᄂ리시리잇가
爰有蹇馬 雖則屢蹶 三十年皇 悍謀何濟
爰有石壁 間不容尺 數萬里主 縣崖某跌

32.
天爲建國ᄒ샤 天命을 ᄂ리오시니 亭上牌額을 세사롤 마치시니
天爲拯民ᄒ샤 天才롤 ᄂ리오시니 藪中 담븨[뵈]롤 스믈살 마치시니
天爲建國 天命斯集 亭上牌額 三中不錯
天爲拯民 天才是出 藪中蜜狗 甘發盡獲

33.
行宮에 도ᄌ기 물[둘]어 님그미 울어시늘 赴援設疑ᄒ샤 도ᄌ기 도라가니
京都애 도ᄌ기 드러 님그미 選[避]커시늘 先登獻捷ᄒ샤 님금 도라오시니
賊圍行宮 天子泣涕 赴援設疑 寇虜解退
賊入京都 君王出避 先登獻捷 車駕旋至

34.
믈 깊고 ᄇᆡ 업건마론 하늘히 命ᄒ실ᄊᆡ 물톤자히 건너시니이[이]다
城 높고 ᄃᆞ리 업건마론 하늘히 도ᄫᆞ실ᄊᆡ 물톤[톤]자히 ᄂ리시니이[이]다
江之深矣 雖無舟矣 天之命矣 乘馬截流
城之高矣 雖無梯矣 天之佑矣 躍馬下馳

35.
셔ᄫᆞᆯ 긔벼를 알ᄊᆡ ᄒᆞᄫᆞᅀᅡ 나ᅀᅡ가샤 모딘 도ᄌᆞᄀᆞᆯ 믈리시니이다
스ᄀᆞᄫᆞᆯ 軍馬를 이길ᄊᆡ ᄒᆞᄫᆞᅀᅡ 믈리조치샤 모딘 도ᄌᆞᄀᆞᆯ 자ᄇᆞ시니이다
詗此京耗 輕騎獨詣 維彼勅敵 遂能退之
京彼鄕兵 挺身陽北 維此兇賊 遂能獲之

36.
兄이 디여 뵈니 衆賊이 좇거늘 재ᄂᆞ려 티샤 두갈히 것그니
ᄆᆞᄅᆞᆯ 채여[텨] 뵈시니 三賊이 좇[좃]ᄌᆞᆸ거늘 길버서 쏘샤 세사래 다디니
兄墜而示 衆賊薄之 下阪而擊 兩刀皆缺
策馬以示 三賊逐之 避道而射 三箭皆踣

37.
셔볼 賊臣이 잇고 ᄒᆞ부니 天命이실ᄊᆡ ᄢᅥ딘 ᄆᆞᄅᆞᆯ 하늘히 내시니
나라해 忠臣이 업고 ᄒᆞᄫᆞᅀᅡ 至誠이실ᄊᆡ 여린 흘ᄀᆞᆯ 하늘히 구티시니
朝有賊臣 一人有命 墮溺之馬 天使之迸
國無忠臣 獨我至誠 泥淖之地 天爲之凝

38.
四征無敵ᄒᆞ샤 오샤ᅀᅡ 사ᄅᆞ시릴ᄊᆡ 東이 니거시든 西夷 ᄇᆞ라ᅀᆞᆸ니
用兵如神ᄒᆞ샤 가샤ᅀᅡ 이기시릴ᄊᆡ 西예 오나시든 東鄙 ᄇᆞ라ᅀᆞᆸ니
四征無敵 來則活已 我東日徂 西夷苦俟
用兵如神 往則莫抗 我西日來 東鄙竚望

39.
楚國엣 天子氣를 行幸ᄋᆞ로 마ᄀᆞ시니 님금 ᄆᆞᅀᆞ미 긔 아니 어리시니
鴨江앳 將軍氣를 아모 爲ᄒᆞ다 ᄒᆞ시니 님금 말ᄊᆞ미 긔 아니 올ᄒᆞ시니
楚國王氣 游幸厭之 維君之心 不其爲癡
鴨江將氣 曰爲某焉 維王之言 不其爲然

40.
城 아래 닐흔 살 쏘샤 닐흐늬 모미 맛거늘 京觀ᄋᆞᆯ 밍ᄀᆞᄅᆞ시니
城 우희 닐흔 살 쏘샤 닐흐늬ᄂᆞ 치맛거늘 凱歌로 도라오시니
維城之下 矢失匕十發 中匕十人 京觀以築
維城之上 矢匕十射 中匕十面 凱歌以復

41.
東征에 功이 몯 이나 所掠을 다 노ᄒᆞ샤 歡呼之聲이 道上애 ᄀᆞ독ᄒᆞ니
西征에 功이 일어늘 所獲을 다 도로 주샤 仁義之兵을 遼佐ㅣ 깃ᄉᆞᄫᆞ니
東征無功 盡放所掠 歡呼之聲 道上洋溢
西征建功 盡還所獲 仁義之兵 遼左悅服

42.
西幸이 ᄒᆞ마 오라샤 角端이 말ᄒᆞ야늘 術士ᄅᆞᆯ 從ᄒᆞ시니
東寧을 ᄒᆞ마 아ᅀᆞ샤 구루미 비취여늘 日官을 從ᄒᆞ시니
西幸旣久 角端有語 術士之請 于以許之
東寧旣取 赤氣照營 日官之占 于以聽之

43.
玄武門 두 도티 ᄒᆞᆫ 사래 마ᄌᆞ니 希世之事를 그려 뵈시니이[이]다
쫄애山 두 놀[늘]이 ᄒᆞᆫ 사래 ᄢᅦ니 天縱之才를 그려ᅀᅡ 아ᅀᆞᄫᆞᆯ까
玄武兩犯 一箭俱中 希世之事 寫以示衆
照浦二麞 一箭俱徹 天縱之才 豈待畫識

44.
노ᄅᆞᆺ새 바오리실ᄊᆡ 물 우희 니ᅀᅥ 티시나 二軍 鞠手ᄲᅮᆫ 깃그니이다
君命엣 바오리어늘 물 겨틔 엇마ᄀᆞ시니 九逵 都人이 다 놀라ᅀᆞᄫᆞ니
嬉戲之毬 馬上連擊 二軍鞠手 獨自悅懌
君命之毬 馬外橫防 九逵都人 悉驚讚揚

45.
가리라 ᄒᆞ리 이시나 長者를 브리시니 長者ㅣ실ᄊᆡ 秦民을 깃기시니
활쏘리 하건마ᄅᆞᆫ 武德을 아ᄅᆞ시니 武德으로 百姓을 救ᄒᆞ시니
欲往者在 長者是使 維是長者 悅秦民士
射侯者多 武德是知 維是武德 救我群黎

46.
賢君을 내요리라 하눌히 駙馬 달애샤 두 孔雀 일그리시니이다
聖武를 뵈요리라 하눌히 님글[금] 달애샤 열 銀鏡을 노ᄒᆞ시니이[이]다
　將降賢君 夫誘駙馬 維二孔雀 用以圖寫
　欲彰聖武 天誘厥辟 維十銀鏡 用爲侯的

47.
大箭 ᄒᆞ나태 突厥이 놀라ᅀᆞ바니 어듸 머리[러] 威不及ᄒᆞ리잇[잇]고
片箭 ᄒᆞ나태 島夷 놀라ᅀᆞ바니 어ᄂᆡ 구더 兵不碎ᄒᆞ리잇[잇]고
　大箭一發 突厥驚懾 何地之逃 而威不及
　片箭一發 島夷驚畏 何敵之堅 而兵不碎

48.
굴허에 ᄆᆞᄅᆞᆯ 디내샤 도ᄌᆞ기 다 도라가니 ᄲᅡ길 노편들 녀기 디나리잇[잇]가
石壁에 ᄆᆞᄅᆞᆯ 올이샤 도ᄌᆞᄀᆞᆯ 다 자ᄇᆞ시니 현번 ᄠᅱ운들 ᄂᆞ미 오ᄅᆞ리이[잇]가
　深巷過馬 賊皆回去 雖半身高 誰得能度
　絶壁躍馬 賊以悉獲 雖百騰奮 誰得能陟

49.
셔볼 도ᄌᆞ기 드러 님그미 나갯[갯]더시니 諸將之功애 獨眼이 노ᄑᆞ시니
님그미 나가려 ᄒᆞ샤 도ᄌᆞ기 셔볼 드더니 二將之功ᄋᆞᆯ 一人이 일우시니
　寇賊入京 天子出外 諸將之功 獨眼最大
　君王欲去 寇賊入京 二將之功 一人克成

50.
내 님금 그리샤 後宮에 드르싫제 하ᄂᆞᆳ 벼리 눈 ᄀᆞᆮ 디니이다
내 百姓 어엿비 너기샤 長湍올 건너싫제 힌[힌] 므지게 히예 ᄢᅦ니이다

我思我君 後宮是人 維時天星 散落如雪
我愛我民 長湍是涉 維時白虹 橫貫于日

51.
軍容이 녜와 다ᄅᆞ샤 아ᅀᆞᆸ고 믈러가니 나ᅀᅡ오던덴 목숨 기트리잇[읫]다[가]
置陣이 눔과 다ᄅᆞ샤 아ᅀᆞᆸ브터 나ᅀᅡ오니 믈러가던덴 목숨 ᄆᆞᄎᆞ리잇[읫]가
軍容異昔 識斯退歸 如其進犯 性命奚遺
置陣異他 知亦進當 如其退避 性命奚狀

52.
請드른 다대와 노니샤 바ᄂᆞᆯ 아니 [마]치시면 어비 아ᄃᆞ리 사ᄅᆞ시리잇[읫]가
請으로 온 예와 싸호샤 투구 아니 밧기시면 나랏 小民을 사ᄅᆞ시리잇[읫]가
受賂之胡 與之遊行 若不中針 父子其生
見請之倭 與之戰鬪 若不脫冑 國民焉救

53.
四海ᄅᆞᆯ 平定ᄒᆞ샤 길 우희 糧食 니저니 塞外北狄인ᄃᆞᆯ 아니 오리잇[읫]다[가]
四境을 開拓ᄒᆞ샤 셤 안해 도죽 니저니 徼外南蠻인ᄃᆞᆯ 아니 오리잇[읫]가
平定四海 路不齎糧 塞外北狄 寧不來王
開拓四境 島不警賊 徼外南蠻 寧不來格

54.
禮義를 앗기샤 兵馬ᄅᆞᆯ 머추어시니 徼外南蠻인ᄃᆞᆯ 아니 오리잇가
才勇을 앗기샤 金刃을 ᄇᆞ려시니 塞外北狄인ᄃᆞᆯ 아니 오리잇가
惜其禮義 載弛兵威 徼外南蠻 曷不來歸

受其才勇 載捨金刃 塞外北狄 曷不來順

55.
逐鹿未掎예 燕人이 向慕ᄒᆞᆸ바 梟騎 보내야 戰陣을 돕ᄉᆞᇦ니
潛龍未飛에[예] 北人이 服事ᄒᆞᆸ바 弓劍 ᄎᆞᆸ고 左右에 좇[좆]ᄌᆞᇦ니
逐鹿未掎 燕人向慕 遠致梟騎 戰陣來助
潛龍未飛 北人服事 常佩弓劒 左右昵侍

56.
聲教ㅣ 너브실ᄊᆡ 窮髮이 編戶ㅣ러니 革命ᄒᆞᆫ 後에 厚恩 그리ᄉᆞᇦ니
威惠 너브실ᄊᆡ 被髮이 冠帶러니 오ᄂᆞᆯ나래 至德을 우숩ᄂᆞ니
聲教普及 窮髮編戶 革命之後 厚恩思慕
威惠普及 被髮冠帶 于今之日 至德感涕

57.
세 살로 세 새ᄅᆞᆯ 쏘시니 府使[中]엔 遼使ㅣ 奇才ᄅᆞᆯ 과ᄒᆞᆸ니
ᄒᆞᆫ 살로 두 새ᄅᆞᆯ 쏘시니 긼ᄀᆞᆺ앳 百姓이 큰 功을 일우ᄉᆞᇦ니
爰發三箭 遙[爰]中三雀 府中遼使 奇才是服
洒射一矢 洒落二鵠 路傍田叟 大功斯立

58.
말이 숩거늘 가샤 긼ᄀᆞᄉᆡ 軍馬 두시고 네 사ᄅᆞᆷ 드리샤 셕슬 치자ᄇᆞ시니
내 니거지이다 가샤 山미틔 軍馬 두시고 온 사ᄅᆞᆷ 드리샤 기ᄅᆞᆺ말 밧기시니
止之亦進 路畔留兵 遂率四人 按轡[轡]而行
請而自往 山下設伏 遂率百人 解鞍而息

59.
東都앳 도ᄌᆞ기 威武를 니기 아ᄉᆞᆸ바 二隊玄甲을 보ᄉᆞᆸ고 저ᄒᆞ니
東都옛 도ᄌᆞ기 智勇을 니기 아ᄉᆞᆸ바 一聲白螺ᄅᆞᆯ 듣ᄌᆞᆸ고 놀라니

東都之賊 熟知威武 二隊玄甲 見而驚㥘
東海之賊 熟之智勇 一聲白螺 聽而驚悚

60.
出奇 無端ᄒᆞ실씨 도ᄌᆞ기 알ᄑᆞᆯ 디나샤 도ᄌᆞ기 ᄠᅳᆮ 몰라 몯나니
變化ㅣ 無窮ᄒᆞ실씨 도ᄌᆞ기 ᄉᆞ일[ᅀᅵᆯ] 디나샤 도ᄌᆞ기 ᄠᅳᆮ 몰라 모ᄃᆞ니
出奇無端 賊前是歷 彼冠賊兮 莫測不出
變化無窮 賊前[間]是度 彼冠賊兮 莫測相聚

61.
일후믈 놀라ᅀᆞ바ᄂᆞᆯ ᄒᆞᄫᆞᅀᅡ 뒤헤 셔샤 手射數人ᄒᆞ샤 五千賊 이기시니
일후믈 저쓰바ᄂᆞᆯ ᄒᆞᄫᆞᅀᅡ 뒤헤 나샤 手斃無算ᄒᆞ샤 百艘[艘]賊 자ᄇᆞ시니
旣驚名號 于後獨立 手射數人 克五千敵
旣畏名號 于後獨出 手斃無筭 擒百艘賊

62.
도ᄌᆞᆯ 나ᅀᅡ가 보샤 일후믈 알외시니 聖武ㅣ 어시니 나아오리잇가
도ᄌᆞ기 겨신ᄃᆡᆯ 무러 일후믈 저쓰ᄫᆞ니 天威어시니 드러오리잇가
馳詣虜陳 名號自設 維其聖武 彼何敢出
賊問牙帳 名聲是慴 維其天威 彼何敢入

63.
百步생[앳] ᄆᆞᆯ채 쏘샤 群豪ᄅᆞᆯ 뵈여시늘 陰謀를 니ᄌᆞ니이다
百步생[앳] 여름 쏘샤 衆賓을 뵈여시늘 慶爵을 받ᄌᆞᄫᆞ니이다
射鞭百步 示彼豪帥 維彼豪帥 宣忘陰計
射果百步 示我諸客 維此諸客 共獻慶爵

64.
天下 英雄이 度量애 다 드ᅀᅳᆯ씨 叛ᄒᆞᄂᆞᆫ 노ᄆᆞᆯ 부러 노ᄒᆞ시니

世上 豪傑이 範圍예 몯 나ᅀᆞ볼씨 이기싫 算을 짐즛 업게 ᄒᆞ시니
天下英雄 盡入度量 謀亂之徒 酒故放之
世上豪傑 不出範圍 勝耦之籌 酒故齊之

65.
苑囿옛[엣] 도툴 티샤 長史 듣ᄌᆞᄫᆞᆫ 마리 挺世氣象이 엇더ᄒᆞ시니
峻阪앳 놀을 쏘샤 麾下 듣ᄌᆞᄫᆞᆫ 마리 盖世氣象이 엇더ᄒᆞ시니
斬豕苑囿 長史所聞 挺世氣象 固如何云
殪麞峻阪 麾下所聞 盖世氣象 固如何云

66.
大義를 불기실씨 侯國이 오ᅀᆞ더니 輕士善罵ᄒᆞ샤 侯國이 背叛ᄒᆞ니
大勳이 이르시릴씨 人心이 몯줍더니 禮士溫言ᄒᆞ샤 人心이 굳ᄌᆞᄫᆞ니
大義克明 侯國斯來 輕士善罵 侯國斯離
大勳將成 人心斯聚 禮士溫言 人心斯固

67.
ᄀᆞᄅᆞᆷ ᄀᆞᅀᅢ 자거늘 밀므리 사ᄋᆞ리로ᄃᆡ 나거ᅀᅡ ᄌᆞᄆᆞ니이다
셤 안해 자싫제 한비 사ᄋᆞ리로ᄃᆡ 뷔어ᅀᅡ ᄌᆞᄆᆞ니이다
宿于江沙 不潮三日 洎其出矣 江沙酒沒
宿于島嶼 大雨三日 洎其空矣 島嶼酒沒

68.
ᄀᆞᄅᆞᆷ ᄀᆞᆺ 아니 말이샤 밀므를 마ᄀᆞ시니 하ᄂᆞᆯ히 부러 ᄂᆞ물 뵈시니
한비를 아니 그치샤 날므를 외오시니 하ᄂᆞᆯ히 부러 우릴 뵈시니
不禁江沙 酒防潮濤 彼蒼者天 示人孔昭
不止霖雨 酒回潢洋 彼蒼者天 示我孔彰

69.
드르헤 龍이 싸호아 四七將이 일우려니 오라ᄒᆞᆫ들 오시리잇가

城 밧긔 브리 비취여 十八子ㅣ 救ᄒ시려니 가라 혼ᄃᆞᆯ 가시리잇가
龍鬪野中 四七將濟 縱日來思 噬肯來詣
火照城外 十八子救 縱命往近 噬肯往就

70.
天挺英奇ᄒᆞ샤 安民을 爲ᄒ실ᄊᆡ 六駿이 應期ᄒ야 나니
天錫勇智ᄒᆞ샤 靖國을 爲ᄒ{실}ᄊᆡ 八駿이 應時ᄒ야 나니
天挺英奇 爲安民斯 駸駸六駿 生應期兮
天錫勇智 爲靖國猗 蹻蹻八駿 生應時兮

71.
元良을 무우리라 垂象ᄋᆞ로 하ᅀᆞᄫᆞ니 庸君이신ᄃᆞᆯ 天性은 불ᄀᆞ시니
僞姓을 구튜리라 親朝를 請ᄒᆞᅀᆞᄫᆞ니 聖主ㅣ실ᄊᆡ 帝命을 아ᄅᆞ시니
欲搖天良 讚用妖星 雖是庸君 天性則明
謨固僞姓 請朝京師 自是聖主 帝命已知

72.
獨夫를 하ᄂᆞᆯ히 니ᄌᆞ샤 功德을 國人도 숣거ᄂᆞ[니] 漢人 ᄆᆞᅀᆞ미 엇더ᄒᆞ리잇고
하ᄂᆞᆯ히 獨夫를 ᄇᆞ리샤 功德을 漢人도 숣거니 國人 ᄆᆞᅀᆞ미 엇더ᄒᆞ리잇고
天絶獨夫 維彼功勳 東人稱美 矧伊漢民
天棄獨夫 維我功德 漢人嘆服 矧伊東國

73.
生靈이 凋喪ᄒᆞᆯᄊᆡ 田租를 고티시니 七姓亂後에 致治를 爲하시니
寇攘 毒痛ㅣ어늘 田制를 고티시니 僞氏黜後에 中興을 爲하시니
生靈凋喪 均定田租 七星亂後 致治是圖
寇攘毒病 大正田制 僞氏黜後 中興斯爲

74.
天倫을 姦隨[臣]이 하ᅀᆞᄫᅡ 中土心得다 ᄒᆞᄃᆞᆯ 賢弟를 매 니ᄌᆞ시리
天意를 小人이 거스러 親王兵을 請ᄒᆞᄃᆞᆯ 忠臣을 매 모ᄅᆞ시리
姦臣間親 日得民望 維此賢弟 寧或有忘
小人逆天 請動王師 維此忠臣 寧或不知

75.
突厥이 入寇ᄒᆞ나 威名을 저ᄊᆞᄫᅡ 戰鬪之計를 아니 드르니
威靈이 머르실ᄊᆡ 女直이 來庭ᄒᆞ야 爭長之言을 아니 거스니
突厥入寇 威名畏服 戰鬪之計 不敢聽諾
威名遠振 女眞[直]來庭 爭長之言 不自抗衡

76.
宗室에 鴻恩이시며 모딘 相ᄋᆞᆯ 니ᄌᆞ실ᄊᆡ 千載아래 盛德을 술ᄫᅩ니
兄弟예 至情이시며 모딘 꾀ᄅᆞᆯ 니ᄌᆞ실ᄊᆡ 오ᄂᆞᆳ나래 仁俗ᄋᆞᆯ 일우시ᄂᆞ
宗室鴻恩 且忘反相 故維千載 監德稱仰
兄弟至情 不念舊惡 故維今日 仁厚成俗

77.
ᄂᆞ뮈 仇讐ㅣ라커늘 日月之明이실ᄊᆡ 다시 ᄡᅳ샤 富庶를 보시니
ᄂᆞ뮈 주규려커늘 天地之量이실ᄊᆡ 다시 사ᄅᆞ샤 작(爵)祿ᄋᆞᆯ 주시니
人謂讎也 日月明顯 迺復用之 當庶斯見
人欲誅矣 天地量廓 迺復生之 爵祿是錫

78.
嚴威로 처ᅀᅥᆷ 보샤 迺終애 殊恩이시니 뉘 아니 좇ᄌᆞᆸ고져 ᄒᆞ리
赤心ᄋᆞ로 처ᅀᅥᆷ 보샤 迺終내 赤心이시니 뉘 아니 ᄉᆞ랑ᄒᆞᅀᆞᄫᆞ리
維是嚴威 始相見之 終以殊恩 孰不願隨
維是赤心 始相見斯 終亦赤心 孰不懷思

79.
始終이 다ᄅ실쌔 功臣이 疑心ᄒᆞ니 定鼎無幾예 功이 그츠니이[이]다
始終이 ᄀᆞᄐᆞ실쌔 功臣이 忠心이니 傳祚萬世예 功이 그츠리잇가
始終有異 功臣疑惑 定鼎無幾 遂絶其績
始終如一 功臣忠勤 傳祚萬世 豈絶其勳

80.
武功뿐 아니 爲ᄒᆞ샤 션비ᄅᆞᆯ 아ᄅᆞ실쌔 鼎峙之業을 셰시니이[이]다
討賊이 겨ᄅᆞᆯ 업스샤ᄃᆡ 션비ᄅᆞᆯ ᄃᆞᅀᆞ실쌔 太平之業이 빛나시니이[이]다
匪直爲武 且識儒生 鼎峙之業 肆克樹成
不遑討賊 且愛儒士 太平之業 肆其光輝[煇]

81.
千金을 아니 앗기샤 글冊을 求ᄒᆞ시니 經世度量이 크시니이[이]다
聖性을 아니 미드샤 學問이 기프시니 創業規模ㅣ 머르시니이[이]다
不吝千金 典籍是索 經世度量 是用恢廓
不矜聖性 學問是邃 創業規模 是用遠大

82.
져[혀]근 션비ᄅᆞᆯ 보시고 御座애 니르시니 敬儒之心이 엇더ᄒᆞ시니
늘근 션비ᄅᆞᆯ 보시고 禮貌로 ᄭᅮ르시니 右文之德이 엇더ᄒᆞ시나[니]
引見小儒 御座遽起 敬儒之心 云如何已
接見老儒 禮貌以跪 右文之德 云如何已

83.
君位를 보비라 훌쌔 큰 命을 알외요리라 바ᄅᆞᆯ 우희 金塔이 소ᄉᆞ니
자ᄒᆞ로 制度ㅣ 날쌔 仁政을 맛됴리라 하ᄂᆞᆯ 우흿 金尺이 ᄂᆞ리시니
位曰大寶 大命將告 肆維海上 迺湧金塔
尺生制度 仁政將託 肆維天上 迺降金尺

84.
님그미 賢커신마룬 太子룰 몯 어드실씨 누본 낡이 니러셔니이다
나라히 오라건마룬 天命이 다아갈씨 이본 남기[긔] 새닢 나니이다
維帝雖賢 靡有太子 時維僵抑[柳] 忽焉自起
維邦雖舊 將失天命 時維枯樹 茂焉復盛

85.
方面을 몰라 보시고 벼스를 도도시니 하놄 ᄆᆞᅀᆞ물 뉘 고티ᅀᆞᄫᆞ리
識文을 몰라 보거늘 나랏 일훔 ᄀᆞᄅᆞ시니 天子ᄉ ᄆᆞᅀᆞ물 뉘 달애ᅀᆞᄫᆞ리
不覺方面 聿陞官작(僻)[爵] 維天之心 誰改誰易
未曉識文 聿改國號 維帝之衷 誰誘誰導

86.
여슷 놀이 디며 다ᄉᆞᆺ 가마괴 디고 빗근 남ᄀᆞᆯ ᄂᆞ라 나마시니
石壁에 수멧던 녜ᄂᆞᆺ글 아니라도 하놄 ᄠᅳ들 뉘 모ᄅᆞᅀᆞᄫᆞ리
六麞斃兮 五鴉落兮 于彼橫木 又飛越兮
巖石所匿 古書縱微 維天之意 孰不之知

87.
ᄆᆞᆯ 우흿 대버믈 혼 소ᄂᆞ로 티시며 싸호ᄂᆞᆫ 한쇼를 두 소내 자ᄇᆞ시며
ᄃᆞ리예 ᄠᅥ딜 ᄆᆞᄅᆞᆯ 년즈시 치혀시니 聖人神力을 어ᄂᆞ 다 ᄉᆞᆯᄫᆞ래[리]
馬上大虎 一手格之 方鬪巨牛 兩手執之
橋外隕馬 薄言挈之 聖人神力 奚罄說之

88.
마ᄉᆞᆫ 사ᄉᆞ미 등과 도ᄌᆞ기 입과 눈과 遮陽ㄱ 세 쥐 녜도 잇더신가
굿븐 꿩을 모다 놀이시니 聖人神武ㅣ 엇더ᄒᆞ시니
麋脊四十 與賊口目 遮陽三鼠 其在于昔
維伏之雉 必令驚飛 聖人神武 固如何其

89.
숡바욿[올] 닐굽과 이본 나모와 투구 세사리 녜도 ᄯᅩ 엇[잇]더신가
東門 밧긔 독소리 것그니 聖人神功이 ᄯᅩ 엇더ᄒᆞ시니
　松子維七 與彼枯木 兜牟三箭 又在于昔
　東門之外 矮松立折 聖人神功 其又何若

90.
두 兄弟 ᄭᅬ 하건마ᄅᆞᆫ 藥이 하ᄂᆞᆯ 계우니 아바님 지ᄒᆞ신 일훔 엇더ᄒᆞ시니
두 버디 빈 배얀마ᄅᆞᆫ ᄇᆞ[ᄇᆞ]ᄅᆞ미 하ᄂᆞᆯ 계우니 어마님 드르신 말 엇더ᄒᆞ시니
　兄弟謨多 藥不勝天 厥考所名 果如何焉
　兩朋舟覆 風靡勝天 維母所聞 果如何焉

91.
아바님 이받ᄌᆞᄫᆞᆯ[ᄫᆞᆯ]제 어마님 그리신 누ᄆᆞ를 左右ㅣ 하ᄉᆞᄫᅵ[ᄫᅡ] 아바님 怒ᄒᆞ시니
아바님 뵈ᅀᆞᄫᆞᆯ쩨 어마님 여희신 누ᄆᆞ를 左右ㅣ 슬ᄊᆞᄫᅡ 아바님 일ᄏᆞᄅᆞ시니
　侍宴父皇 憶母悲涕 左右訴止 父皇則慣
　來見父王 戀母悲淚 左右傷止 父王稱謂

92.
至孝ㅣ 뎌러ᄒᆞ실ᄊᆡ ᄂᆞᆷ 즐기ᄂᆞᆫ 나ᄅᆞᆯ 아니 즐겨 聖經을 니르시니
大孝ㅣ 이러ᄒᆞ실ᄊᆡ ᄂᆞᆷ 밧ᄂᆞᆫ 오ᄉᆞᆯ 아니 바사 禮經을 從ᄒᆞ시니
　至孝如彼 人樂之日 我獨不樂 聖經是說
　大孝如此 人脫之衣 我獨不脫 禮經是依

93.
아바닚 梓宮을 ᄃᆞᅀᆞ샤 高平에 아니 가시면 配天之業이 구드시리잇가

어마님 山陵을 ᄃᆞᆺ샤 粟村애 도라오시면 建國之功을 일우시리잇가
守考梓宮 高平不赴 配天之業 其何能固
戀妣山陵 粟村旋行 建國之功 其何能成

94.
내 가리이[이]다 말이나 宗廟 爲ᄒᆞ야 가시니 紹興之命을 金人이 모ᄅᆞ니
네 가아 ᄒᆞ리라커시ᄂᆞᆯ 社稷 爲ᄒᆞ야 가시니 忠國之誠을 天子ㅣ 아ᄅᆞ시니
人請去矣 去爲宗廟 昭興之命 金人莫料
汝必往哉 往爲社稷 忠國之誠 天子酒識

95.
처엄 와 傲色 잇더니 濟世英主ㅣ실ᄊᆡ 마쪼비예 므스믈 놀라니
간 고대 禮貌 업더니 盖天英氣실ᄊᆡ 이바디예 머리를 좃ᄉᆞᄫᆞ니
初附之時 尙有傲色 濟世英主 迎見驚服
所至之處 靡不蔑視 盖天英氣 當宴敬禮

96.
孝道홇 ᄯᆞ리 그를 어엿비 너겨 보샤 漢家仁風을 일우시니이다
孝道홇 아ᄃᆞᆯ 우루믈 슬피 너겨 드르샤 聖祖仁政을 도ᄫᆞ시니이다
孝女之書 覽之哀矜 漢家仁風 酒克成之
孝子之哭 聽之傷歎 聖祖仁政 斯能贊之

97.
將軍도 하건마ᄅᆞᆫ 豁達大略이실ᄊᆡ 狂生이 듣ᄌᆞᄫᅡ 同里를 브터 오니
宗親도 하건마ᄅᆞᆫ 隆準龍顔이실ᄊᆡ 書生이 보ᄉᆞᄫᅡ 同志를 브터 오니
將軍雖多 豁達大略 狂生赤聞 依人以謁
宗親雖多 隆準龍顔 書生載瞻 因友以攀

98.
臣下ㅣ 말 아니 드러 正統애 有心홀ᄊᆡ 山익 草木이 軍馬ㅣ ᄃᆞ외니이[이]다

님금 말 아니 듣ᄌᆞᄫᅡ 適子ㅅ긔 無禮ᄒᆞᆯᄊᆡ 셔ᄫᅳᆯ 뷘 길헤 軍馬ㅣ 뵈니이[이]다
弗聽臣言 有心正統 上山[山上]草木 化爲兵衆
弗順君命 無禮嫡子 城中御陌 若塡騎士

99.
아ᄌᆞ미를 저ᄒᆞ샤 讓兄ㄱ 쁘들 내신ᄃᆞᆯ 討賊之功ᄋᆞᆯ 눌 미르시리
朝臣을 거스르샤 讓兄ㄱ ᄠᅳᆮ 일우신ᄃᆞᆯ 定社之聖ㅅ긔 뉘 아니 오ᅀᆞᄫᆞ리
載畏嬬氏 讓兄意懷 討賊之功 伊誰云爾[推]
載拒朝臣 讓兄意遂 定社之聖 孰不來至

100.
믈 우횟 龍이 江亭을 向ᄒᆞᅀᆞᄫᆞ니 天下ㅣ 定ᄒᆞᆯ 느지르샷다
집 우횟 龍이 御床ᄋᆞᆯ 向ᄒᆞᅀᆞᄫᆞ니 寶位 ᄐᆞ실 느지르샷다
水上之龍 向彼江亭 洒是天下 始定之徵
殿上之龍 向我御床 洒是寶位 將登之祥

101.
天下애 功이 크샤ᄃᆡ 太子ㅅ位 다ᄅᆞ거시늘 새벼리 나지 도ᄃᆞ니
宗社애 功이 크샤ᄃᆡ 世子ㅅ位 뷔어시늘 赤祲이 바미 비취니
功高天下 儲位則異 煌煌太白 當晝垂示
功大宗社 儲位則虛 明明赤祲 方夜炳如

102.
시름 므슴 업스샤ᄃᆡ 이 지븨 자려ᄒᆞ시니 하ᄂᆞᆯ히 므ᅀᆞ믈 뮈우시니
모맷 病 업스샤ᄃᆡ 뎌 지븨 가려ᄒᆞ시니 하ᄂᆞᆯ히 病을 ᄂᆞ리오시니
心無憂矣 將宿是屋 維皇上帝 動我心曲
身無恙矣 欲往彼室 維皇上帝 降我身疾

103.
앗이 모딜오도 無相猶矣실씨 二百年 基業을 여르시니이[이]다
뉘이 모딜오도 不宿怨焉이실씨 千萬世 厚俗을 일우시니이[이]다
弟雖傲矣 無相猶矣 維二百年 基業啓止
兄雖悖焉 不宿怨焉 於千萬世 厚俗成旆

104.
建義臣을 할어늘 救호디 몯 사르시니 모매 브튼 일로 仁心 몯 일우시니
開國臣을 할어늘 救ᄒ야 사르시니 社稷功을 혜샤 聖心을 일우시니
訴建義臣 救而莫活 勢關嫌疑 仁心未集
讚開國臣 救而獲生 功念社稷 聖心是成

105.
제 님금 背叛ᄒ야 내 모ᄆᆞᆯ 救ᄒᅀᆞ바ᄂᆞᆯ 不賞私勞ᄒᆞ샤 後世ㄹ ᄀᆞᄅᆞ치시니
제 님금 아니 니저 내 命을 거스ᅀᆞ바ᄂᆞᆯ 不忘公義ᄒᆞ샤 嗣王을 알외시니
不爲其主 以救我身 不賞私勞 以敎後人
不遺其君 以拒我命 不忘公儀 以詔嗣聖

106.
忠臣을 외오 주겨늘 惡惡 ᄆᆞᅀᆞ미 크샤 節鉞을 아니 주시니
義士를 올타 과ᄒᆞ샤 好賢 ᄆᆞᅀᆞ미 크샤 官爵을 아니 앗기시니
擅殺忠臣 惡惡之極 所以節鉞 終焉不錫
深獎義士 好賢之篤 所以官爵 曾提不惜

107.
滿朝히 두쇼셔커늘 正臣을 올타ᄒ시니 十萬僧徒를 一擧에 罷ᄒ시니
萬國히 즐기거늘 聖性에 외다터시니 百千佛刹을 一朝애 革ᄒ시니
滿朝請置 正臣是許 十萬僧徒 一擧去之
滿國酷好 聖性獨闢 百千佛刹 一朝革之

108.
수메셔 도[ㄷ리][르]시고 民望을 일우오리라 戎衣를 니피시니이[이]다
病으로 請ᄒ시고 天心을 일우오리라 兵仗으로 보ᄫ시니이[이]다
潛身以聽 欲遂民望 載提戎衣 于以尙之
托疾以請 欲遂天意 載備兵仗 于以遲之

109.
ᄆ리 病이 기피[퍼] 山脊에 몯 오르거늘 君子를 그리샤 金罍ㄹ 브우[수]려ᄒ시니
ᄆ리 사를 마자 馬廐에 드러오나ᄂᆞᆯ 聖宗올 뫼셔 九泉에 가려 ᄒ시니
我馬孔瘏 于岡靡陟 言念君子 金罍欲酌
我馬帶矢 于廐猝來 願陪聖宗 九泉同歸

110.
四祖ㅣ 便安히 몯 겨샤 현 고ᄃᆞᆯ 올마시뇨 몃間ᄃ 지븨 사ᄅᆞ시리잇고
九重에 드르샤 太平을 누리싫제 이 ᄠᅳ들 닛지[디] 마르쇼셔
四組莫寧息 幾處徒厥宅 幾間以爲屋
入此九重闕 享此太平日 此意願毋忘

111.
豺狼이 構禍ㅣ어늘 一間 茅屋도 업사 움무더 사ᄅᆞ시니이다
廣廈애 細氈 펴고 黼座애 안ᄌᆞ샤 이 ᄠᅳ들 닛디 마르쇼셔
豺狼構禍患 茅屋無一間 陶穴經艱難
細氈鋪廣厦 黼座迺登坐 此意願毋忘

112.
王事를 爲커시니 行陣을 조ᄎᆞ샤 不解甲이 현 나리신ᄃᆞᆯ 알리
蟒[莽]龍衣 袞龍袍애 寶玉帶 ᄯᅴ샤 이 ᄠᅳ들 닛디 마르쇼셔
祇爲王事棘 行陣日隨逐 幾日不解甲

龍衣與袞袍 寶玉且橫腰 此意願毋忘

113.
拯民을 爲커시니 攻戰에 돋니샤 不進饍이 현뻐[삐]신둘 알리
南北珍差와 流霞玉食 바드샤 이 뜨들 닛디 마르쇼셔
祈爲拯群黎 攻戰日奔馳 絶饍知幾時
南北珍羞列 流霞對玉食 此意願毋忘

114.
大業을 느리오리라 筋骨을 몬져 又고샤 玉體創瘢이 혼두 곧 아니시니
兵衛 儼然커든 垂拱臨朝ᄒ야 이 뜨들 닛디 마르쇼셔
天欲降大業 迺先榮筋骨 玉體創不一
儼然兵衛陳 垂拱臨朝臣 此意願毋忘

115.
날 거슬 도ᄌᆞᆯ 好生之德이실씨 부러저히샤 살아 자ᄇᆞ시니
順指如意ᄒ야 罰人刑人 ᄒᆞ싫제 이 뜨들 닛디 마르쇼셔
拒我慓悍賊 我自好生德 故脇以生執
頤指卽如意 罰人刑人際 此意願毋忘

116.
道上애 僵尸ᄅᆞᆯ 보샤 寢食을 그쳐시니 旻天之心애 긔 아니 뜯디시리
民瘼을 모ᄅᆞ시면 하늘히 ᄇᆞ리시ᄂᆞ니 이 뜨들 닛디 마르쇼셔
僵尸道上見 爲之廢寢饍 旻天寧不眷
民瘼苟不識 天心便棄絶 此意願毋忘

117.
敵王所愾ᄒ샤 功盖一世ᄒ시나 勞謙之德이 功을 모ᄅᆞ시니
佞臣이 善諛ᄒ야 驕心이 나거시든 이 뜨들 닛디 마르쇼셔

旣敵王所愾 神功盖一世 勞謙不自大
佞臣善諛說 驕心不可遏 此意願毋忘

118.
多助之至실씨 野人도 一誠이어니 國人 뜨들 어느 다 슬ᄫ리
님긊 德 일ᄒ시면 親戚도 叛ᄒᄂ니 이 뜨들 닛디 마ᄅ쇼셔
維其多助至 野人亦入侍 何論國人意
君德如或失 親戚亦離絶 此意願毋忘

119.
兄弟變이 이시나 因心則友ㅣ실씨 허므를 모ᄅ더시니
易隙之情을브터 姦人이 離間커든 이 뜨들 닛디 마ᄅ쇼셔
兄弟縱相瘉 因心則友于 竟莫知其辜
易隙情是乘 姦人讒間興 此意願毋忘

120.
百姓이 하ᄂᆯ히어늘 時政이 不恤ᄒᆯ씨 力排群議ᄒ샤 私田을 고티시니
征斂이 無藝ᄒ면 邦本이 곧 여리ᄂ니 이 뜨들 닛디 마ᄅ쇼셔
民者王所天 時政不曾憐 排議革私田
征歛若無節 邦本卽杌陧 此意願毋忘

121.
내그에[에] 모딜언마ᄅᆫ 제 님금 爲타 ᄒ실씨 罪를 니저 다시 브려시니
ᄒ믈며 衮職 돕ᄉᆞ보려 面折廷爭커든 이 뜨들 닛디 마ᄅ쇼셔
於我雖不軌 謂爲其主耳 忘咎復任使
況思補衮職 廷爭或面折 此意願毋忘

122.
性與天合ᄒ샤ᄃᆡ 思不如學이라 ᄒ샤 儒生ᄋᆞᆯ 親近ᄒ시니이다
小人이 固龍호리라 不可令閑이라커든 이 뜨들 닛디 마ᄅ쇼셔

性雖與天合 謂必[思]不如學 儒生更親昵
小人固寵權 曰不可令閑 此意願毋忘

123.
讒口ㅣ 만ᄒᆞ야 罪 ᄒᆞ마 일리러니 功臣을 살아 救ᄒᆞ시니
工巧ᄒᆞᆫ 하리 甚ᄒᆞ야 貝錦을 일우려커든 이 ᄠᅳ들 닛디 마ᄅᆞ쇼셔
讒口旣噂沓 垂將及罪戮 功臣迺救活
簧功讒譖甚 謀欲成貝錦 此意願毋忘

124.
洙泗正學이 聖性에 불ᄀᆞ실ᄊᆡ 異端을 排斥ᄒᆞ시니
裔戎邪說이 罪福을 저히ᅀᆞᆸ거든 이 ᄠᅳ들 닛디 마ᄅᆞ쇼셔
洙泗之正學 聖性自昭晣 異端獨能斥
裔戎之邪說 怵誘以罪福 此意願毋忘

125.
千世 우희 미리 定ᄒᆞ샨 漢水北에 累仁開國ᄒᆞ샤 卜年이 ᄀᆞᆺ업스시니
聖神이 니ᅀᆞ샤도 敬天勤民ᄒᆞ샤ᅀᅡ 더욱 구드시리이[이]다
님금하 아ᄅᆞ쇼셔 洛水예 山行 가이셔 하나빌 미드니잇[잇]가.
千世默定漢水陽 累仁開國卜年無彊
子子孫孫聖神雖繼 敬天勤民迺益永世
嗚呼 嗣王監此 洛表遊畋 皇祖其恃.

≪해(解)≫ 용비어천가(龍飛御天歌)는 세종(世宗) 이십(二十) 칠년(七年)(1446AD.) 권제(權踶)[10] 정인지(鄭麟趾)[11] 안지(安止)[12] 제씨(諸氏)의 봉

---

10) 권제(權踶, 1387~1445): 본관 안동. 자는 중의(仲義)·중안(仲安), 호는 지재(止齋), 시호는 문경(文景)이다. 권근(權近)의 아들이며, 1414년 알성문과에 급제 여러 벼슬을 하였다. 『고려사』, 『용비어천가』의 제작에 참여했으며, 문집에는 『지재집(止齋集)』이 있다.

명찬(奉命撰)으로 이씨(李氏) 조선(朝鮮)의 원조(遠祖)인 목조(穆祖), 익조(翼祖), 도조(度祖), 환조(桓祖)와 태조(太祖) 태종(太宗)(잠저시潛邸時)까지의 육대(六代) 사적(事蹟)을 노래로 지어 조회(朝會) 제연(祭宴)의 의식(儀式)에 쓴 것이니라.

제팔(第八). 월인천강지곡(月印千江之曲) 석보상절(釋譜詳節)[13]

1.
巍巍 釋迦佛 無量無邊 功德을 劫劫에 어느 다 술ᄫ리

2.
世尊ㅅ일 술보리니 萬里外ㅅ 일이시나 눈에 보논가 너기ᅀᆞᄫᆞ쇼셔
世尊ㅅ말 술보리니 千載上ㅅ 말이시나 귀에[랏]¹⁴⁾ 듣논가 너기ᅀᆞᄫᆞ쇼셔

3.
阿僧祇 前世劫에 님금位ㄹ ᄇᆞ리샤 精舍애 안잿더시니
五百前世 怨讐ㅣ 나릿[랏]쳔 일버ᅀᅡ 精舍를[롤] 디나아가니

4.
兄님을 모ᄅᆞᆯ씨 발자칠 바다 남기 ᄢᅦ여 性命을 ᄆᆞᄎᆞ시니

---

11) 정인지(鄭麟趾, 1396~1478): 본관은 하동(河東)이며, 호는 학역재(學易齋), 시호는 문성(文成)이다. 1414년 식년문과에 장원급제한 뒤 여러 벼슬을 하였다. 『훈민정음』 『용비어천가』 제작에 참여하였고, 문집에는 『학역재집(學易齋集)』이 있다.
12) 안지(安止, 1377~1464): 본관은 탐진(耽津), 자는 자행(子行), 호는 고은(皐隱), 시호는 문정(文靖)이다. 1414년 친시문과(親試文科)에 급제하여 여러 벼슬을 하였다. 『용비어천가』 제작에 참여하였다.
13) 김태준 당시에는 『월인천강지곡 상』이 발견되지 않아 『석보상절』 소재(所載) 노래들은 실은 것이다.
14) [ ] 안은 『월인천강지곡 상』의 표기이다.

子息 업스실씨 몸앳 필 뫼화 그르세 담아 男女를 내ᅀᆞᄫᆞ니

5.
어엿브신 命終에 甘蔗氏 니ᅀᅥ샤몰 大瞿曇이 일우니이[이]다
아ᄃᆞᆨᄒᆞᆫ 後世예 釋迦佛 ᄃᆞ외싫ᄃᆞᆯ 普光佛이 니ᄅᆞ시니이[이]다

6.
外道人 五百이 善慧ㅅ德 닙ᄉᆞᄫᅡ 弟子ㅣ ᄃᆞ외야 銀돈올 받ᄌᆞᄫᆞ니
賣花女 俱夷 善慧ㅅ뜯 아ᅀᆞᄫᅡ 夫妻願으로 고ᄌᆞᆯ 받ᄌᆞᄫᆞ시니

7.
다ᄉᆞᆺ곶 두고지 空中에 머믈어늘 天龍八部ㅣ 讚歎[嘆]ᄒᆞᅀᆞᄫᆞ니
옷과 마리ᄅᆞᆯ 路中에 펴아시ᄂᆞᆯ 普光佛이 쪼 授記ᄒᆞ시니

8.
닐굽 고ᄌᆞᆯ 因해[ᄒᆞ]야 信誓 기프실씨[씨] 世世에[예] 妻眷이 ᄃᆞ와[외]시니
다ᄉᆞᆺ 꾸믈 因해[ᄒᆞ]야 授記 ᄇᆞᆯᄀᆞ실씨[씨] 今日에 世尊이 ᄃᆞ외시니

9.
名賢劫이 엃졔 後ㅅ일ᄋᆞᆯ 뵈요리라 一千 靑蓮이 도다 펫더니
四禪天이 보고 디니[나]건 일로 혜야 一千 世尊이 나싫ᄃᆞᆯ 아니

10.
衆生이 ᄃᆞ톨씨 平等王올 셰ᅀᆞᄫᆞ니 瞿曇氏 그 姓이시니
겨지비 하라ᄂᆞᆯ 尼樓ㅣ 나가시니 釋迦氏 일로 나시니

11.
長生인 不肖ᄒᆞᆯ씨 ᄂᆞᆷ이 나아간ᄃᆞᆯ 百姓ᄃᆞᆯ히 ᄂᆞᆷ올 다 조ᄎᆞ니
尼樓는 賢ᄒᆞᆯ씨 내 나아간들[ᄃᆞᆯ] 아바님이 나ᄅᆞᆯ 올타ᄒᆞ시니

12.
補處ㅣ 드외샤 兜率天에 겨샤 十方 世【界】15)예 法을 니르더시니
釋種이 盛홀씨 迦夷國에 느리샤 十方 世界예 法을 펴려ᄒ시니

13.
五衰五瑞를 뵈샤 閻浮提 나시릴씨 諸天이 다 즈기너기니
法幢 法會를 셰샤 天人이 모드릴씨 諸天이 다 깃ᄉ바니

14.
沸星 도듫[듨]제 白象{ᄋᆞᆯ} 타시고[니] 힁 光明을 타시니이다[뻬시니이다]
天樂을 奏커늘 諸天이 조ᄌᆸ고[조ᄍᆞᄫᆞ니] 하ᄂᆞᆯ고지 드르니이[이]다

15.
摩耶【ㅅ】 ᄭᅮᆷ 안해 右脇으로 드르시니 밧긧 그르메 瑠璃 ᄀᆞ더시니
淨飯이 무러시ᄂᆞᆯ 占者【ㅣ】 判ᄒᆞᅀᆞᄫᅩ되 聖子ㅣ 나샤 正覺 일우시리

16.
三千大千이 불ᄀᆞ며 樓殿이 일어늘 안좀 걷뇨매 어마님 모ᄅᆞ시니
諸佛菩薩이 오시며 天과 鬼왜 들ᄌᆞᆸ거늘 밤과 낮과 法을 니ᄅᆞ시니

17.
날둘이 ᄎᆞ거늘 어마님이 毗[毘]籃園을 보라가시니
祥瑞 하거늘 아바님이 無憂樹에 쪼 가시니

18.
本來 하신 吉慶에 地獄도 뷔며 沸星 별도 ᄂᆞ리니이[이]다
本來 볼ᄀᆞᆫ 光明에 諸佛도 비취시며 明月珠도 드ᄫᅵ[ᅀᅳ]ᄫᆞ니이[이]다

---

15) 【 】은 『월인천강지곡 상』에는 있으나 『조선가요집성』에 없는 표기이다.

19.
無憂樹ㅅ가지 굽거늘 어마님 자ᄇᆞ샤 右脇誕生이 四月八日이시니
蓮花ㅅ고지 나거늘 世尊이 드디[듸]샤 四方 向ᄒᆞ샤 周行七步ᄒᆞ시니

20.
右手左手로 天地 ᄀᆞᄅᆞ치샤 ᄒᆞ오ᅀᅡ 내 尊호라 ᄒᆞ시니
溫水冷水로 左右에 ᄂᆞ리와 九龍이 모다 싯기ᅀᆞᄫᆞ니

21.
三界受苦ㅣ라 ᄒᆞ샤 仁慈[ㅣ] 기프실ᄊᆡ 하ᄂᆞᆯᄯᅡ히 ᄀᆞ장[장] 震動ᄒᆞ니
三界便安케 호리라 發願이 기프실ᄊᆡ 大千世界 ᄀᆞ장[장] ᄇᆞᆯᄀᆞ니

22.
天龍八部ㅣ 큰 德을 ᄉᆞ랑ᄒᆞᅀᆞᄫᅡ 놀애를 블러 깃거ᄒᆞ더니
魔王波旬이 큰 德을 새오ᅀᆞᄫᅡ 앉디 몯ᄒᆞ야 시름ᄒᆞ더니

23.
婇女ㅣ 기베 안ᅀᆞᄫᅡ 어마닚긔 오ᅀᆞᆸ더니 大神돌히 뫼시ᅀᆞᄫᆞ니
靑衣 긔별을 ᄉᆞᆲ거늘 아바님 깃그시니 宗親돌ᄒᆞᆯ ᄃᆞ려가시니

24.
諸王과 靑衣와 長者ㅣ 아ᄃᆞᆯ 나ᄒᆞ며 諸釋 아ᄃᆞᆯ도 ᄯᅩ 나니이다
象과 쇼와 羊과 廐馬ㅣ 삿기 나ᄒᆞ며 蹇特이도 ᄯᅩ 나니이다

25.
梵志外道ㅣ 부텻 德을 아ᅀᆞᄫᅡ 萬歲를 브르ᅀᆞᄫᆞ니
優曇鉢羅ㅣ 부텨 나샤ᄆᆞᆯ 나토아 金고지 퍼디ᅀᆞᄫᆞ니

26.
祥瑞도 하시며 光明도 하시나 ᄀᆞᆺ 업스실ᄊᆡ 오ᄂᆞᆯ 몯 ᄉᆞᆲ니[뇌]

天龍도 해 모드며 人鬼도 하나 數 업슬씨 오늘 몯 숩늬[뇌].

≪해(解)≫ 월인천강지곡(月印千江之曲) 일이(一二) 권(卷)의 원문(原文)만을 실은 것이다. 월인천강곡(月印千江曲)은 세종(世宗)과 세조(世祖) 양조(兩朝)의 찬집(纂輯)에 계(係)한 것으로 세조(世祖) 사년(四年, 1459) 간행(刊行)한 것이니 세조(世祖)의 어찬(御纂)에 계(係)한 불서(佛書) 번역(飜譯)이 많은 중(中)에 그 사화(詞華)와 체재(體裁)에 있어서 가장 백미(白眉)라고 하겠다.

제구(第九). 상춘가(賞春歌)16)

紅塵에 무[뭇]17)친분네 이내生涯 엇더 ᄒ고
녯사롬 風流롤 미출가 못미출가
天地間 男子몸이 날만한[ᄒ]이 하건마는
山林에 뭇쳐이셔 至樂을 ᄆ 롤것가
數間 茅屋을 碧溪水 앏피두고
松竹 鬱鬱裏예 風月主人 되어셔라
엇[엇]그졔[제] 겨을지나 새봄이 도라오니
桃花 杏花 ᄂ 夕陽裏예 퓌여잇고
綠楊 芳草 ᄂ 細雨中에 프르도다
칼로 몰아낸가 붓으로 그려낸가
造化 神功이 물물마다 헌ᄉ롭다
수풀에 우ᄂ새ᄂ 春氣를[롤] 못내계워
소리마다 嬌態로다
物我 一體어니 興이인[이] 다롤소냐

---

16) 『불우헌집(不憂軒集)』(규장각본, 1786)에는 <상춘곡(賞春曲)>으로 되어 있다.
17) [ ] 안은 『불우헌집』(1786) 문집의 표기이다.

柴扉에[예] 기[거]러보고 亭子애 안자보니
逍遙 吟詠ᄒ야 山日이 寂寂ᄒ디
閒中 眞味를[룰] 알니업시 호재로다
이바 니웃드라 山水求景[구경] 가쟈스라
踏靑으란 오늘ᄒ고 浴沂란 來日ᄒ새{라}
아촘에 採山ᄒ고 나조희 釣水ᄒ새
ᄀᆺ괴여 닉은술을 葛巾으로 밧타노코
곳나모 가지겻거 수노코 먹으리라
和風이 건둣부러 綠水룰 건녀[너]오니
淸香은 잔에지고 落紅은 옷새진다
樽中이 뷔엿거든 날ᄃ려 알외여라
小童 아ᄒᆡᄃ려 酒家에 술을믈어
얼운은 막대집고 아ᄒᆡ는 술을메고
微吟 緩步ᄒ야 시냇ᄀ의 호자안자
明沙 조ᄒᆞ믈에 잔시어 부어들고
淸流를[룰] 굽어보니 ᄯᅥ오ᄂᆞ니 桃花ㅣ로다
武陵이 갓갑도다 져미이 귄거인고
松間 細路에 杜鵑花룰 부치들고
峯頭에 급피올나 구름소긔 안자보니
千村 萬落이 곳곳이 버러잇니
煙霞 日輝ᄂᆞᆫ 錦繡룰 재펏ᄂᆞᆫ듯
엊그제 검은들이 봄빗도 有餘ᄒᆞᆯ샤
功名도 날끠우고 富貴도 눌끠우니
淸風 明月外에 엇던벗이 잇스올고
簞瓢 陋巷에 훗튼혜음 아니ᄒᆞ니
아모타 百年行樂 어이만ᄒᆞᆯ둘 엇지ᄒ리.

≪해(解)≫ 이는 정극인(丁克仁, 1401-1472)의[18] 저(著) 불우헌집(不憂軒

---

18) 정극인(丁克仁, 1401~1481): 본관은 영광(靈光), 자는 가택(可宅), 호는 불우헌(不

集)에 있는 노래니 그는 황윤석(黃胤錫) 이재(頤齋)가 집서(集序)에 말한 바와 같이 한림별곡(翰林別曲) 음절(音節)에 맞추어 지은 불우헌곡(不憂軒曲)과[19] 그 타(他) 불우헌가(不憂軒歌)가 있다. 정불우헌(丁不憂軒)은 태종(太宗) 원년(元年)에 나서 칠십이세(七十二歲)에 몰(歿)하였다.

제십(第十). 불우헌곡(不憂軒曲) 칠장(七章)

일(一).

山四回 水重抱一畝儒宮
向陽明 開南牕 名不憂軒
左琴書 右博奕 隨意逍遙
偉(위) 樂以忘憂 景 何叱多(景 긔 엇더 ᄒᆞ니잇고)
平生立志 師友聖賢 (再唱)
위[偉][20] 遵道而行 景 긔 엇더 ᄒᆞ니잇고[景 何叱多]

이(二).

晩生員 老及第 樂天知命
再訓導 三敎授 誨人不倦

忧軒)·다헌(茶軒)·다각(茶角)이다. 1453년 문과에 급제하여 정언(正言)에 이르렀으나 단종이 왕위를 찬탈당하자 사직하고 고향에서 후진을 가르쳤다. 1472년 절의(節義)가 높고 영달을 탐하지 않고 후진양성에 힘쓴 공으로 삼품교관(三品敎官)이 되었다. 사후 예조판서에 추증되고 태인의 무성서원(武城書院)에 배향되었다. 문집에는 『불우헌집(不憂軒集)』이 있다.

19) "每念天恩罔極 倚用高麗翰林別曲音節 作不憂軒曲." 『불우헌집(不憂軒集)』 行狀. "늘 임금의 은혜가 망극함을 생각하고 고려 <한림별곡>의 음절에 의탁하여 <불우헌곡>을 지었다."

20) [ ] 안은 『불우헌집(不憂軒集)』표기이다.

家塾三間 鳩聚童蒙 詳說句讀
위[偉] 諄諄善誘 景 긔 엇더 ᄒᆞ니잇고[景 何叱多]
不亦樂乎 負笈書生 (再唱)
위[偉] 自遠方來 景 긔 엇더 ᄒᆞ니잇고[景 何叱多]

삼(三).

再上疏 闢異端 依乎中庸
進以禮 退以義 守身爲大
備員霜臺 具脫[臣]薇垣 引年致仕
위[偉] 如釋重負 景 긔 엇더 ᄒᆞ니잇고[景 何叱多]
一介孤臣 濫承天寵 (再唱)
위[偉] 再參[叅]原從 景 긔 엇더 ᄒᆞ니잇고[景 何叱多]

사(四).

耕田食 鑿井飮 不知帝力
賞良辰 設賓筵 兄弟朋友
談笑之間 不遑他及 孝悌忠信
위[偉] 樂且有義 景 긔 엇더 ᄒᆞ니잇고[景 何叱多]
舞之蹈之 歌詠聖德 (再唱)
위[偉] 祈天永命 景 긔 엇더 ᄒᆞ니잇고[景 何叱多]

오(五).

尹之任 惠之知[和] 我無能焉
聖之時 顏之樂 乃所願也
上下怨天 下不尤人 心廣體胖
위[偉] 不懼不憂 景 긔 엇더 ᄒᆞ니잇고[景 何叱多]
不忮不求 何用不臧 (再唱)
위[偉] 古訓是式 景 엇더 ᄒᆞ니잇고[景 何叱多]

육(六).

壬辰歲 四月初 抑有奇事
降諭書 到衡門 閭里觀光
廉介自守 不求聞達 敎誨童蒙
위[偉] 過蒙褒獎 景 긔 엇더 삿다[景 何叱多]
特別[加]三品 時致惠養 (再唱)
위[偉] 聖恩深重 景 긔 엇더 삿다[景 何叱多]

칠(七).

樂혼저[乎伊隱底] 不憂軒이여[伊亦]
樂혼[乎伊隱底] 不憂人이여[伊亦]
위[偉] 作此好歌 消遣世慮 景 긔 엇더 삿다[景 何叱多].

제십일(第十一). 화전별곡(花田別曲)

일(一).

天地涯 地之頭 一點仙島
左望雲 右錦山 봉내고내(巴川, 高川)[巴川(봉내)高川(고내)]21)
山川奇秀 鍾生豪俊 人物繁盛
위[偉] 天南勝地 景긔엇더ᄒ니[닝]잇고
風流酒色 一時人傑 (再唱)
위[偉] 날조차 몃분이신고

이(二).

河別侍 芷芝帶 齒爵兼尊

---

21) [ ] 안은 『자암집(自菴集)』(규장각본, 1659)의 표기이다.

朴敎授 손저니[이] 醉中쌔릇
姜綸雜談 方勳鼾睡 鄭機飮食
위 品官齊會 景긔엇더ᄒ니[닝]잇고
河世涓氏 발버훈風月 (再唱)
위 唱和 景긔엇더ᄒ니[닝]잇고

삼(三).

徐玉非 高玉非 黑白頓殊
大銀德 小銀德 大小[老少]不同
姜今歌舞 錄今長鼓 버런學非 소졸玉只
위 花林勝美 景긔엇더ᄒ니[닝]잇고
花田別號 名實相符 (再唱)
위 鐵石肝腸이라도 아니 긋기리 업더라

사(四).

漢元今 以文歌 鄭韶草笛
或打鉢 或扣盤 間擊盞臺
搖頭轉[輾]身 備諸醉態
위 發興 景긔엇더ᄒ니[닝]잇고
姜允元氏 스스ᄅ렝딩소리[스ᄅ렝딩소리] (再唱)
위 늣[듯]괴야 좀드로리라

오(五).

綠波酒 小麴酒 麥酒濁酒
黃金鷄 白文魚 柚子盞 貼匙臺예
위 ᄀ독브어 勸觴 景긔엇더ᄒ니[닝]잇고
鄭希哲氏 過麥田大醉 (再唱)
위 어ᄂ제 슬플저기 이슬[실]고

육(六).

京洛繁華[ㅣ]야 너는[논] 불오냐
朱門酒肉이[ㅣ]야 너는[논] 됴ᄒᆞ냐
石田茅屋 時和歲豊
鄕村會集이야 나는[논] 됴하 ᄒᆞ노라.

≪해(解)≫ 이는 기묘(己卯) 명현(名賢)인 자암(自庵) 김구(金絿, 1488-1535)가22) 남해(南海) 절도(絶島)에 귀양가서 읊은 것이니 자암집(自庵集)에서 뽑은 것이다. 화전(花田)은 남해현(南海縣)의 소지명(小地名)으로 귀양가서 계시던 곳이다.

제십이(第十二). 도동곡(道東曲) 구장(九章)

일(一).

伏羲神農 黃帝堯舜 (再唱)
애[偉]23) 繼天立極 景幾어ᄯᅥ ᄒᆞ니잇고[景幾何如]

이(二).

人心惟危 道心惟微 惟精惟一 允執厥中
애[偉] 주거니 받거니 聖人의 心法이 다믄[믄]잇분 니이다.

---

22) 김구(金絿, 1488~1534): 본관은 광산, 자는 대유(大柔), 호 자암(自庵), 시호는 문의(文懿)이다. 1511년 별시문과에 급제하여 부제학에 이르렀으나 기묘사화로 조광조(趙光祖), 김정(金淨) 등과 함께 투옥되고 개령(開寧)에 유배되었다가, 남해에 안치(安置)되었다. 1531년 임피(臨陂)로 옮겼으며, 1533년 풀려나와 고향 예산에 돌아가 이듬해 죽었다. 선조 때 이조참판이 추증되었다. 문집에는 『자암문집』이 있다.
23) [ ] 안은 『죽계지(竹溪志)』(홍재휴본, 1544)의 표기이다. 이하 주세붕 작품은 같은 의미로 사용하였다.

삼(三).

禹湯文武 皐伊周易[召] (再唱)
애[偉] 君臣【이】24) 相得 景幾어쩌해[ᄒ]니잇고[景幾何如]

사(四).

下土 茫茫커늘[늘] 上帝 是憂하샤[ᄒ샤] 圩頂 大人을 洙泗우해[ᄒ] 내[ᄂ]리오시니
애[偉] 萬古 淵源이 그츨뉘 업샤[ᄉ]샷다

오(五).

顔生四勿 曾氏三省 仰高鑽堅 瞻前忽後
애[偉] 學聖忘勞 景幾어쩌ᄒ니잇고[景幾何如]

육(六).

率하니[ᄒ리] 天命之性 養하니[ᄒ리] 浩然之氣 (再唱)
애[偉] 至誠 無息이애[ᄉ] 本니이다

칠(七).

光風霽月 瑞日祥雲 (再唱)
애[偉] 그처딘 길날[긴눌] 엇뎨해[ᄒ]야 니애[ᅀ]신고

팔(八).

人欲이 橫流해[ᄒ]야 浩浩 滔天일새[ᄉ]
一千 五百年에 晦翁이 나섯[샷]다
敬으로 本을[눌]세[셰]여 大防을 매[밍]ᄀ라[ᄅ] 시니
애[偉] 繼往 開來애[ᄉ] 仲尼나 다ᄅ 시리잇가[거]

---

24) 【 】은 『죽계지』에는 있으나 『조선가요집성』에는 없는 글자이다.

구(九).

三韓 千萬古애 眞儒를[롤] 내[ᄂ]리 오시니
小白이 廬山이오 竹溪이 濂水로다
學術[興學] 衛道ᄂᆞᆫ 小分네 이리 어니와
尊禮 晦菴이 그功이 크샷[샷]다
애[偉]ㅣ 吾道東來 景幾어쎠 ᄒᆞ니잇고[景幾何如].

≪해(解)≫ 이는 신재(愼齋) 주세붕(周世鵬, 1495-1554)의[25] 저(著) 무릉잡고(武陵雜稿)에서 뽑은 것이니 중종(中宗) 때 풍기수(豊基守)로 가서 여말(麗末) 주자학(朱子學)의 수입자(輸入者) 안향(安珦)의 백운동(白雲洞) 유지(遺址)에 서원(書院)을 지을 적에 읊은 것이니 이 외(外)에도 아래 실은 육현가(六賢歌) 육장(六章), 엄연곡(儼然曲) 칠장(七章), 태평곡(太平曲) 오장(五章)의 저(著)가 있다.

제십삼(第十三). 육현가(六賢歌) 육장(六章)

일(一).

規圓矩方 繩直準平 (再唱)
위[偉][26] 程伊川의 展也大成 貴한줄을[혼주롤] 뉘 알니[리]잇고

---

25) 주세붕(周世鵬, 1495~1554): 본관은 상주(尙州), 자는 경유(景遊), 호는 신재(愼齋)·손옹(巽翁)·남고(南皋), 시호는 문민(文敏)이다. 1522년 별시문과(別試文科)에 급제한 뒤 정자(正字), 검열(檢閱), 부수찬(副修撰)을 역임하다 김안로(金安老)의 배척을 받고 강원도도사(江原道都事)에 좌천되었다. 1541년 풍기군수(豊基郡守)로 나가 이듬해 백운동(白雲洞)에 안향(安珦)의 사당 회헌사(晦軒祠)를 세우고, 1543년 백운동서원(白雲洞書院:紹修書院)을 세웠다. 저서에는『무릉잡고(武陵雜稿)』, 편서로는『죽계지(竹溪誌)』,『동국명신언행록(東國名臣言行錄)』,『심도이훈(心圖彜訓)』등이 있다.

26) [ ] 안은『죽계지』의 표기이다.

이(二).

早悅孫吳 晚逃佛老 (再唱)
위[偉] 張橫渠의 一變至道 力踐 景幾어써하니잇고[景幾何如]

삼(三).

手探月窟 足躡[攝]天根 (再唱)
위[偉] 邵堯夫의 駕風鞭霆 歷覽 景幾어써하니잇고[景幾何如]

사(四).

篤學力行 淸修苦節 (再唱)
위[偉] 司馬公의 事神不欺 獨樂 景幾어써하니잇고[景幾何如]

오(五).

安靜詳密 雍容和豫 (再唱)
위[偉] 韓魏公의 端嚴 謹重이 어느제 밧ᄇ 시리잇고

육(六).

居廟堂 則憂其民 處江湖 則憂其君 (再唱)
위[偉] 范文正의 進退有憂 어느[ㄴ]제 즐거우 시리[링]잇고.

≪해(解)≫ 주세붕(周世鵬)의 작(作). 무릉잡고(武陵雜稿)에서 뽑은 것.

제십사(第十四). 엄연곡(儼然曲) 칠장(七章)

일(一).

儼然端坐 如對聖賢 (再唱)

위[偉] 一点[點] 邪念이 이[어]드메셔[러셔] 나리[링]잇고

이(二).

仲尼顔子 所樂何事 (再唱)
위[偉] 챗[춋]고아[쇼] 마로리[링]이다

삼(三).

溫溫安安 어려우니 亶亶翼翼 닛찌마오[쇼] (再唱)
위[偉] 敬으로 丘隅를 사마 년대[디]안짜[찌] 마옵새

사(四).

노푸나 노푸신 【하】27)눌해 두터우나 두터우신 째히[짜해] 발가[볼ㄱ]나 발개[볼ㄱ]신 日月에
春夏 秋冬은 눌로하[ㅎ]야 흘러 가는[눈]고
위[偉] 一元循環 悠久 景幾어써하니잇고[景幾何如]

오(五).

動호디 天을보오[쇼] 靜호디 地를[을]보오[쇼] (再唱)
위[偉] 俯仰애 부[붓]쯔럽디 아닌 景幾어써하니잇고[景幾何如]

육(六).

謙遜自牧 和敬待人 (再唱)
위[偉] 萬福無疆 景幾어써하니잇고[景幾何如]

칠(七).

北窓淸風 南軒霽月 (再唱)

---

27) 【 】은 『죽계지』에는 있으나 『조선가요집성』에는 없는 글자이다.

위[偉] 羲皇젓[젯] 사람[룸]과 어니사 더니[닝]잇고.

≪해(解)≫ 주세붕(周世鵬)의 작(作). 무릉잡고(武陵雜稿)에서 뽑은 것.

제십오(第十五). 태평곡(太平曲) 번출가어(翻出家語) 오장(五章)

1.
몸애란 允恭 하[ㅎ]시고 사람애[ᄅ매]란 克讓 하[ㅎ]시니 (再唱)
애[偉] 唐堯 聖德이 하날과[롤와] 가타섯[ᄀᄐ샷]다

2.
伯禹이 居左 皐陶이 在右 (再唱)
애[偉] 帝舜無爲 므의[스]이리 잇브시리 잇고

3.
內修七敎 外行三至 (再唱)
애[偉] 大平 景幾어쩌하니잇고[景幾何如]

4.
齊有鮑叔 鄭有子皮 (再唱)
이[偉] 進賢 景幾어쩌하니잇고[景幾何如]

5.
滿하면 損하{ᄂ}니 益할[홀]든 謙하소[쇼]서 (再唱)
애[偉] 江海能下 百川이 朝宗 景幾어쩌하니잇고[景幾何如].

≪해(解)≫ 주세붕(周世鵬)의 작(作). 무릉잡고(武陵雜稿)에서 뽑은 것.

제십육(第十六). 환산별곡(還山別曲)

청구영언(青丘永言) 소재(所載)[28]

어제[제][29] 올탄 말이 오늘이야 왼 줄 알고
葛巾布衣로 故園을 ᄎᆞ자가니
山川은 넷빗치요 松竹이 새로왜라.
數間茅茨 下의 집ᄌᆞ리 一立 ᄡᆞ고
淸風의 興을 겨워 閑暇이 누어시니
滿地 紅蓮花는 庭邊의 어려엿다
아침[참] 시노라니 밤 줍는 아희들과
柴門의 기 즈즈니 고기 웨는 장ᄉᆞ로다
隣人親戚들과 白酒 黃鷄로
넛노리 가ᄌᆞ셰라 夕釣를 말야 ᄒᆞ고
되롱이 몸의 걸고 簑笠을 젓게 쓰고
그물을 두러메고 시니로 ᄎᆞᄌᆞ 가셔
黃犢을 칩터 타고 夕陽을 ᄯᅴ[ᄯᅴ]여 가니
崎嶇 山路의 風景이 多情ᄒᆞ다
一帶淸江은 長天과 一色인듸
細白絲 져 그물을 여흘 여흘 더져 두니
銀鱗玉尺이 고고이 밋쳣거을
ᄌᆞ나 굴그나 다 쥬어 ᄯᅡ니여
잔 고기 솟고치고 굴근 고기 膾을 쳐셔
瓦樽에 거른 술을 朴盞에 가득 부어
잡거니 勸ᄒᆞ거니 醉토록 먹은 後에

---

28) 육당본 『청구영언(青丘永言)』 1009번 작품이다. 제명 아래 '퇴계(退溪) 저(著) 이십사구(二十四句)'로 부기(附記)되어 있다.

29) [ ]은 육당본 『청구영언』 표기이다. [ ] 부호는 이하 육당본 『청구영언』 소재 작품 모두에서 같은 의미로 사용하였다. <강촌별곡>, <권주가>, <상사곡>, <춘면곡>, <처사가>, <길군악>, <황계사>, <관등가>, <매화가>.

日落咸池ᄒ고 月生東谷커늘
업써들며 곱써들며 柴門을 츠즈오니
稚子은 扶醉ᄒ고 瘦妻 歡迎이라
아마도 江山主人은 나ᄯᅳᆫ인가 ᄒ노라.

≪해(解)≫ 조선(朝鮮)의 유종(儒宗)이던 퇴계(退溪) 이황(李滉, 1501-1570)의[30] 작(作)이라 하며 이는 청구영언(靑丘永言)에서[31] 전재(轉載)하였다. 아마 선조(宣祖) 때 퇴거(退去)하여 향리(鄕里)에 돌아가서 도산십이곡(陶山十二曲), 낙빈가(樂貧歌) 등(等)과 함께 이를 지은 듯하며 그의 '서어부가후(書漁父歌後)'와 '도산십이곡발(陶山十二曲跋)'의 두 문자(文字)는 가요(歌謠) 연구(硏究) 상(上) 중요(重要)한 문헌(文獻)일 것이다.

제십칠(第十七). 강촌별곡(江村別曲)

청구영언(靑丘永言) 소재(所載)[32]

平生 我才 쓸데 업셔 世上名功[功名] 下直ᄒ고
商山風景 바라보며 四皓遺跡 싸로리라
人間 富貴 졀노 두고 物外煙霞 興을 겨워
滿壑松林 슈플 속의 草屋 數間 지어 두고

---

30) 이황(李滉, 1501~1570): 본관은 진성(眞城), 자는 경호(景浩), 호는 퇴계(退溪)・도옹(陶翁)・퇴도(退陶)・청량산인(淸凉山人), 시호는 문순(文純)이다. 1534년 식년문과(式年文科)에 급제하여, 호조좌랑, 공조판서, 우찬성, 대제학 등을 지냈다. 은퇴 이후 도산서원(陶山書堂)을 설립하여 후진양성과 학문연구에 힘썼다. 저서에 『퇴계전서(退溪全書)』가 있다.
31) 김태준이 참고한 『청구영언』은 육당본으로 보인다. 이후 그는 1939년에 이 가집의 교열본을 학예사에서 간행하였다.
32) 육당본 『청구영언』 1012번 작품이다.

靑蕪煙月 더스립에 白雲深處 다다 두니
寂寂松林 긔 즌[즈]즌들 寥寥雲壑 졔 뉘 알니
松柵紫芝 노리ᄒ고 石田春雨 밧츨 가니
唐虞天地 이 아닌가[안인가] 葛天氏氓 나ᄲᅮᆫ이라
高車駟馬 ᄯᅳᆺ이 업고 名山佳水 癖이 되니
遙山遙水 ᄒᄂᆞᆫ 곳의 宜仁宜智 ᄒᄋᆞ리라
登高舒嘯 今日 ᄒ고 臨流賦詩 來日 ᄒᄌᆞ
九升葛布 몸의 입고 三節竹杖 손의 쥐고
朝來碧溪 景 조흔 듸 晝向松林 閒暇ᄒ다
朝採山薇 아젹 먹고 夕釣江魚 젹[졔]녁 먹세
數曲山歌[謌] 罷ᄒᆫ 後에 一葉漁艇 홀니 져어
長丈餘絲 ᄒᆫ 낙디을 落照江湖 빗겨시니
九陌 紅塵 밋친 긔별 一竿 漁翁 니 알소냐
泛泛滄波 이 닌 興을 擾擾塵世 졔 뉘 알니
銀鱗玉尺 ᄲᅱ노ᄂᆞᆫ듸 野水江天 ᄒᆫ 빗치라
巨口細鱗 낙가ᄂᆞ니 松江鱸魚 비길소냐[손냐]
蓬窓 蘆底 낙디 걸고 日暮煙渚 비를 돌녀
十里沙汀 올나오니 白鷗飛去 ᄲᅮᆫ이로다
舟泊暮洲 ᄒᄋᆞ 두고 芒鞋緩步 도라드니
兩[南]北山村 두세 집이 落霞煙靑 잠겨셰라
琴書消日 ᄒᄂᆞᆫ 곳의 靑酒盈樽 ᄒᄋᆞ시니
長歌短曲 두세 스람 一盃 一盃 다시 부어
頹然 玉山 醉ᄒᆫ 後에 石頭閑眠 줌을 드러
鶴唳一聲에 ᄭᅢ[씨]다르니 溪月三更 밧갈셰라
生涯淡泊 닌 질기니 富貴功名 부러ᄒᆞ랴
千秋萬歲 億萬載의 이리져리 ᄒᄋᆞ리라.

≪해(解)≫ 이 작자(作者)로는 오산(五山) 차천로(車天輅)이란33) 설(說)이

---

33) 차천로(車天輅, 1556~1615): 본관 연안(延安), 자는 복원(復元), 호 오산(五山)·난

농후(濃厚)하며 또 대곡(大谷) 성운(成運)[34] 혹(或)은 남명(南冥) 조식(曺植)의[35] 작(作)이라고 전(傳)한다. 성운(成運), 조식(曺植)도 모두 명종(明宗), 선조(宣祖) 시대(時代)의 은일지사(隱逸之士)이다.

제십팔(第十八). 관동별곡(關東別曲)

江湖의[애][36] 病이 깁퍼 竹林의[에] 누엇더니
關東 八百里에 方面을 맛디시니
어와 聖恩이야 가디록 罔極ᄒ다
延秋門 드리ᄃ라 慶會南門 ᄇ라보며
下直고 믈너나니 玉節이 알픠셧다
平丘驛 ᄆᆯᄋᆞᆯ ᄀ라 黑水로 도라드니
蟾江은 어듸메오 雉岳은[이] 여긔로다
昭陽江 ᄂ린믈이 어드러로 든단말고
孤臣 去國에 白髮도 하도할샤

우(蘭嵎)이다. 1577년 알성문과(謁聖文科)에 급제하여 봉상시판관, 교리 등을 지냈다. 문집에『오산집』이 있다.
34) 성운(成運, 1497~1579): 본관은 창녕(昌寧), 자는 건숙(健叔), 호 대곡(大谷)이다. 중종 때 사마시(司馬試)에 합격, 1545년 형이 을사사화(乙巳士禍)로 화를 입자 보은 속리산에 은거했다. 이지함(李之菡), 서경덕(徐敬德), 조식(曺植) 등과 교유하며 학문에 전심했다. 문집에는『대곡집(大谷集)』이 있다.
35) 조식(曺植, 1501~1572): 본관은 창녕(昌寧), 자는 건중(楗仲), 호는 남명(南冥), 시호는 문정(文貞)이다. 25세 때『성리대전(性理大全)』을 읽고 깨달은 바 있어 이때부터 성리학에 전념하였다. 30세 때 처가가 있는 김해 탄동(炭洞)으로 이사하여 산해정(山海亭)을 짓고 살면서 학문에 정진하였다. 1561년 진주 덕천동(德山洞)으로 이거하여 산천재(山天齋)를 지어 죽을 때까지 그곳에 머물며 강학(講學)에 힘썼다. 문집에『남명집』이 있다.
36) [ ]은 성주본『송강가사(松江歌辭)』의 표기이다.

東州밤 계오새와 北寬亭의 올나ᄒᆞ니
三角山 第一峰이 ᄒᆞ마면 뵈리로다
弓王 大闕터희 烏雀[鵲]이 지지괴니
千古 興亡을 아는다 몰의[읫]는다
淮陽 녜일흠이 마초아 ᄀᆞ톨시고
汲長孺 風彩를 고텨아니 볼기[게]이고
營中【이】 37) 無事ᄒᆞ고 時節이 三月인제
花川 시내길히 楓岳으로 버더잇다
行裝을 다썰티고 石逕의 막대디퍼
百川洞 겨틱두고 萬瀑洞 드러가니
銀ᄀᆞ튼 무지게 玉ᄀᆞ튼 龍[룡]의초리
섯돌며 ᄲᅮᆷ는소리 十里예[의] ᄌᆞ자시니
들을제는 우레러니 보니는 눈이로다
金剛臺 민우層의 仙鶴이 삿기치니
春風 玉笛聲의 첫ᄌᆞᆷ을 ᄭᅢ돗던디
縞衣 玄裳이 半空의[의] 소소ᄯᅳ니
西湖 녯主人을 반겨서 넘노는듯
小香爐 大香爐 눈아레[래] 구버보며[고]
正陽寺 眞歇臺 고텨올나 안존말이[마리]
廬山 眞面目이 여긔야 다뵈ᄂᆞ다
어와[화] 造化翁이 헌ᄉᆞ토 헌ᄉᆞ할샤
놀거든 ᄯᅱ디마나 셧거든 솟디마나
芙蓉을 ᄭᅩ[고]잣는듯 白玉을 뭇것는듯
東溟을 박ᄎᆞ는듯 北極을 괴왓는듯
놉흘시고 望高臺 외로올샤 穴望峰【이】
하늘의 추미러 므ᄉᆞ일을 ᄉᆞ로리라

---

37) 【 】은 성주본 『송강가사』에는 있으나 『조선가요집성』에는 없는 표기이다.

千萬劫 디나ᄃ록 구필줄 모ᄅᄂ다
어와 너여이고 너ᄀᄐ니 ᄯ오잇ᄂ가
開心臺 고텨올나 衆香城 ᄇ라보며
萬 二千峰을 歷歷히 혀여ᄒ니
峰마다 밋쳐잇고 긋마다 서린긔운
ᄆᆰ거든 조치[티]마나 조커든 ᄆᆰ디마나
저[뎌]긔운 흐더[터]내야 人傑을 ᄆ돌고쟈
形容도 그지업고 體勢도 하도할샤
天地 삼기실졔 自然이 되연마는
이졔와 보게되니 有情도 有情ᄒᆯ샤
毗[毘]盧峰 上上頭의 올라보니 긔뉘신고
東山 泰山이 어ᄂ야 놉돗던고
魯國 조븐줄도 우리는 모ᄅ거든
넙거나 넙은天下 엇씨ᄒ야 젹닷말고
어와 뎌디위를 어이ᄒ면 알거이고
오ᄅ래[ᄅ]디 못ᄒ거니 ᄂ려가미 고이ᄒᆯ가
圓通골 ᄀ는길로 獅子峰을 ᄎ자가니
그알픠 너러바회 火龍쇠 되여세[셰]라
千年 老龍이 구비구비 서려이셔
晝夜의 흘녀내여 滄海예[예] 니어시니
風雲을 언제어더 三日雨를 디련ᄂ다
陰崖예 이온풀[플]을 ××[다살]와 내여ᄉ라
摩訶衍 妙吉祥 안문[雁門]재 너머디여
외나모 ᄲ혀근ᄃ리 佛頂臺{예}38) 올라ᄒ니
千尋 絶壁을 半空애 셰여두고

---

38) { }은 『송강가사』에는 없으나 『조선가요집성』에만 있는 표기이다. [ ], 【 】, { } 앞 부호들은 교주자가 정철 시가 부분에서 같은 의미로 사용하였다.

銀河水 한구비물 촌촌이 버혀내여
실ᄀ티 플텨이셔 뵈ᄀ티 거러시니
圖經 열두구비 내보매는 여러히라
李謫仙{이} 이제이셔 고텨議論 ᄒ게되면
廬山이 여긔도곤 낫단말 못ᄒ려니
山中을 미양보랴 東海로 가쟈ᄉ라
藍輿 緩步ᄒ야 山暎樓의 올나ᄒ니
玲瓏 碧溪와 數聲 啼鳥는 離別을 怨ᄒ는듯
旌旗를 썰티니 五色이 넘노는듯
鼓角을 섯브[부]니 海雲이 다것는듯
鳴沙길 니근물이 醉仙을 빗기시러
바다홀 겻터두고 海棠花로 드러가니
白鷗야 ᄂ디마라 네벗인[버딘]줄 엇디아는
金闌窟 도라드러 叢石亭{의} 올라ᄒ니
白玉樓 남은기동 다만네희 셔잇고야
工倕의 셩녕인가 鬼斧로 다ᄃ몬가
구ᄐ야 六面은 므어슬 象톳던고
高城을란 뎌만두고 三日浦물 ᄎ자가니
丹書는 宛然ᄒ되 四仙은 어디가니
예사흘 며[머]믄後의 어디가 쏘머믄[믈]고
仙遊潭 永郎湖 거긔나 가잇는가
淸澗亭 萬景臺 몃고디 안돗던고
梨花는 볼셔디고 졉동새 슬피울제
洛山 東畔으로 義相臺예[에] 올라안자
日出을 보리라 밤듕만 니러ᄒ니
祥雲이 집픠는동 六龍이 바퇴는동
바나[다]히 써날제는 萬國이 윌[일]위더니

블거니 씀거니 어즈러이 구는디고
銀山을 것거내여[어] 六合의 느리는둧
五月 長天의 白雪은 므스일고
져근덧 밤이드러 風浪이 定ᄒ거늘
扶桑 咫尺의 明月을 기ᄃ리니
瑞光 千丈이 뵈는둧 숨는고야
珠簾을 고텨것고 玉階를 다시쓸며
啓明星 돗도록 곳초안자 ᄇ라보니
白蓮花 ᄒ가지를 뉘라서[셔] 보내신고
일이됴흔 世界 ᄂᆞᆷ대되 다뵈고져
流霞酒 ᄀᆞ득부어 돌ᄃ려 무른말이
英雄은 어디가여[며] 四仙은 긔뉘러니
아모[민]나 만[맛]나보아 녯[옛]긔별 뭇쟈ᄒ니
仙山 東海예 갈길도[히] 머도멀샤
松根을 볘여누어 픗ᄌᆞᆷ을 얼픗드니
ᄭᅮᆷ애 ᄒᆞ사ᄅᆞᆷ이 날ᄃ려 닐온말[말]이
그ᄃᆡ를[롤] 내모ᄅᆞ랴 上界예 眞仙이라
黃庭經 一字를 엇디그릇 닐거두고
人間의 내려와셔 우리를 ᄯᅩ로는다
져근덧[덧] 가디마오 이술ᄒᆞᆫ[잔] 먹어[머거]보오
北斗星 기우려 滄海水 부어내여
저먹고 날먹여[머겨]놀 서너잔 거후로니
和風이 習習ᄒ야 兩腋을 추혀드러[니]
九萬里 長空애 져기면 ᄂᆞ리로다
이술 가져다가 四海예 고로ᄂᆞ화
億萬 蒼生을 다醉케 밍ᄀᆞᆫ後의
그제야 고텨맛나 ᄯᅩᄒᆞᆫ잔 ᄒᆞ쟛고야

대(對)한 지기(知己)라 하겠다.

제십구(第十九). 사미인곡(思美人曲)

이 몸 삼기실 제 님을 조차 삼기시니
ᄒᆞᆫ싱 緣分이며 하ᄂᆞᆯ 모롤 일이런가
나 ᄒᆞ나 졈어 잇고 님 ᄒᆞ나 날 괴시니
이 ᄆᆞ옴 이 ᄉᆞ랑 견졸 ᄃᆡ 노여 업다
平生에[애] 願ᄒᆞ요ᄃᆡ ᄒᆞᆫ뎌 녜쟈[쟈] ᄒᆞ얏더니
늙기[거]야 므스 일로 외오 두고 글이[그리]ᄂᆞ고
엇그제 님을 뫼셔 廣寒殿의 올낫더니
그 더ᄃᆡ 엇디ᄒᆞ야 下界예 ᄂᆞ려 오니
올 적의[저긔] 비슨 머리 얼킈연디 三年[삼년]이라[일쇠]
臙脂粉 잇ᄂᆡ마는 눌 위ᄒᆞ야 고이 홀고
ᄆᆞ음의 미친 실음 疊疊이 ᄡᅡ혀 이셔
짓ᄂᆞ니 한숨이오 디ᄂᆞ니 눈믈이라
人生은 有限ᄒᆞᆫ디 시롬도 그디[지]업다
無心ᄒᆞᆫ 歲月은 믈 흐ᄅᆞ 듯 ᄒᆞᄂᆞ고야
炎涼이 ᄯᅢ를 아라 가는 듯 고텨 오니
듯거니 보거니 늣길 일도 하도 할샤
東風이 건듯 부러 積雪을 헤[혜]텨 내니
雪[窓] 밧긔 심근 梅花 두세 가지 픠여셰라
ᄀᆞ득 冷淡ᄒᆞᆫ디 暗香은 므스 일고
黃昏의 ᄃᆞᆯ이 조차 벼마ᄐᆡ 빗최니
늣기ᄂᆞᆫ 듯 반기ᄂᆞᆫ 듯 님이신가 아니신가
뎌 梅花 것거 내여 님 겨신 ᄃᆡ 보내오져
님이 너를[롤] 보고 엇더타 너기실고

꿈[꿈]의나 님을 보려 빅[툭] 밧고 비겨시니
鴛鴦도 추도 출샤 이 밤은 언제 샐고
ᄒ[하]ᄅ도 열두 ᄢ ᄒᆞᆫ 둘도 설흔 날
져근덧 생[싱]각 마라 이 시룸 닛쟈 ᄒᆞ니
ᄆᆞ음의 미쳐이셔 骨髓의 ᄢᅨ텨시니
扁鵲이 열히 오나[다] 이 병을 엇디ᄒᆞ리
어와 내 병이야 이 님의 타시로다
출하리 싀여[어]디여 범나븨 되오리라
곳나모 가지마다 간 ᄃᆡ 족족 안니다가
향 므ᄂᆞᆫ[튼] 눌애로 님의 오시 올므리라
님이야 날인 줄 모ᄅᆞ셔도 내 님 조ᄎᆞ려 ᄒᆞ노라.

≪해(解)≫ 송강(松江) 정철(鄭澈)의 작(作).

제이십(第二十). 속사미인곡(續思美人曲)

뎨 가는 뎌 각시 본 듯도 ᄒᆞ뎌이고
天上 白玉京을 엇디ᄒᆞ야 離別ᄒᆞ고
ᄒᆡ 다 뎌 져믄 날의 눌을 보라 가신[시]ᄂᆞᆫ고
어와 네여이고 이 내 ᄉᆞ셜 드러 보오
내 얼굴 이 거동이 님 괴얌즉ᄒᆞ냐[혼가]마는
엇딘디 날 보시고 네로다 녀기실ᄉᆡ
나도 님을 미더 군ᄯᅳ디 견혀 업서
이리야 교ᄐᆡ야 어ᄌᆞ러이 구돗썬디
반개[기]시ᄂᆞᆫ[ᄂᆞᆫ] ᄂᆞᆺ비치 녜와 엇디 다ᄅᆞ신고
누어 싱각ᄒᆞ고 니러 안자 혜여 ᄒᆞ니
내 몸의 지은 죄 뫼 ᄀᆞ티 ×[ᄡᅡ]혀시니

하늘히라 원망ᄒ며 사람이라 허믈ᄒ랴
셜워 플텨 혜니 造物의 타시로다
글란 ᄉᆡᆼ각 마오 미친 일이 이셔이다
님을 뫼셔이셔 님의 일을 내 알거니
믈 ᄀᆞᄐᆞᆫ 얼굴이 편ᄒ실 적 몃 날일고
春寒苦熱은 엇디ᄒᆞ야 디내시며
秋日 冬天은 뉘라셔 뫼셧ᄂᆞᆫ고
粥朝飯 朝夕뫼 녜와 ᄀᆞ티 셰시ᄂᆞᆫ가
기나긴 밤의 ᄌᆞᆷ은 엇디 자시ᄂᆞᆫ고
님 다히 消息을 아므려나 아쟈 ᄒ니
오늘도 거의로다 ᄂᆡ일이나 사ᄅᆞᆷ 올가
내 ᄆᆞ음 둘 ᄃᆡ 업다 어드러로 가쟛 말고
잡거니 밀거니 놉픈 뫼희 올라 가니
구롬은 ᄏᆞ니와 안개ᄂᆞᆫ 므스 일고
山川이 어둡거니 日月을 엇디 보며
咫尺을 모ᄅᆞ거든 千里를 ᄇᆞ라보랴
출하리 믈개[ᄀ]의 가 빅길히나 보쟤[랴] ᄒ니
ᄇᆞ람이야 믈결이야 어둥졍[졍] 된뎌이고
샤공은 어듸 가고 븬 ᄇᆡ만 걸렷ᄂᆞ니[ᄂᆞᆫ고]
江天의 혼자 셔셔 디ᄂᆞᆫ 히를[ᄅᆞᆯ] 구버보니
님 다히 消息이 더옥 아득ᄒ뎌이고
茅簷[쳠] 쳔 자리의 밤듕만 도라오니
半壁 靑燈은 눌 위ᄒ야 ᄇᆞᆯ갓ᄂᆞᆫ고
오ᄅᆞ며 ᄂᆞ[ᄂᆞ]리며 헤쓰며 바니[자니져니]
져근덧 力盡ᄒ야 풋ᄌᆞᆷ을 잠간 드니
精誠이 지극ᄒ야 ᄭᅮᆷ의 님을 보니
玉 ᄀᆞᄐᆞᆫ 얼굴이[구리] 半이 나마 늘거셰라
ᄆᆞ옴의 머근 말ᄉᆞᆷ 슬[슬]ᄏᆞ장 ᄉᆞᆲ쟈 ᄒ니
눈믈이 바라 나니 말【ᄉᆞᆷ】인들 어이 ᄒ며

情을 못 다ᄒ여[야] 목이 조차 메×[메여 ᄒ니]
×[오]뎐된 鷄聲의 줌은 엇디 ᄭㅣ돗던고
어와 虛事로다 이 님이 어듸 간고
결의 니러 안자 窓을 열고 ᄇㆍ라보니
어엿븐 그림재 날 조츨 ᄲㅗㄴ이로다
【출하리 싀여디여 落月이나 되야이셔
님 겨신 窓 안ᄒㆎ 번ᄃㆍ시 비최리라】
각시님 ᄃ㆞ㄹ이야 코니와 구즌비나 되쇼셔.

≪해(解)≫ 송강(松江) 정철(鄭澈)의 작(作).

제이십일(第二十一). 성산별곡(星山別曲)

엇던 디날손이 星山의 머믈며서
棲霞堂 息影亭 主人아 내 말 듯소
人生 世間의 됴흔 일 하건마는
엇디ᄒ㆞ 江山을 가디록 나이 녀겨
寂寞 山中의 들고 아니 나시는고
松根을 다시 쓸고 竹床의 자리 보와[아]
져근덧 올라 안자 엇던고 다시 보니
天邊의 ᄯㅓㄴ는 구름 瑞石을 집을 사마
나는 듯 드는 양이 主人과 엇더ᄒㆍ고
滄溪 흰 물[믈]결이 亭子 알픠 둘러시니
天孫 雲錦을 뉘라셔 버[버]혀 내여
닛는 듯 펴티는 듯 헌ᄉㆍ토 헌ᄉㆍ홀샤
山中의 冊曆 업서 四時ᄅ㆞ㄹ 모ᄅ㆞ㄷ니
눈 아래 헤틴 景이 철철이 절로 나니

듯거니 보거니 일마다 仙間이라
梅窓 아젹 볏희[벼티] 香氣예 줌을 끼니
山翁의 히올이[욜 일이] 곳 업도 아니ᄒ다
울밋 陽地편의 외씨를 쎄허 두고
미거니 도도거니 빗김의 달화 내니
靑門 故事를 이제도 잇다 ᄒᆞᆯ다
芒鞋를 뵈야 신고 竹杖을 흣더디니
桃花 픤 시내길히 芳草洲예[의] 니어셰라
닷봇근 明鏡 中 절로 그린 石屛風
그림재[애롤] 벗을[버들] 사마 새와로 홈끠 가니
桃源은 여긔로다 武陵은[이] 어듸메오
南風이 건듯 부러 綠陰을 헤텨 내니
節 아는[논] 괴꼬리는 어디로[드러]셔 오돗던고
羲皇 벼개 우희 픗줌을 얼픗 끼니
空中 저즌 欄干 믈 우희 써 잇고야
麻衣를 니믜추고 葛巾을 기우쓰고
구브락 비기락 보는 거시 고기로다
ᄒᆞᆯ밤 비 끠운의 紅白蓮이 섯거 픠니
ᄇᆞ람끠 업서[시]셔 萬山이 향긔[香氣]로다
濂溪를 마조 보와 太極을 뭇줍는 듯
太乙眞人이 玉字를 혜혓는 듯
鸕鷀巖 건너보며 紫微灘 겨티 두고
長松을 遮日 사마 石逕의 안자 ᄒᆞ니
人間 六月이 여긔는 三秋로다
淸江의 썻는 올히 白沙의 올마 안자
白鷗를 벗을 삼고 줌길 줄 모르ᄂᆞ니
無心코 閑暇ᄒᆞ미 主人과 엇더ᄒᆞ고[ᄒᆞ니]
梧桐 서리 ᄃᆞ리 四更의 도다 오니
千岩[巖] 萬壑이 낫인[나진]들 그러ᄒᆞᆯ가

湖洲 水晶宮을 뉘라셔 옴겨 온고
銀河를 건너 쒸여 廣寒殿의 올랏는 듯
짝 마존 늘근 솔란 釣臺예 셰여 두고
그 아래 비를 씌워 갈대로 더져[뎌] 두니
紅蓼花 白蘋洲 어나[느] 새[스]이 디나관더
環碧堂 龍의소히 빈 앏픠 다핫느니[하셰라]
淸江 綠草邊의 쇼 머기는 아희들이
【夕陽의】 어위{를}계워 短笛을 빗기 부니
믈 아래 줌긴 龍이 줌 씨야 니러날 듯
닉쯰예 나온 鶴이 제 기술 【더뎌】 보리고 半空의 소소 뜰 듯
蘇仙 赤壁은 秋七月이 됴타 호더
八月 十五夜를 모다 엇디 과ᄒᆞ는고
纖雲이 四捲ᄒᆞ고 믈결이 채 잔 적의
하늘의 도둔 돌이 솔 우희 올라시니
잡다가 빠딘 줄이 謫仙이 헌ᄉᆞ홀샤
空山의 싸힌 닙흘 朔風이 거두 부러
쩨[쎄]구름 거느리고 눈조차 모라 오니
天公이 호사[ᄉᆞ]로와 玉[옥]으로 곳츨[고즐] 지어
萬樹 千林을 ᄭᅮ며곰 낼셰이고
압여흘 ᄀᆞ리어러 獨木橋 빗겻눈더
막대 멘 늘근 즁이 어니 뎔로 간닷 말고
山翁의 이 富貴를 놈드[드]려 헌ᄉᆞ 마오
瓊瑤窟 銀世界를 ᄎᆞ즐 이[자 리] 이실셰라
山中의 벗이 업서 黃卷를 빠하 두고
萬古 人物을 거스리 혜여 ᄒᆞ니
聖賢도 만크니와 豪傑도 하도 할샤
하늘 삼기실 제 곳 無心홀가마는
엇디ᄒᆞᆫ 時運이 일락 배락 ᄒᆞ얏는고
모를 일도 하거니와 애둘옴도 그지업다
箕山의 늘근 고블 귀는 엇디 싯돗던고

一瓢롤 썰틴 후의 조장이 더옥 놉다
人心이 눗 굿투야 보도록 새롭거늘
世事는 구롬이라 머흐도 머흘시고
엇그제 비즌 술이 어도록 니건느니
집[잡]거니 밀거니 슬크장 거후로니
무옴의 미친 시룸 져그나 흐리느다
거믄고 시울 언저 風入松 이야고야
손인동 主人인동 다 니저 브려셰[셔]라
長空의 썻는 鶴이 이 골의 眞仙이라
瑤臺 月下의 힝혀 아니 만나산[신]가
손이셔 主人두려 닐오디 그디 괸가 ᄒ노라.

≪해(解)≫ 송강(松江) 정철(鄭澈)의 작(作).

제이십이(第二十二). 장진주(將進酒)

훈 盞 먹새근여[그려] 쏘 훈 盞 먹새근여[그려]
곳 것거 算 노코 無盡無盡 먹새근여[그려]
이 몸 죽은[주근] 後면 지게 우희 거적 덥허[더퍼] 주리혀 미여 가나
流蘇寶帳의 萬人이 우러녜나
어욱새 속새 덥가나모[무] 白楊 속애 가기곳 가면
누론[른] 희 흰 둘 ᄀ는 비 굴근 눈
쇼쇼리 브람 불[블] 제 뉘 훈 盞 먹쟈 홀고
ᄒ[하]믈며 무덤 우희 진납이[나비] 프람 불 제{야} 뉘우츤둘 엇디리.

≪해(解)≫ 송강(松江) 정철(鄭澈)의 작(作).

제이십삼(第二十三). 권주가(勸酒歌)

[기일(其一)] 신구잡가(新舊雜歌) 소재(所載)

일(一).

不老草로 술을 비져 萬年盃에 가득부어
잡으신 盞마다 비느이다
南山壽를 이盞곳 잡으시면 萬壽無疆ᄒ오리다

이(二).

잡으시오 잡으시오 이 슐 한 盞 잡으시오
이 슐이 슐이 아니라 漢武帝承露盤에 이슬밧은 슐이오니
이 슐 한 盞 잡으시면 千年萬年 사오리다

삼(三).

藥山東臺 여지러진 바위 꼿슬 썩거 籌을 노며
無盡無盡 먹스이다
人生 한 번 도라가면 다시 오기 어려워라
勸할 적에 잡으시오
(일본一本에는 '뉘라 다시 먹자하리 살아슬제 이리 놀셰')
百年假使人人壽라도 憂樂을 中分未百年을
勸할 적에 잡으시오
羽日壯士鴻門樊噲 斗巵酒를 能飮ᄒ되
이 슐 한 盞 못먹엇네 勸할 적에 잡으시요
勸君更進一盃酒하니 西出陽關無故人을
勸할 적에 잡으시요

사(四).

제것 두고 못먹으면 王將軍에 고즈오니

은盞 놋盞 다 던지고 沙器잔에 잡으시오
첫지 盞은 長壽酒요 둘재 盞은 富貴酒요
셋재 盞은 生男酒니 잡고 連해 잡으시오
古來賢人이 皆寂寞ᄒ되 뉴뉴飮者ㅣ 유기명ᄒ니
잡고 잡고 잡으시오
莫惜床頭沽酒錢ᄒ라 千金散盡還復來니
너 잡아 勸한 盞을 辭讓말고 잡으시요

오(五).

萬壽山 萬壽峰에 萬壽井이 잇더이다
그물노 비진 슐을 萬年酒라 ᄒ더이다
진실로 이 盞곳 잡으시면 萬壽無疆ᄒ오리다.

[기이(其二)] 청구영언(靑丘永言) 소재(所載)

잡으시오 잡으시오 이 슐 ᄒ 盞 잡으시오
이 슐 ᄒ 盞 잡으시면 千萬年이나 스오리다
이 슐이 슐이 아니라 漢武帝承露盤의 이슬바든 슐이오니
쓰나다나 잡으시오 若飛蛾之撲燈이며 似赤子之入井이라
단블의 나븨몸이 아니 놀고 어이ᄒ리
駕一葉之扁舟ᄒ고 擧匏[匏]樽而相屬이라
寄蜉蝣於天地ᄒ니 渺滄海之一粟이라
哀吾生之須臾ᄒ고 羨長江之無窮이라
挾飛仙而遨遊ᄒ야 抱明月而將終이라
知不可乎驟得일시 托遺響於悲風이라
우리 ᄒ 번 도라가면 뉘라 ᄒ 盞 먹ᄌᄒ리
스라실졔 이리노시 시벽 셔리 찬 ᄇ람의 외기러기 우러옌다
蒼茫ᄒ 구름밧긔 븬 소래뿐이로라
졔것두고 아니먹으면 王將軍之庫資이로다

明沙十里海棠花야 못진다 슬허마라
明年 三月 도라오면 너는 다시 피려니와
可憐ᄒ다 우리 人生 뿌리업슨 萍草라
紅顔白髮이 절노가니 귄들 아니 늣거온가
梧桐秋夜 붉은 달의 님 生覺이 시로왜라.

제이십사(第二十四). 파연곡(罷讌曲)

[기일(其一)] 신구잡가(新舊雜歌) 소재(所載)

罷讌曲 ᄒ샤이다 北斗七星 잉도라졌네
줍을 님 줍으시고 날 갓튼 님 보니소셔
童子야 신 돌녀 노와라 갈 길 밧바 ᄒ노라.

[기이(其二)] 윤선도(尹善道) 작(作)

즐기기도 ᄒ려니와 근심을 니즐 것가
놀기도 ᄒ려니와 니 어려오냐
어려온 그심[근심]⁴²⁾을 알면 萬壽無疆 ᄒ리라

술도 머그려니와 德 업스면 亂 ᄒᄂ니
춤도 추려니와 禮 업스면 雜 되ᄂ니
아마도 德禮를 디히면 萬壽無疆 ᄒ리라.

제이십오(第二十五). 태평사(太平詞)

나라히 偏小ᄒ야 海東애 ᄇ려서[셔] 【도】 ⁴³⁾

---

42) [ ]은 『고산유고(孤山遺稿)』(규장각 소장)의 표기이다.

箕子遺風이 古今업시 淳厚ᄒᆞ야
二百年【來】예[에] 禮義를[을] 崇尙ᄒᆞ니
衣冠文物이 漢唐宋이 되야쩌니
島夷百萬이 一朝애 衝突ᄒᆞ야
億兆驚魂이 칼빗출 조차나니
平原에 사힌 뻬[뻬]논 뫼두곤 노파 잇고
雄都巨邑은 豺狼[狐]窟이 되얏거눌
凄凉 玉輦이 蜀中으로 뵈아 와ᄃᆞ니
煙塵이 아득ᄒᆞ야 日色이 열워쩌니
聖天子 神武ᄒᆞ샤 一怒를 크게 내야
平壤群兇을 一釖[劒]下의 다 버히고
風驅南下ᄒᆞ야 海口애 더져두고
窮寇를[을] 勿迫ᄒᆞ야 몃몃히를 디내연고
江左一帶예 孤雲갓흔 우리 믈이
偶然時來예 侯[武]龍을 幸혀 만나
五德이 붉근 아레[래] 獵狗 몸이 되야쩌가
英雄仁勇을 喉舌에 섯겨시니
炎方이 稍安ᄒᆞ고 士馬精强 ᄒᆞ야쩌니
皇朝一夕에 大風이 다시 이니
龍갓[ᄀᆞᆺ]흔 將帥와 구름갓흔 勇士들이
旌旗蔽空ᄒᆞ야 萬里예 이어시니
兵聲이 大振ᄒᆞ야 山岳을 씨[쯰]엿ᄂᆞᆫ듯[듯]
兵房 御營大將은 先鋒을 引導ᄒᆞ야 賊陣에 突擊ᄒᆞ니
疾風大雨이[에] 霹靂이 즈치ᄂᆞᆫ 듯
淸正 小竪頭도 掌中에 잇것마ᄂᆞᆫ

---

43) [ ]은 『노계집(蘆溪集)』의 표기이다. 【 】은 『노계집』에는 있으나 『조선가요집성』에는 없는 글자이다. 그리고 { }은 『노계집』에는 없으나 『조선가요집성』에만 있는 글자이다. [ ] 【 】 { } 앞 부호들은 교주자가 박인로 작품에서 같은 의미로 사용하였다.

天雨爲祟ᄒ야 士卒이 疲困커늘
져근덧 解圍ᄒ야 士氣를[을] 쉬우더가
賊徒ㅣ 犇潰ᄒ니 못다잡아 말녓졔고
窟穴을 구어보니 구든덧도 ᄒ다마는
有敗灰燼ᄒ니 不在險을 알니로다
上帝聖德과 吾王沛澤이 遠近업시 미쳐시니
天誅猾賊ᄒ야 仁義를 돕논쏘다
海不揚波 이젠[젠]가 너기로라
無狀ᄒ 우리 물도 臣子되야 이셔더가
君恩을 못갑흘가 敢死心을 가져 이셔
七載를 奔走터가 太平 오늘 보완디고
投兵息戈ᄒ고 細柳營 도라들 제
太平籟 노픈 솔의예 鼓角이 섯겨시니
水宮 깁흔 곳의 魚龍이 다 우는 듯
龍旗 偃蹇ᄒ야 西風에 빗겨시니
五色祥[樣]雲 一片이 半空에[애] 쩌러딘 듯
太平模樣이 더옥 ᄒ나 반가올사
揚弓擧矢ᄒ고 凱歌를 아뢰오니
爭唱歡聲이 碧空애 얼히ᄂ다
三尺霜刃을 興氣 계워 둘러메고
仰面長嘯ᄒ야 춤을 추려 이러셔니
天寶 龍光이 斗牛間의 소이ᄂ다
手之舞之 足之蹈之 절노절노 즐거오니
歌七德 舞七德을 그칠 줄 모ᄅ로다
人間 樂事【ㅣ】 이 곳ᄒ니 쏘 잇[인]ᄂ가
華山이 어디오 이 말을 보내고져
天山이 어디오 이 활을 노피 거쟈
이제야 해[ᄒ]올 일이 忠孝一事ᄲᆞᆫ이로다
營中에 일이 업셔 긴줌 드러 누어시니

뭇노라 이 날이 어니 젹고
義皇盛時를 다시 본가 너기로라
天無淫雨ᄒᆞ니 白日이 더욱 볼다
白日이 볼그니 萬方애 비최ᄂᆞ[노]다
處處溝壑에[애] 흐터 잇던 老羸드리
東風新鷰가치 舊巢을 ᄎᆞ자 오니
首邱初心에 뉘 아니 반겨ᄒᆞ리
爰居爰處에 즐겨[거]옴이 엇더ᄒᆞ[흔]뇨
孑遺生靈들아 聖恩인 줄 아ᄂᆞ손[슨]다
聖恩이 기픈 아리 五倫을 발켜스라
敎訓生聚【ㅣ】라 절로 아니 닐어가랴
天運循環을 아옵게다 ᄒᆞ[하]ᄂᆞ님아
佑我邦國ᄒᆞ샤 萬世無彊 눌리소셔
唐虞天地예 三代日月 비최[쵀]소셔
於萬斯年에 兵革을 그치소셔
耕田鑿井예[에] 擊壤歌을 불니소셔
우리도 聖主을 뫼옵고 同樂太平 ᄒᆞ오리라.

≪해(解)≫ 노계(蘆溪) 박인로(朴仁老, 1562-1641)가[44] 임진란(壬辰亂)이 끝나는 마지막 해 무술(戊戌)에 부산(釜山)에 있는 적병(敵兵)이 분궤(奔潰)하였다는 소식(消息)을 듣고 지은 노래다.[45] 노계문집(蘆溪文集)에는 이외에도 아래 실은 작품에 사제곡(莎堤曲), 누항사(陋巷詞), 선상탄(船上嘆),

---

44) 박인로(朴仁老, 1561~1642): 본관은 밀양, 자는 덕옹(德翁), 호는 노계(蘆溪)·무하옹(無何翁). 1592년 임진왜란 때 의병장 정세아(鄭世雅)의 막하에서 별시의(別侍衛)가 되어 무공을 세우고 수군절도사 성윤문(成允文)의 발탁으로 종군하였다. 이후 급제하여 조라포 수군만호를 지냈다. 영천의 도계향사(道溪鄕祠)에 제향되었다. 문집에 『노계집(蘆溪集)』이 있다.
45) "太平詞 戊戌季冬 釜山屯賊 乘夜奔潰 時公佐左兵使成允文幕 兵使聞卽率軍馳到 釜山 留十餘日後還到本營 明日 使之作此歌."

독락당(獨樂堂), 영남가(嶺南歌), 노계가(蘆溪歌) 등(等) 장편(長篇)이 많다.

제이십육(第二十六). 사제곡(莎堤曲)

어리고 拙한[흔] 몸애 榮寵이 已極ᄒ니
鞠躬盡瘁ᄒ야 죽어야 말녀 너겨
夙夜匪懈ᄒ야 밤을 닛고 思度ᄒ둘
관솔의 현 불로 日月明을 도올논가
尸位伴食을 몃 히나 지내연고
늘고 病이 드러 骸骨을[를] 빌리실시
漢水 東ᄶᅡᄒ로 訪水尋山ᄒ야
龍津江 디내 올나 莎堤 안 도라드니
第一江山이 임ᄌᆡ 업시 ᄇ려ᄂ다
平生夢想이 오라ᄒ야 그러턴지
水光山色이 녯 ᄂᆞᄎᆞᆯ[츨] 다시 본 듯
無情ᄒᆞᆫ 山水도 有情ᄒ야 보이ᄂ다
白沙汀畔의 落霞을 빗기 ᄶᅴ[쯰]고
三三五五히 섯기 노는 뎌 白鷗야
너ᄃ려 말 뭇쟈 놀니디 마라스라
이 名區勝地을 어디라 드러썬다
碧波ㅣ 洋洋ᄒ니 渭水伊川 아닌게오
層巒이 兀兀ᄒ니 富春箕山 아닌게오
林深路黑ᄒ니 晦翁雲谷 아닌게오
泉甘土肥ᄒ니 李愿盤谷 아닌게오
徘徊思憶ᄒ오ᄃᆡ 아모딘 줄 내 몰내라
崖芝汀蘭은 淸香이 郁郁ᄒ야 遠近에 이어 잇고
南澗東溪예 落花ㅣ ᄀ독 즘겨거늘

荊棘을 헤여드러 草屋數間 지어두고
鶴髮을 뫼시고 終孝를 ᄒ려 너겨
爰居爰處ᄒ니 此江山之 임재로다
三公不換此江山을 오늘ᄉ 아라고야
어즈러온 鷗鷺와 數업손[손] 麋鹿을
내 혼자 거ᄂ려 六畜을 삼아거든
갑업손 淸風明月은 절노 己物 되야시니
놈과 다른 富貴는 이 혼 몸애 ᄀ자ᄉ야
이 富貴 가지고 져 富貴 부를소냐
부를 줄 모ᄅ거든 사괼 줄 알니[리]넌가
紅塵도 머러가니 世事를[을] 듯볼소냐
花開葉落 아니면 어니 節을 알리런고
中隱庵[菴] 쇠붑소리 谷風의 섯거ᄂ라 梅窓[牕]의 이르거든
午睡를 ᄀ ᄭ야 病目을 여러 보니
밤비예 ᄀ 퓐 가지 暗香을 보내여 봄철[철]을 알외ᄂ다
春服을 쳐엄 입[닙]고 麗景이 더된 져긔
靑藜杖 빗기쥐고 童子 六七 불너내야
속닙 단[난] 잔쬐예 足容 重케 홋거러
淸江의 발을 싯고 風乎江畔ᄒ야 興을 타고 도라오니
舞雩詠而歸를 져그나 부롤소냐
春興이 이러커든 秋興이라 져글넌가
金風이 瑟瑟ᄒ야 庭畔애 지너 보ㅣ니[부니]
머괴입 지는 소리 먹은 귀를 놀리ᄂ다
正値秋風을 中心에 더욱 반겨
낙디을 둘너[러]메고 紅蓼을 헤혀도러
小艇을 글러노화 風帆浪楫으로 가는 디로 더뎌두니
流下前灘ᄒ야 淺水邊에 오도고야 夕陽이 거읜 젹의
江風이 짐즉 부터[러] 歸帆을 보내[니]는 듯
아닥[독]돈 前山도 忽後山의 보이ᄂ다

須臾羽化ᄒᆞ야 蓮葉舟에 올나는 듯
東坡赤壁【遊】ᆫ들 【이 내】 興에 엇지 더며
張翰江東去ᆫ들 오날[눌] 景에 미츌년가
居水에 이러커든 居山이라 偶然ᄒᆞ랴
山房의 秋【晩】커늘 幽懷를 둘 더 업서
雲光[귱]山 돌길희 막더 딥[집]고 쉬여올나
任意逍遙ᄒᆞ며 猿鶴을 벗을 삼아
喬松【을】 비기여 四隅로 돌아보나[도라보니]
天工이 工巧해[ᄒᆞ]야 묏빗츨 꿈이는가
흰 구롬 말근 니는 片片이 쩌여 나라
노푸락 나지락 峰峰谷谷이 面面에 버럿쩌든
서리친 신남기 봄꼿도곤 불커[블거]시니
錦繡屛風을 疊疊이 둘너는 듯
千態萬狀이 僭濫해[ᄒᆞ]야 보이나[ᄂᆞ]다
힘 세이 다토면 내 분에 올가마는
禁해[ᄒᆞ]리 업술시 나도 두고 즐기노라
하믈[ᄒᆞ믈]며 南山 ᄂᆞ린 긋희 五穀을 가초 심거
먹고 못 남아도 긋지나 아니해[ᄒᆞ]면
내 집의 내 밥이 그 맛시 엇더해[ᄒᆞ]뇨
採山釣水하[ᄒᆞ]니 水陸品도 잠깐 갓다
甘旨奉養을 足다사 할[ᄒᆞᆯ]가마는
烏鳥含情을 볩고야 말녓노라
私情이 이러해[ᄒᆞ]야 아직 믈러나와신들
岡極훈 聖恩을 어늬 刻애 이질넌고
犬馬微誠은 白首에야 더욱 깁다
時時로 머리드러 北辰을 배[ᄇᆞ]라보니
남[놈] 모ᄅᆞ난[ᄂᆞᆫ] 눈물이 두 사미예 다 젓ᄂᆞ다
이 눈물 보건된 참아 물너 갈[날]까마는
갓닥[득] 不才예 病 해[ᄒᆞ]나 디터가고

萱堂老親은 八旬이 거이[의]거든
湯藥을 그치며 定省을 뷔울넌가
이직야 어니 스에[예] 이 山밧긔 날오소냐
許由의 시슨 귀예 老萊子의 오술 입고
압뫼예 져[저] 솔이 풀은 쇠 되도록
함긔 뫼셔 늘그리라.

≪해(解)≫ 이도 박인로(朴仁老)가 용진강(龍津江) 동안(東岸) 사제(莎堤)에 한음(漢陰) 이덕형(李德馨)의 강정(江亭)을 찾아가서 지은 것이다.46) 노계가사(蘆溪歌辭)에서 뽑은 것이다.

제이십칠(第二十七). 누항사(陋巷詞)

어리고 迂闊홀산 이닉 우희 더니 업다
吉凶禍福을 하날긔 부쳐두고
陋巷 깁푼 곳의 草幕을 지어두고
風朝雨夕에 석은 딥히 섭[셥]히 되야
셔홉 밥 닷홉 粥에 煙氣도 하도 할샤
설데인 熟冷애 뷘비 쇽일 쓴이로다
生涯 이러해[ᄒ]다 丈夫 쯧을 옴길넌가
安貧一念을 젹을망정 품고 이셔
隨宜로 살려 ᄒ니 날로조차 齟齬ᄒ다
ᄀ올히 不足거든 봄이라 有餘ᄒ며
주머니 뷔엿거든 甁이[의]라 담겨시랴
貧困한[흔] 人生이 天地間의 나 쓴이랴[라]
飢寒이 切身ᄒ다 一丹心을 이질ᄂ가

---

46) "莎堤曲 莎堤 地名 在龍津江東距五里許 卽漢陰李相公江亭所在處也 公代相公作北曲."

奮義忘身ᄒ야 죽어야 말녀 너겨
于槖于囊의 줌줌이 모와 녀코
兵戈五載예 敢死心을 가져 이셔
履尸涉血ᄒ야 【몃】 百戰을 지니연고
一身이 餘暇 잇사 一家를 도라보랴
一奴長鬚는[는] 奴主分을 이젓거든
告余春及을 어니 사이 싱각ᄒ리
耕當問奴ㅣ들 울[눌]ᄃ려 울[물]롤논고
躬耕稼穡이 니 分인줄 알리로다
莘野耕叟와 壟上耕翁을 賤타 ᄒ리 업것마는
아므려 갈고젼들 어니 쇼로 갈로손고
旱旣太甚ᄒ야 時節이 다 느즌 제
西疇 놉흔 논애 잠싼 긴 널비예
道上無源水을 반만싼 디혀 두고
쇼 ᄒ 젹 됴[듀]마 ᄒ고 엄섬이 ᄒ는 말삼 親切호라 너진[긴] 집의
달업슨 黃昏의 허위허위 다라가셔
구디 다돈 門밧긔 어득히 혼자 셔셔
큰 기촘 아함이를 良久토록 ᄒ온 後에
어화 긔 뉘신고 廉恥업산 너옵노라
初更도 거윈 디 긔 엇지 와겨신고
年年에 이러ᄒ기 苟且ᄒ 줄 알건매[만]는
소[쇼]업손 窮家에[애] 혜염 만하 왓삽노라
공ᄒ니나 갑시나 주염즉도 ᄒ다마는
다만 어제밤의 거넌[넨] 집 져 사람이
목 불근 수기 雉을 玉脂泣게 쑤어닉고
간이근 三亥酒을 醉토록 勸ᄒ거든
이러한 恩惠을 어이 아니 갑흘넌고
來日로 주마ᄒ고 큰 言約 하야거든
失約이 未便ᄒ니 사셜이 어려왜라

實爲 그러호면 혈마 어이할고
헌 먼덕 수기스고 측업슨 집신에 설피설피 물너오니
風采 저근 形容애 기즈칠 섇이로다
蝸室에 드러간돌 잠이 와사 누어시랴
北牕을 비겨 안자 시비롤 기다리니
無情한 戴勝은 이닉 恨을 도우ᄂ다
終朝惆悵ᄒ며 먼들흘 바재[라]보니
즐기ᄂ 農歌도 興업서 들리ᄂ[ᄂ]다
世情모롤[론] 한숨은 그칠줄을 모ᄅᄂ다
아ᄉᆞ온 져 소뷔ᄂ 볏보님도 됴흘셰고
가시엉긴[권] 묵은 밧도 容易케 갈련마ᄂ
虛堂半壁에 슬듸업시 결[걸]려고야
春耕도 거의【거】 다 후리쳐 더뎌두쟈
江湖 ᄒᆞᆫ 꿈을 ᄭᅮ언지도 오ᄅᆞ러니
口腹이 爲累ᄒᆞ야 어지버 이져써다
瞻彼淇澳혼ᄃ 綠竹도 하도할샤
有斐君子들아 낙ᄃ ᄒ나 빌려스라
蘆花 깁픈 곳애 明月淸風 벗이 되야
님지 업손 風月江山애 절로절로 늘그리라
無心훈 白鷗야 오라 ᄒ여[며] 말라 ᄒ랴
다토리 업슬손 다문인가 너기로라
無狀흔 이 몸애 무손 志趣 이스리마ᄂ
두세 이렁 밧논을[를] 다 무겨 더뎌두고
이시면 粥이오 업시면 굴믈[물]망졍
남의 집 남의 거슨 전혀 부러 말렷노라
닉 貧賤 슬히 너겨 손을 헤다 물너가며
남의 富貴 불리 너겨 손을 치다 나아오랴
人間 어닉 일이 命밧긔 삼겨시리
貧而無怨을 어렵다 ᄒ건마ᄂ

니 生涯 이러호디 설온 뜻은 업노왜라
　　簞食瓢飮을 이도 足히 너기로라
　　平生 혼 뜻이 溫飽애논 업노왜라
　　太平天下에[애] 忠孝를 일을 삼아
　　和兄弟 信朋友 외다 후리 뉘 이시리
　　그 밧긔 남은 일이야 삼긴디로 살렷노라.

≪해(解)≫ 박인로(朴仁老)가 한음상공(漢陰相公) 이덕형(李德馨)이 산거궁고지상(山居窮苦之狀)47)을 물음으로 시(詩)로 술회(述懷)한 것이다.48)

제이십팔(第二十八). 선상탄(船上嘆)

　　늘고 病든 몸을 舟師로 보니실시
　　乙巳 三夏애 鎭東營 ᄂ려오니
　　關防重地예 病이 깁다 안자실랴
　　一丈劍[釼] 비기 츠고 兵船에 구테 올나
　　勵氣瞋目ᄒ야 對馬島을 구어보니
　　ᄇ람조친 黃雲은 遠近에 ᄢ[사]혀 잇고
　　아득혼 滄波논 긴 하눌과 혼 빗칠쇠
　　船上에 徘徊ᄒ며 古今을 思憶ᄒ고
　　어리 미친 懷抱애 軒轅氏를 애ᄃ노라
　　大洋이 茫茫ᄒ야 天地예 둘려시니
　　진실로 빅 아니면 風波萬里 밧긔 어니 四夷 엿볼넌고
　　무슴[슴] 일 ᄒ려ᄒ야 빅 뭇기를 비릇[롯]ᄒ고
　　萬世千秋에 ᄀ업순[슨] 큰 弊 되야

---

47) "산 살림의 어려운 형편."
48) "公從遊漢陰相公 相公問公山居窮苦之狀 公乃述己懷作此曲."

普天之下애 萬民怨 길우느다
어즈버 씨드라니 秦始皇의 타시로다
비 비록 잇다 ᄒᆞ나 倭를 아니 삼기던들
日本 對馬島로 변 비 졀도[로] 나올넌가
뉘 말을 미더 듯고 童男童女를 그디도록 드려다가
海中 모든 셤에 難當賊을 기쳐 두고
痛憤혼 羞辱이 華夏애 다 밋ᄂᆞ[나]다
長生不死藥을 얼미나 어더니여
萬里長城 놉히 사고 몃 萬年을 사도썬고
놈디로 죽어가니 有益할[혼] 줄 모ᄅᆞ로다
어즈버 싱각ᄒᆞ니 徐市 等이 已甚하[ᄒᆞ]다
人臣이 되야셔 亡命도 ᄒᆞ는것가
神仙을 못보거든 수이나 도라오면
舟師 이 시럼은 젼[견]혀 업게 삼길럿다
두어라 旣往不咎라 일너무엇 ᄒᆞ로소니
쇽졀업슨[슨] 是非를 후리쳐 더뎌 두쟈
潛思覺悟ᄒᆞ니 내 쯧도 固執고야
黃帝 作舟車는 왼 줄도 모ᄅᆞ로다
張翰 江東애 秋風을 만나신들
扁舟 곳 아니 라[타]면 天淸海闊ᄒᆞ다 어늬 興이 졀로 나며
三公도 아니 밧골 第一江山애
浮萍ᄀᆞ혼 漁夫[父]生涯을 一葉舟 아니[니]면 어디 부쳐 돈힐는고
일언 닐 보건딘 비삼긴 制度야 至妙한[혼] 덧 ᄒᆞ다마는
엇디혼 우리 물은 ᄂᆞ는 둣혼 板屋船을 晝夜의 빗기 트고
臨風詠月호디 興이 젼혀 업는[는] 게오
昔日 舟中에는 杯盤이 狼藉터니
今日 舟中에는 大劍[釖]長鎗 쑨이로다
혼가지 비언마는 가진 빈 다라니
其間憂樂이 서로 ᄀᆞ지 못 ᄒᆞ도다

時時로 멀이 드러 北辰을 ᄇ라보며
傷時老淚를[롤] 天一方의 디이ᄂ다
吾東方 文物이 漢唐宋애 디랴마ᄂ
國運이 不幸ᄒ야 海醜兇謀애 萬古羞을 안고 이셔
百分에 ᄒᆞ 가지도 못시셔 ᄇ려거든
이 몸이 無狀ᄒᆞ둘 臣子ㅣ 되야 이셧[셔]다가
窮巷[達]이 길이 달라 몬 뫼옵고 늘거신둘
憂國丹心이야 어닉 刻애 이즐넌고
慷慨계운 壯氣ᄂ 老當益壯 ᄒ다마ᄂ
됴고마ᄂ 이 몸이 病中에 드러시니
雪憤伸冤이 어려올 둧 ᄒ건마ᄂ
그러나 死諸葛도 生仲達을 멀리 좃고
발엽시[슨] 孫臏도 龐涓을 잡아거든
하믈[ᄒ물]며 이 몸은 手足이 ᄀ자잇고 命脈[脉]이 이어시니
鼠竊狗偸을 저그나 저흘소냐
飛船에 둘려드러 先鋒을 거치면
九十月 霜風에 落葉가치 헤치리라
七縱七擒을 우린둘 못홀 것가
蠢彼島夷들아 수이 心[乞]降하[ᄒ]야ᄉ[스]라
降者不殺이니 너를 그[구]틱 殲滅하[ᄒ]랴
吾王聖德이 欲幷生 ᄒ시니라
太平天下에[애] 堯舜君民 되야이셔
日月光華ᄂ 朝復朝 ᄒ얏거든
戰船 ᄐ던 우리 몸도 漁舟에 笛[唱]晩하[ᄒ]고
秋月春風에 놉히 메[베]고 누어 이셔
聖代 海不揚波를 다시 보려 ᄒ노라.

≪해(解)≫ 박인로(朴仁老)가 임진란(壬辰亂)에 주사(舟師)를 통솔(統率)하고 부산(釜山)에 부방(赴防)할 적에 선상(船上)에서 지은 노래다.[49]

제이십구(第二十九). 독락당(獨樂堂)

紫玉山 名勝地예 獨樂堂이 蕭灑홈을 들런 디 오래로더
이 몸이 武夫로서 海邊事ㅣ 孔棘거놀
一片丹心에 奮義를 못내ᄒᆞ야
金槍[鎗]鐵馬로 餘暇 업시 奔走터가
中心景仰이 白首에 더옥 깁허
竹杖 芒鞋로 오날사 츠[츳]자오니
峯[峰]巒은 秀麗ᄒᆞ야 武夷山이 되여 잇고
流水ᄂᆞᆫ 盤回ᄒᆞ야 後伊川이 되엿ᄂᆞ다
이러ᄒᆞᆫ 名區에 임지 어이 업도썬고
一千年 新羅와 五百載 高麗에
賢人 君子들이 만히도 지닌마는
天慳地祕ᄒᆞ야 我先生끠[셔] 기치도다
物各 有主【ㅣ】어든 ᄃᆞ토리 이실소냐
靑蘿를 혜혀 드러 獨樂堂을 여러니니
幽閑 景致ᄂᆞᆫ 겨[견]홀 디 뇌야 업니
千竿 脩竹은 碧溪조차 둘너 잇고
萬卷 書冊은 四壁의 사혀시니
顔曾이 在左ᄒᆞ고 游夏ᄂᆞᆫ 在右ᄒᆞᆫ 듯
尙友 千古ᄒᆞ며 吟咏[詠]을 일을 삼아
閑[閒]中 靜裏예 潛思 自得ᄒᆞ야 혼자 즐겨 ᄒᆞ시덧다
獨樂 이 일홈 稱情ᄒᆞᆫ 줄 긔 뉘 알리
司馬溫公 獨樂園이 아무리[려] 조타ᄒᆞᆫ들
其間 眞樂이야 이 獨樂애 더로손가
尋眞을 못니 ᄒᆞ야 養眞菴의 노라 드러
臨風 靜看ᄒᆞ니 니 ᄯᅳᆺ도 瑩然ᄒᆞ다

---

49) "船上歎 時 國家尙憂南陲 選公統舟師 赴防釜山 公臨船作此曲."

退溪先生 手筆이 眞得인 줄 알리로다
觀魚臺 ᄂ려오니 실온 던[딋]흔 盤石의 杖屨痕이 보이ᄂ 닷
手栽 長松은 녯 빗츨 씌여시니
依然 物色이 긔 더욱[옥] 반가올샤
神淸 氣爽ᄒ야 芝蘭室에 든 덧ᄒ다
多少 古跡을 보며 문득 싱각ᄒ니
層岩[巖] 絶壁은 雲母屛이 졀로 되야
龍眠妙手로 그린 덧시 버러잇고
百尺 澄潭애 天光 雲影이 얼희여 ᄌᆷ겨시니
光風 霽月이 부ᄂ 듯 ᄇ시ᄂ 듯
鳶飛 魚躍을 말업ᄉ[슨] 벗을 삼아
沉潛 翫索ᄒ야 聖賢事業 ᄒ시덧다
淸溪를 빗겨[기] 건너 釣磯도 宛然ᄒᆞᆯ샤
문노라 白鷗구들아 녜 닐을 아ᄂ산다
嚴子陵이 어ᄂ 히예 漢室로 가단말고
苔深 磯上애 暮煙만 ᄌᆷ[즘]겨셔라
春服을 시로 입고 詠歸臺에 올라오니
麗興[景]은 古今업서 淸興이 졀로 하니
風乎詠而歸를 오ᄂᆞᆯ 다시 본 ᄃᆞᆺᄒ다
臺下 蓮塘의 細雨 잠[삼]신 지니가니
碧玉ᄀ호[흔] 너분 닙혜 흐치ᄂ니 明珠로다
이러ᄒᆞᆫ 淸景을 보암즉도 ᄒ다마ᄂᆞᆫ
濂溪 가신 後에 몃몃 히를 디년 게오
依舊 淸香이 다만 혼자 남아고야
紫煙[烟]이 빗긴 아래 瀑布를 멀리 보니
丹崖 노픈[푼] 긋희 긴 니히 걸려ᄂᆞᆫ 듯
香爐峯[峰] 긔 어듸오 廬山이 예둣[룻]던가
澄心臺 구어 보니 酈ᄎ[ᄎᆞ]텃 胸襟이 새로온 듯 ᄒ다마ᄂᆞᆫ
寂莫 空臺예 외로이 안자시니

風淸 鏡面의 山影만 잠겨 잇고
綠樹 陰中에 왼갓 시 슬피 운다
徘徊 思憶ᄒᆞ며 眞跡을 다 차즈니
濯纓臺 淵泉은 古今업시 말다마는
末路 紅塵에 사룸마다 紛競커든
이리 조흔 淸潭애 濯纓홀 줄 긔 뉘 알리
獅子岩[巖] 노피 올라 道德山을 바라보니
玉蘊 含輝는 어제본[론] 덧 ᄒᆞ다마는
鳳去 山空ᄒᆞ니 杜鵑만 나죄 운다
桃花洞 ᄂᆞ린 물리 不舍 晝夜ᄒᆞ야 落花조차 흘리[러] 오니
天台ㄴ가 武陵인가 이 짜히 어듼 게오
仙蹤이 아득ᄒᆞ니 아모던 줄 모르로다
仁者도 아닌 몸이 므슴[슴] 理를 알리마는
樂山 忘歸ᄒᆞ야 奇岩[巖]을 다시 비겨
川原 遠近에 景致를 살피[펴] 보니
萬紫 千紅은 비단빗치 되여잇고
衆卉 群芳은 谷風에 눌려 오고
山寺 鍾聲은 구롬 밧긔 들리ᄂᆞ다
{이러ᄒᆞ 形勝 구롬 밧긔 들리ᄂᆞ다}
이러ᄒᆞ 形勝을 范希文의 文筆인들 다 서너기 쉬울넌가
滿眼 風景이 客興을 도오ᄂᆞᆫ 듯
任意 逍遙ᄒᆞ며 짐즉 더듸 도라오니
擧目 西岑의 夕陽이 거의로다
獨樂臺[堂] 고쳐 올나 左右를 살펴보니
先生 風彩을 親히 만나 뵈옵[입]는 듯
羹墻의 儼然ᄒᆞ야 俯仰 歎息ᄒᆞ며
當時 ᄒᆞ시던 닐 다시곰 思想ᄒᆞ니
明牕 靜几예 世慮을 이즈시고
聖賢書의 着意ᄒᆞ야 功效를 일워 니며[여]

繼往 開來ᄒ야 吾道를 발키시니
吾東方 樂只君子논 다믄 인가 너기로라
ᄒ믈며 孝悌를 本을 삼고 忠誠을 볌혀[허] 니여
聖朝의 나아 들러 稷契의 몸이 되야
唐虞 盛時를 일월가 바라ᄂ니[더가]
【時運이 不幸ᄒ야 忠賢을 遠斥ᄒ니 듯ᄂ니 보ᄂ니】
深山 窮谷앤들 뉘 아니 悲感ᄒ리
七年 長沙이 不見 天日ᄒ고
閉門 深省ᄒ야[셔] 道德만 닷그시니
邪不勝正이라 公論이 졀로 이러
尊崇 道德을 사람마다 홀 줄아라
江界논 謫所로되 遺化를 못니 이져
窮巷 絶域의 祠宇좃차 서워시니
士林 趣仰이야 더욱[옥] 닐러 무엇ᄒ리
紫玉 泉石우희 書院을 디워[어] 두고
濟濟 靑襟이 絃誦聲을 이어서[시니]
濂洛 群賢이 이짜희 뫼왓논 듯[닷]
求仁堂 도라 올라 體仁廟도 嚴肅홀샤
千秋 血食이 偶然 아닌 일이로다
追崇 尊敬을 돌[홀]소록 못니 ᄒ야
文廟 從享이 긔 더욱[옥] 盛事로다
吾東方 文憲이 漢唐宋애 비긔로쇠
紫陽 雲谷도 어즈버 여긔로다
洗心臺 ᄂ린 물애[에] 德澤이 이어 흘러
龍湫 갓[감]흔 곳에 神物조차 줍겨시니
天工 造化ㅣ 긔 더옥 奇異코야
無邊一××[眞景]을 다 춧기 어려올식
樂而忘返ᄒ야 旬月을 淹留ᄒ며
固陋ᄒ 이 몸애 誠敬을 넙이 ᄒ야

先生 文集을 仔細히 살펴 보니
千言 萬語 다 聖賢의 말삼이라
道脈[脉] 工程이 日月갓치 볼가시니
어드운 밤길희 明燭 잡고 옌 덧ᄒ다
진실로 이 遺訓을 腔子裏예 가득 담아
誠意 正心ᄒ야 修誠을 넙게 ᄒ면
言忠 行篤ᄒ야 사름[몸]마다 어질로다
先生 遺化 至極홈이 엇더ᄒ뇨
嗟哉 後生들아 趣仰을 더욱[옥] 놉혀
萬世 千秋에 山斗갓치 바리사라
天高 地厚도 有時盡ᄒ려니와
獨樂堂 淸田[風]은 가엽[업]실[심]가 ᄒ노라

≪해(解)≫ 박인로(朴仁老)가 회재(晦齋) 이언적(李彦迪)50) 선생(先生)의 구거(舊居)이든 경주(慶州) 옥산(玉山) 독락당(獨樂堂)을 찾아서 지은 노래다.

제삼십(第三十). 영남가(嶺南歌)

嶺南 千里外에[예] 壬辰變後 나믄 百姓
賊路 初頭에 어닉 世業 가질년[년]고
遺墟蕪沒ᄒ듸 草屋數間 디여[어] 두고
陳荒 薄田을 가다 얼미 갈리런고
ᄌ독 多事ᄒ듸 賦役이나 적을넌가

---

50) 이언적(李彦迪, 1491~1553): 본관은 여주, 호는 회재(晦齋)·자계옹(紫溪翁), 자는 복고(復古), 시호는 문원(文元)이다. 1514년 문과에 급제하여 사간원 사간, 직제학, 의금부 판사 등을 하였다. 명종의 묘정(廟庭)에 배향되었고, 1573년에는 경주의 옥산서원에 제향되었으며, 1610년 문묘에 종사되었다. 문집인 『회재집』이 있다.

朝夕도 못내 이어 飢寒애 늘거신들
戀主 丹心이야 어닉 刻애 이즐넌고
白日갓흔 聖明이 萬里 밧글 다 보시니
深仁至德으로 惻怛흔 뜻을 두샤
巡相閣下를 特別이 보내시니
嶺南 殘民이 再生秋 아닌온가
白玉ㄹ치 몰그시고 河海ㄹ치 깁흔 뜻에
明德 新民을 一身에 일을 삼아
九經 八目을 誠敬中에 부쳐 두고 稷契 皐陶 몸이 되야
致君 堯舜을 뵈옵고야 말랴 너겨
承流 宣化ᄒ야 養民훌 뜻을 두샤
七十州 一家 삼아 父母心을 가지시고
어미 일흔 모든 赤子 如保恩을 닙히시니
大旱애 百穀이 時雨를 만나는 닷
涸轍枯魚ㅣ 깁푼 소애 잠겨는 닷
千千 萬萬家애 德化 골오 미쳐시니
不世情東風이 흔 빗츠로 브[부]는덧다
相國 恩波는 견흘[홀] 딕 뇌야업닉
農桑을 勸ᄒ시며 軍政도 다그시니
男耕 女織에 萬民이 安業ᄒ고
弓矢 斯張ᄒ야 武備도 ᄀ잣ᄂ다
ᄒ믈며 氷玉 精神에 霽月 胸襟 품으시고
盡心 圖[國]事ᄒ야 忠誠을 다ᄒ시며
學校 明倫을 政事中에 大本 삼아
斯文 一事을 己任을 삼으시니
吾道 幸甚이 時運이 아니온가
政治 이러커니 뉘 아니 感激ᄒ리
列邑守令이 相國의 法을 밧아
愛民 一心이 遠近업시 다 ᄀ치니

엊그[거]제 石壕村이 武陵桃源 되엿는가
竹院松牕애 絃誦聲을 이어거놀
綠楊 亭畔애 擊壤歌를[을] 무[불]러느니
無懷氏적 사람인가 葛天氏쩍 百姓인가
唐虞 盛時을 오날[놀] 다시 본 듯ᄒ다
許多 好訟輩는 어드러도[로] 다 간게오
獄訟이 止息ᄒ니 囹圄 空虛ᄒ단 말가
民心이 感化해[ᄒ]야 결로[노]결로[노] 그러토다
必也使無訟을 千載下애 보아고야
公庭이 無事ᄒ니 村落도 일이 업다
多少 行人은 男女分明 異路ᄒ고
西疇處處에 耕者讓畔 ᄒ는과[괴]야
뭇노라 布穀아 이 쓰히 어디오
어즈버 이 몸이 周界예 드러온 듯
相國風化 아미도 그지 업닉
召公의 德化 늣겨 寇君一年 빌고제라
嶺南 士民들아 이 내 말삼 仔細 듯소
相國 恩德을 못 니즐 ᄒ 닐 ᄒ시
齊紈을[를] 만히 사고 眞彩를 가초 어더
相國 風度를 司馬溫公 畵像갓치 無限 無限 그려닉야
嶺南 千萬家애 壁上의 부쳐[져]두고
中心에 그리온 적이어든 보읍고쟈 ᄒ노라.

≪해(解)≫ 박인로(朴仁老)의 작(作). 을해(乙亥)에 상국(相國) 이근원(李謹元)이51) 경상감사(慶尙監司)로 와서 선정(善政)이 있어 백성(百姓)이 은(恩)을 느껴 유임(留任)을 원(願)하니 공(公)이 이로 찬미(讚美)한 것이다.52)

---

51) 김문기에 의하면 이근원을 이명(李溟, 1570~1648)으로 추정하고 있다. 이명: 본관은 전주(全州), 자는 자연(子淵), 호는 구촌(龜村)이다. 1606년 문과에 급제하여 경상도 관찰사, 호조판서 등을 지냈다. 문집에 『구촌유고』가 있다.

제삽십일(第三十一). 노계가(蘆溪歌)

白首에 訪水尋山 太晚훈줄 알것[건]마논
平生 素地를 뷉고야 말랴 너겨
赤鼠 三春에 春服을 새로 닙고
竹杖 芒鞋로 蘆溪 깁흔 골이 힝혀 마참 차즈오니
第一 江山이 님지 업시 브려느다
古往 今來예 幽人 處士들이 만히도 잇것마는
天慳 地秘ᄒ야 ᄂ를주랴 남겨쩟다
躊躇 良久타가 夕陽이 거윈적의
陟彼 高岡ᄒ야 四偶로 도라보니
玄武 朱雀과 左右 龍虎도 그린 듯시 ᄀ잣고야
山脈[脉] 밋친 아리 藏風 向陽ᄒ디
靑蘿를[롤] 혀리[허혀] 드러 數椽 蝸室을
背山 臨流ᄒ야 五柳邊에 디여[어]두고
斷岸 千尺이 거[가]던 龍이 머무는둧
江頭에 둘겻[럿]거룰[늘] 草草亭 ᄒ두 間을
구름씐 긴솔 아리 바휘 디켜 여러 니니
千態 萬狀이 아마도 奇異코야
峰巒은 秀麗ᄒ야 富春山이 되야잇고
流水는 盤回ᄒ야 七星[里]灘이 되야거든
十里 明沙는[눈] 三月눈이 되엿느다
이 湖山 形勝은 견솔[졸]디 뇌야 업닉
巢許도 아닌 몸애 어ᄂ 節義 알리마는
偶然 時來예 이 名區 임지되여
靑山 流水와 明月 淸風도 말업시 졀로졀로

---

52) "嶺南歌 乙亥 李相國謹元按節嶺南 布德宣化 視一道如一家 當遞 民皆感恩而願留 故公作歌以讚美之."

어즈러온 鷗鷺와 數 업슨 【麋】鹿도 갑업시 절로절로
沮溺 가던 묵은 밧과 嚴子陵의 【釣】臺도 갑업시 절로절로
山中 百物이 다 졀[절]로 己物되니
子陵이 둘이요[오] 沮溺이 서히로다
어즈버 이몸이 아마도 怪異코야
入山 當年에 隱君子 되얏는가
千古 芳名을 이 혼몸애 傳토고야
人間의 이일홈이 人力으로 일월소냐
山川이 靈異ᄒ야 도아닌가 너기로라
中心이 瑩然ᄒ야 世慮 절로 그처디니
光風 霽月이 腔子裏예 품엇는듯
浩然 眞趣 날로 새롭 ᄒ노왜라
飛禽 走獸는 六畜이 되얏거늘
달 알이 괴기 낙고 구룸 속의 밧훌[흘]가라
먹고 긋[못]나마도 그칠 적은 업노왜라
無盡한[훈] 江山과 許多한[훈] 閑田은 分給子孫 ᄒ려이와
明月 淸風은 논ᄒ듀기 어려올시
才與 不才예 養志ᄒ는 아둘ᄒ아
太白淵明 證筆에 永永別給 ᄒ럿로라
내의 이 말이 迂闊혼듯 ᄒ것마는
爲子孫計는 다만인가 너기로라
쏘 어린 이 몸은 仁者도 아니오 智者도 아니로디
山水애[에] 癖이이러 늘글스[스록] 더욱ᄒ니
저[져] 貴혼 三公과 이 江山을 밧골소냐
어리 미친 이 말을 우으리도 하렷마는
아므리 우어도 나는 됴히 너기노라
ᄒ믈며 明時예 브린 몸이 ᄒ올 닐이 아조 업서
世間 名利란 ᄯᆫ구롬 본 덧ᄒ고
無思 無慮ᄒ야 物外心만 품고 이셔

이 닉 生涯을 山水間의 부텨두고
春日이 채긴제 낙디를 비기쥐고
葛巾 布衣로 釣臺예 건너오니
山雨는 잠싼 개고 太[六]陽이 쐬오는디
물근 바람 더디 오니 鏡面이 더욱[옥]발다
깁흔 돌이 다 보이니 괴기 數를 알리로다
괴기도 나치이거 놀닐줄 모르거든 차마 엇디 낙글넌고
罷釣 徘徊ᄒ며 波心을 구어보니
雲影 天光은 얼희여 줌[즘]겨는디
魚躍 于淵을 구롭우희 보아고야
하 문득 驚怪ᄒ야 俯察 仰觀ᄒ니 上下天이 宛然ᄒ다
一陣 東風에 긔엇진 漁笛이 놉히 부러 보니던고
江天이 寥寂ᄒ디 반가와도 들리ᄂ다
臨風 倚杖ᄒ야 左右로 도라보니
臺中 淸景이 아마도 蕭灑코야
물도 하늘갓고 하늘도 물갓ᄒ니
碧水 長天은 ᄒ빗티 되얏거든
물가애 白鷗는[ᄂ] 오는 닷 가는 닷 굿칠 줄을 모르ᄂ다
巖畔 山花는[ᄂ] 錦繡屛이 되야잇고
澗邊 垂楊은 草綠帳이 되야거든
良辰 佳景을 내 혼자 거느리고
正値 花時를 虛度치 말[밀]냐 너겨 아희 불너 하는 말슴
이 深山 窮谷애 海錯이야 보로소냐
살진 고사리 春氣ᄒ 當歸草를 猪脯鹿脯 相間ᄒ야
크나큰 細柳笥애 洽足히 다마두고
鮒魚膾 初味예 訥魚生雉 서거구어 빗빗치 드리거든
瓦樽에 白酒를 박잔의 가득부어
ᄒ 잔 쏘 ᄒ 잔 醉토록 먹은 後에
桃花는[ᄂ] 紅雨되야 醉面에 쑬리는디

苔磯 너븐 놀[돌]에[애] 놉히 베고 누어시니
無懷氏적 사롭인가 葛天氏예[씨] 百姓인가
羲皇 盛時를 다시 본가 너기로다
이 힘이 뉘 힘고 聖恩이 아니신가
江湖애 물너신들 憂君 一念이야 어닉 刻애 이즐눈고
時時로 머리 드러 北辰을 브라보고
눕 몰[모ㄹ]는 눈물은[을] 天一方의 디이ᄂ다
一生애 품은 ᄯᅳᆮ을 비옵ᄂ다 하ᄂ님아
山平 海渴토록 우리 聖主 萬歲소셔
熙皞 世界예 三代日月 빗최소셔
於千萬年에 兵革을 쉬우소셔
耕田 鑿井에 擊壤歌를 불리소셔
이 몸은 이 江山風月에 늘글 주를 모ᄅ로다.

≪해(解)≫ 박인로(朴仁老)의 술회작(述懷作)이다.

제삼십이(第三十二). 회심곡(回心曲)

天地二儀 분ᄒᆞᆫ 후에 森羅萬象 니러나니
有情無情 삼긴 얼골 天眞面目 絶妙ᄒᆞ디
凡夫 곳처 聖人됨은 오직 사롬 最貴ᄒᆞ다
堯舜禹湯 文武周公 三綱五常 八條目을
太平世예 莊嚴ᄒᆞ니 東西南北 간 ᄃᆡ마다
兄弟ᄀᆞ티 和合ᄒᆞ야 天下太平 加減업서
安養國이 거의러니 어와 惶恐ᄒᆞ다
우리 人心 惶恐ᄒᆞ다 太古天地 ᄂᆞ려오고
堯舜日月 볼가시ᄃᆡ 야속홀쎡 末世風俗

忠孝信行 다 브리고 愛欲網에 깁히 들어
兄弟鬪諍 만히ᄒᆞ니 可憐ᄒᆞ다 白髮父母 依賴업서
門外예 바자니며 흘니ᄂᆞ니 눈물이라
骨肉相殘 져리ᄒᆞ니 寸外人을 議論ᄒᆞᆯ가
人心이 太變ᄒᆞ니 天心이 發怒ᄒᆞ샤
旱災風災 凶年드러 千門萬戶 飢困ᄒᆞ니
壟上川邊 나무짱에 여게져게 飢死ᄒᆞ니
다만 弔客 가마귈세 尤天災厄 져러ᄒᆞ니
不順人도 살펴쇼셔 天高聽卑 ᄌᆞ조ᄢᅵ쳐
自己寸心 바로가져 一邊으로 念佛ᄒᆞ고
一邊으로 忠孝ᄒᆞ소 九天이 感應ᄒᆞ면
堯舜太平 아니 볼가 佛法 어디 一定ᄒᆞ며
堯舜 어디 ᄭᅵ이실고 念佛ᄒᆞ면 佛法이오
忠孝ᄒᆞ면 堯舜이니 忠孝가져 立身ᄒᆞ고
念佛가져 極樂가세 阿彌陀佛 太子時예
念佛法門 고디 듯고 發願ᄒᆞ야 니ᄅᆞ샤디
내 몬져 念佛ᄒᆞ야 安養國의 가온 후에
貴賤男女老少 업시 나의 名號 외오니면
惡趣中 아니 가고 極樂으로 바로 갈 줄
四十八願 셰워시니 世網의 걸닌 사롭
佛國으로 引導ᄒᆞ니 悲感心을 닐오와다
즐겨 븟터 念佛ᄒᆞ소 今時 太平 後時 安養
萬古 福德 구ᄒᆞᆯ딘대 金口所說 無上法을
至誠으로 奉持하소 釋迦如來 出家時예
琉璃殿上 七寶宮에 黃盖靑盖 밧티시고
三千宮女 待衛ᄒᆞ니 天上人間 아모디도
져런 福德 업스오디 헌신ᄀᆞ티 브리시고
萬疊深山 혼자 들어 六年 苦行ᄒᆞ시다가
極樂으로 도라가니 世間 榮華 쩟쩟ᄒᆞ고

佛法 眞樂 업슬딘대 萬乘 王位 브리시고
雪山 苦行 져리홀가 出格 眞人 되올딘대
念佛 一聲 最貴ㅎ다 雪山 大師 本을 보아
出籠鶴이 어셔되소 世間 貪心 못 브리면
三惡道의 써러디고 物外事롤 좃ᄉ오면
安養界예 간다ㅎ니 즈조 즈조 念佛ㅎ야
佛國으로 어셔 가셔 父母孝心 바히 업고
念佛 ᄒᆞ 번 아니 ᄒᆞ며 無上 福德 브라오며
長壽코저 기드리니 동동ㅎ면 다 굿신다
안즌방이 엇디 갈고 信心 업시 되여나며
功德 업시 得홀 딘대 神光 禪師 쿨 버히며
善財 童子 블의 들가 즈려 죽는 酒色 의는
貴賤 업시 다 즐기고 眞樂受홀 念佛 의는
僧俗 男女 다 피ㅎ니 아모 斂知 念佛ㅎ면
人人마다 稱讚ㅎ고 아모 司果 검다ㅎ면
老少업시 외다ㅎ니 天堂가며 地獄간줄
사라실제 알니로쇠 父母前의 나아들어
合掌ㅎ고 솖ᄉ오디 人間白髮 압피피셔
西山落日 민망ㅎ니 十二時中 晝夜업시
彌陀聖號 외오소셔 懇請ㅎ는 그 孝子와
信聽ㅎ는 더 父母는 비록 末世人이라도
觀音後身이 아닌가 釋迦如來 아니나고
菩提達摩 못와신제 아바 어마 昭昭ㅎ고
ᄎᆞ다 덥다 歷歷ㅎ디 愛慾이 밤이 되야
衣內珠를 바히 몰나 업은 아기 못 어드며
가딘 点心 비 골는다 般若慧釰 ᄲᅡ여내여
無明荒草 버혀내고 阿彌陀佛 외오다가
自己 彌陀 親見ㅎ면 一步도 옴잔 안셔
極樂國의 니르리니 부는 브람 堯風이오

붉근 光明 舜日이라 蓮花臺예 올나 안자
趙州茶롤 부어먹고 白牛車의 멍에 메워
綠楊川邊 芳草岸의 任意로 노닐며셔
太平歌를 부르세라.

≪해(解)≫ 해인사(海印寺) 승(僧) 유기(有璣)의 간행(刊行)한 신편보권문(新編普勸文)의 부록(附錄)에 의(依)한 것인데 청허존자(淸虛尊者), 즉(卽) 서산대사(西山大師) 휴정(休靜)의 작(作)이라고 하였다. 회심곡(回心曲)은 방간(坊間)에 전하는 자(者), 사종(四種) 이상(以上)이 있어 모다 출입(出入)이 있으나 이는 하도 틀리기로[53] 여기 실었다. 다음에 별회심곡(別回心曲)의 일종(一種)을 또 실어 둔다.

제삼십삼(第三十三). 별회심곡(別悔心曲)

世上天地 萬物 中에 사람밧게 쏘 잇는가
여보시요 施主님네 이 내 말솜 들어보소
이 世上에 나온 사롬 뉘 德으로 나왓는가
釋迦如來 功德으로 阿父님 前 쎠를 빌고
於母님 前 살을 빌고 七星님 前 命을 빌며
帝釋님 前 福을 빌어 이 내 一身 誕生ᄒ니
한두 살에 철을 몰나 父母恩德 알을손가
二三十을 當ᄒ여도 어이 업고 이달고나
父母恩功 못다 갑아 無情歲月如流ᄒ야
怨讎白髮 돌아오니 切痛ᄒ고 이달도다
人間七十 古來稀라 업든 妄佞 졀노 난다

---

53) 다르기로.

망녕이라 흉을 보고 구셕구셕 웃는 모양
익달고도 셜은지고 切痛ᄒ고 痛憤ᄒ다
할 수 업다 할 수 업다 紅顔白髮 늙어간다
人間에 公道를 뉘가 能히 막을손가
春草는 年年綠이나 王孫은 歸不歸라
우리 人生 늙어지면 다시 졂지 못ᄒ리라
人間 百年 다 ᄉ라야 病든 날과 잠든 날과
걱졍 근심 다 除하면 單 四十을 못살 人生
어졔 오날 盛튼 몸이 져녁 나주 病이 들어
纖纖하고 弱한 몸에 泰山 갓튼 病이 드니
부르ᄂ니 어마니요 찻ᄂ니 冷水로다
人蔘 鹿茸 藥을 쓰니 藥效驗이 잇슬손가
판수 불너 說經ᄒ든 經의 德을 닙을손가
巫女 불너 굿을 ᄒ든 굿 德인들 닙을손가
齋米쌀 쓸코 쓸어 名山大川 ᄎᄌ가셔
上湯에 미를 짓고 中湯에 沐浴ᄒ고
下湯에 手足 씻고 燭臺 한 雙 버려 놋코
香爐 香盒 블 갓초고 燒紙 한 댱 든 然後에
비ᄂ이다 비ᄂ이다 하ᄂ님 前 비ᄂ이다
七星님前 發願ᄒ고 부텨님 前 供養ᄒ든
어닉 부텨 알음잇어 感應이나 할가 보냐
第一殿에 진관大王 第二殿에 초관大王
第三殿에 숑계大王 第四殿에 오관大王
第五殿에 閻羅大王 第六殿에 변셩大王
第七殿에 튼산大王 第八殿에 평등大王
第九殿에 도시大王 第十殿에
보도 轉輪大王 열시王 前 부린 使者
열시왕의 命을 밧아 日直使者 月稙使者
한 손에는 鐵棒 들고 또 ᄒᆫ 손에 鎗劍 들고

쇠사슬을 빗겨 츠고 활등갓치 굽은 길로
살디 살치 달녀와셔 다든 門을 박차면셔
雷霆ㄾ치 소리하야 姓名 三字 불너내여
어셔 가자 밧비 가즈 뉘 分付라 拒逆ㅎ리
뉘 命이라 遲延홀가 실낫 ㄾ흔 이 니 목숨
팔둑 ㄾ흔 쇠사슬노 結縛ㅎ야 ᄭ어내니
魂飛魄散 나 죽겟네 여보시요 使者님네
路資돈 개구 가셰 萬端開諭 哀乞흔들
어닌 使者 들을손가 이고 沓沓 셔른지고
이를 어이 ㅎ잔 말가 不祥ㅎ다 이 니 一身
人間下直 罔極ㅎ다 明沙十里 海棠花야
꼿 진다구 셔러 마라 明年 三月 봄이 오면
너는 다시 피련만은 우리 人生 혼번 가면
다시 오기 어려워라 北邙山 도라길 졔
엇지 갈고 深山險路 限定 업눈 길이로다
언제 다시 도라오랴 이 世上을 下直ㅎ니
不祥ㅎ고 可憐ㅎ다 妻子의 손을 잡고
萬端說話 다 못ㅎ여 精神 차려 살펴 보니
藥湯罐을 버려놋코 至誠救護 極盡한들
죽을 목숨 살을손가 옛 늙은이 말 드르니
져싱길이 멀다터니 오날 니게 當ㅎ여션
大門 밧기 져싱이라 親舊 벗이 만타한들
어닌 親舊 代身 가며 一家親戚 만타흔들
어닌 一家 同行홀가 舊祠堂에 下直ㅎ고
新祠堂에 虛拜ㅎ고 大門 밧을 썩 나셔니
赤衫 니여 손에 들고 魂魄 불너 招魂ㅎ니
업든 哭聲 狼藉ㅎ다 日直使者 손을 ᄭ을고
月直使者 등을 밀며 風雨갓치 지촉ㅎ여
허방디방 모라갈 세 놉흔 디눈 나즈지고

나즌 디는 놉하진다 惡衣惡食 모은 財産
먹고 가며 쓰고 가랴 使者님아 使者님아
닉말 暫間 들러 주오 시장흔 디 点心ᄒ고
신발이나 곳쳐 신고 쉬여 가쟈 哀乞ᄒ흔들
들은 톄도 아니ᄒ고, 쇠몽치로 등을 티며
어셔 가쟈 밧비 가쟈 이렁뎌렁 여러 날에
져생 轅門 다달으니 牛頭羅刹 馬頭羅刹
소리치며 다라드러 인졍 달뇌 ᄒ난구나
인졍 쓸 돈 半分 업다 단비 골코 모흔 財産
인졍 한 푼 써 볼손가 져싱으로 옴겨올가
換錢 붓쳐 가져올가 衣服 버서 인졍 쓰며
열두 大門 들어가니 무섭기도 긎이 업고
두렵기도 測量업다 待命하고 기다리니
獄司掌이 分付ᄒ고 男女罪人 等待홀 제
精神 차려 숨혀보니 열시왕이 坐開ᄒ고
崔判官이 文書 잡고 男女罪人 잡아드려
다딤밧고 봉툐홀졔 鬼頭魚面 羅刹들은
前後左右 버려셔고 旗幟鎗劒 森列흔데
刑罰器具 차려 놋코 臺上號令 기다리니
嚴肅하기 測量업다 男子罪人 잡아드려
刑罰하며 뭇는 말이 이놈들아 들어 보라
善心하마 發願ᄒ고 人世間에 나아가셔
무슴 善心 ᄒ엿는가 바른디로 아리여라
龍逢 比干 본을 바다 님금의게 極諫ᄒ여
나라에 忠誠ᄒ며 父母의게 孝道ᄒ며
늙은이를 恭敬ᄒ며 비 곱흔 이 밥을 주어
飢死功德 ᄒ엿는가 헐벗은 이 옷을 주어
救難功德 ᄒ엿는가 됴흔 곳에 집을 지여
行人功德 ᄒ엿는가 깁흔 물에 다리 노아

越川功德 ᄒᆞ엿ᄂᆞᆫ가 목 마른 이 물을 주어
汲水功德 ᄒᆞ엿ᄂᆞᆫ가 病든 사람 藥을 주어
活人功德 ᄒᆞ엿ᄂᆞᆫ가 놉흔 山에 佛堂 지어
衆生功德 ᄒᆞ엿ᄂᆞᆫ가 조흔 밧에 원두 심어
行人解渴 ᄒᆞ엿ᄂᆞᆫ가 부텨님께 供養 드려
마음닥고 旋心ᄒᆞ야 念佛功德 ᄒᆞ엿ᄂᆞᆫ가
어진 사람 謀害하고 不義行事 만이 하며
貪財함이 極甚ᄒᆞ니 네 罪目을 엇지 ᄒᆞ리
罪惡이 甚重ᄒᆞ니 酆都獄에 가두리라
착ᄒᆞᆫ 사람 불너드러 慰勞ᄒᆞ고 待接ᄒᆞ며
몹슬 놈들 求景ᄒᆞ라 이 사람은 善心으로
極樂世界 들어가니 이 아니 조흘손가
所願ᄃᆡ로 물은 적에 네 願ᄃᆡ로 하여 주마
極樂으로 가랴ᄂᆞ야 蓮花臺로 가랴ᄂᆞ야
仙境으로 가랴ᄂᆞ야 長生不死 하랴ᄂᆞ야
西王母의 使官되여 蟠桃小任 홀ᄂᆞ야
네 所願을 아리워라 玉帝의게 奏禀ᄒᆞ쟈
男中 絶色 되여 瑤池宴에 가랴ᄂᆞ야
百萬軍中 總督 되여 將帥 몸이 되겟ᄂᆞ야
어여 밧븨 아뢰여라 玉帝 前에 奏文하야
釋迦如來 阿彌陀佛 濟度하기 이문ᄒᆞᆽ
三神 불너 議論ᄒᆞ고 밧비 밧비 議論ᄒᆞ라
져런 사람 善心으로 貴히 되여 가나니라
大雄殿에 올닌 後에 酒饌으로 待接ᄒᆞ며
몹슬 놈 잡아니여 착한 사람 求景하라
너희 놈은 罪重하니 酆都獄에 가두리라
男子 罪人 處決ᄒᆞᆫ 後 女子罪人 잡아드려
嚴刑鞫問 ᄒᆞ난 말이 너의 罪目 들어 보라
媤父母와 親父母게 至誠孝道 ᄒᆞ얏ᄂᆞ야

同生行列 友愛ᄒ며 親戚和睦 ᄒ얏ᄂ냐
怪惡ᄒ고 奸毒ᄒ년 父母말슴 對答ᄒ고
同生間에 離間ᄒ야 兄弟不睦ᄒ게 ᄒ며
世上奸惡 다 부리며 열두 時로 마음 變化
못듯는 디 辱을하고 마조 안즈 우슴 樂談
군말하고 셩니는 년 남의 말을 일삼는 년
猜忌ᄒ기 됴화ᄒ 년 酆都獄에 가도리라
罪目을 물은 後에 온갓 刑罰 하는구나
罪之輕重 가리여서 次例대로 處決할 제
刀山地獄 火山地獄 寒氷地獄 禽獸地獄
拔舌地獄 毒蛇地獄 牙針地獄 去骸地獄
石山地獄 至惡地獄 天網地獄 불탄 地獄
各處 地獄 分付ᄒ야 모든 罪人 處決한 후
大宴을 排設ᄒ로 착한 女子 불너들어
恭敬ᄒ며 ᄒ는 말이 所願디로 다 닐너라
仙女 되여 가랴ᄂ냐 瑤池宴에 가랴ᄂ냐
男子 되여 가랴ᄂ냐 宰相夫人 되랴ᄂ냐
帝室皇后 되랴ᄂ냐 諸候王妃 되랴ᄂ냐
富貴功名 하랴ᄂ냐 네 願디로 하야주마
所懷디로 다 닐너라 仙女 불러 分付ᄒ야
極樂으로 나아가니 그 아니 됴ᄒ손가
旋心하고 마음 닥가 不義行事 ᄒ지 마소
回心曲을 虛슈 말고 善心功德 아니하면
牛馬形狀 못免하고 구렁비암 못免하네
操心ᄒ야 修身ᄒ라 修身齊家 能히 하면
治國安民 ᄒ오리니 아못조록 힘을 쓰오
積德을 아니하면 身後事가 慘酷ᄒ니
바라나니 우리 兄弟 慈善事業 만히 하야
來生길을 잘 닥가서 極樂으로 나아가세.

≪해(解)≫ 서산대사(西山大師) 휴정(休靜)의 작(作)이라고 전한다.

제삼십사(第三十四). 어부사시사(漁父四時詞)

[춘(春)]

1.
압개예 안개 것고 뒫뫼희 히 비췬다
빈 떠라 빈 떠라
밤믈은 거의 디[디]⁵⁴⁾고 낟믈이 머[미]러온다
至匊悤[悤] 至匊悤[悤] 於思臥
江村 온갓 고지 먼 빗치 더욱 됴타

2.
날이 덥도다 믈 우희 고기 떧다
닫 드러라 닫 드러라
굴며기 둘식 세식 오락가락 ᄒᆞᄂᆞ고야
至匊悤[悤] 至匊悤[悤] 於思臥
낫대는 쥐여 잇다 濁酒ㅅ甁 시럳ᄂᆞ냐

3.
東風이 건둣[듯] 부니 믉결이 고이 닌다
돋 드라라 돋 드라라
東湖룰 도라보며 西湖로 가쟈스라
至匊悤[悤] 至匊悤[悤] 於思臥
압뫼히 디나가고 뒫뫼히 나아온다

4.
우는 거시 벅구기가 프른 거시 버들숩가

---
54) [ ]은 『고산유고』의 표기이다.

이어라 이어라
漁村 두어 집이 닛 속의 나락들락
至匊悤[恩] 至匊悤[恩] 於思臥
말가훈 기픈 소희 온갇 고기 뛰노ᄂ다

5.
고은 볃티 쬐얀ᄂᄃ 믉결이 기름 ᄀᆺ다
이러래[이어라 이어리]
그믈을 주어두랴 낙시ᄅᆯ 노흘일가
至匊悤[恩] 至匊悤[恩] 於思臥
濯纓歌의 興이 나니 고기도 니즐로다

6.
夕陽이 빗겨시니 그만해[ᄒ]야 도라가쟈
돋 디여라 돋 디여라
岸柳汀花ᄂ 고븨고븨 새롭고야
至匊悤[恩] 至匊悤[恩] 於思臥
三公을 불리소냐 萬事ᄅᆯ[를] 싱각ᄒ랴

7.
芳草ᄅᆯ 볼와 보며 蘭芷도 ᄯᅳ더 보쟈
ᄇᆡ 셰여라 ᄇᆡ 셰여라
一葉扁舟에 시른 거시 므[무]스 것고
至匊悤[恩] 至匊悤[恩] 於思臥
갈 제ᄂ 니 ᄲᅮ이오 올 제ᄂ 둘이로다

8.
醉ᄒ야 누엇다가 여흘 아래 ᄂᆞ리려다
ᄇᆡ ᄆᆡ여라 ᄇᆡ ᄆᆡ여라
落紅이 흘러오니 桃源이 갓갑도다
至匊悤[恩] 至匊悤[恩] 於思臥
人世 紅塵이 언메나 ᄀᆞ렷ᄂᆞ니

9.
낙시줄 거더 노코 篷窓의 둘을 보쟈
닫 디여라[라] 닫 디여라
ᄒᆞ마[마] 밤 들거냐 子規 소리 몱게 난다
至匊悤[悤] 至匊悤[悤] 於思臥
나믄 興이 無窮하[ᄒᆞ]니 갈 길흘 니젓땃[딷]다

10.
來日이 쏘[또] 업스랴 봄밤이 몃 덛 새리
빗 브텨라 빗 브텨라
낫대로 막대 삼고 柴扉를[룰] 추자 보자
至匊悤[悤] 至匊悤[悤] 於思臥
漁父 生涯는[논] 이렁구러 디낼로다

[하(夏)]

1.
구즌비 머저 가고 시냇믈이 몱아 온다
빗 떠라 빗 떠라
낫대를[룰] 두러메니 기픈 興을 禁 못홀다[돠]
至匊悤[悤] 至匊悤[悤] 於思臥
煙江 疊嶂은 뉘라셔 그려낸고

2.
년닙희 밥 싸 두고 반찬으란 쟝만 마라
닫 드러라 닫 드러라
靑蒻笠은 써 잇노라 綠蓑衣 가져오냐
至匊悤[悤] 至匊悤[悤] 於思臥
無心ᄒᆞᆫ 白鷗는 내 좃는가 제 좃는가

3.
마람닙희 ᄇᆞ람 나니 篷窓이 서늘코야

돋 드라라 돋 드라라

녀롬 ᄇ람 뎡홀소냐 가는[는] 대로 비 시겨라

至匊念[忩][忩] 至匊念[忩][忩] 於思臥

北浦 南江이 어딘 아니 됴흘리니

4.

믉결이 흐리거든 발을 싯다 엇더ᄒ리

이어라 이어라

吳江의 가쟈 ᄒ니 千年怒濤 슬플로다

至匊念[忩][忩] 至匊念[忩][忩] 於思臥

楚江의 가쟈 ᄒ니 魚腹忠魂 낟글셰라

5.

萬柳綠陰 어린 고딘 一片苔磯 奇特ᄒ다

이어라 이어라

ᄃ리예 다돋거든 漁人爭渡 허믈 마라

至匊念[忩][忩] 至匊念[忩][忩] 於思臥

鶴髮老翁 만커[나거]든 雷澤讓居 效側ᄒ[ᄒ]쟈

6.

긴 날이 져므는 줄 興의 미쳐 오[모]ᄅ도다

돋 디여라 돋 디여라

빗대를[롤] 두드리고 水調歌를[롤] 블러 보쟈

至匊念[忩][忩] 至匊念[忩][忩] 於思臥

欸乃聲中에 萬古心을 긔 뉘 알고

7.

夕陽이 됴타마ᄂ 黃昏이 갓갑거다

빈 셰여라 빈 셰여라

바희[회] 우희 [에]구븐 길 솔 아래 빗겨 잇다

至匊念[忩][忩] 至匊念[忩][忩] 於思臥

碧樹鶯聲이 곧곧이 들리ᄂ니[다]

8.
몰래 우희 그믈 널고 둠 미틔 누어 쉬쟈
빈 미여라 빈 미여[어]라
모괴롤 믭다 ᄒᆞ랴 蒼蠅과 엇더ᄒᆞ니
至匊悤[恖] 至匊悤[恖] 於思臥
다만 흔 근심은 桑大夫 드르려다

9.
밤 ᄉᆞ이 風浪을 미리 어이 짐쟉ᄒᆞ리
닫 디여라 닫 디여라
野渡橫舟를 뉘라셔 닐럿는고
至匊悤[恖] 至匊悤[恖] 於思臥
澗邊幽草도 眞實로 어엳브다

10.
蝸室을 ᄇᆞ라보니 白雲이 둘러 잇다
빈 븟[븣]텨라 빈 븟[븣]텨라
부들부채[체] ᄀᆞᄅᆞ 쥐고 石逕으로 올라가쟈[쟈]
至匊悤[恖] 至匊悤[恖] 於思臥
漁翁이 閑暇터냐 이거시 구실이라

[추(秋)]

1.
物外에[예] 조흔 일이 漁父 生涯 아니러냐
빈 떠라 빈 떠라
漁翁을 욷디 마라 그림마다 그렷더라
至匊悤[恖] 至匊悤[恖] 於思臥
四時 興이 ᄒᆞᆫ가지나 秋江이 읃듬이라

2.
水國의 ᄀᆞ올히 드니 고기마다 술져 읻다
닫 드러라 닫 드러라
萬頃澄波의 슬ᄏᆞ지 容與ᄒᆞ쟈
至匊怱[忩] 至匊怱[忩] 於思臥
人間을 도라보니 머도록 더옥 됴타

3.
白雲이 니러나고 나모 긋티 흐느긴다
돈 드라라 돈 드라라
밀믈의 西湖ㅣ오 혈믈의 東湖 가쟈
至匊怱[忩] 至匊怱[忩] 於思臥
白蘋紅蓼ᄂᆞᆫ 곳마다 景이로다

4.
그러기 떳ᄂᆞᆫ 밧긔 못 보던 뫼 비[뵈]ᄂᆞ고야
이러[어]라 이러[어]라
낙시질도 ᄒᆞ려니와 取ᄒᆞᆯ 개[거]시 이 興이라
至匊怱[忩] 至匊怱[忩] 於思臥
夕陽이 ᄇᆞ이니 千山이 金繡[ㅣ]로다

5.
銀唇玉尺이 몃치나 걸련[넌]ᄂᆞ니
이어라 이어[러]라
蘆花에 블 부러 ᄀᆞᆯ힉야 구어 노코
至匊怱[忩] 至匊怱[忩] 於思臥
딜병을 거후리혀 박구기예 브어다고

6.
녑ᄇᆞ람이 고이 부니 드론 돋긔 도라와다
돋 디여라 돋 디여라
暝色은 나아오디 淸興은 머러 읻다

至匊忩[恩] 至匊忩[恩] 於思臥
紅樹淸江이 슬믜데[디]도 아니혼다

7.
흰 이슬 빋견논듸 데[볼]근 둘 도다 온다
빈 셰여라 빈 셰여라
鳳凰樓 渺然ᄒ니 淸光을 눌을 줄고
至匊忩[恩] 至匊忩[恩] 於思臥
玉兎의 띤논 藥을 豪客을 먹이고쟈

8.
乾坤이 제곰인가 이거시 어드메오
빈 미여라 빈 미여라
西風塵 몯 미츠니 부체 해[ᄒ]야 머엇ᄒ리
至匊忩[恩] 至匊忩[恩] 於思臥
드론 말이 업서시니 귀 시서 머엇ᄒ리

9.
옷 우희 서리 오디 치운 줄을 모롤로다
달 디여라 돋[닫] 디여라
釣船이 좁다 ᄒ나 浮世과 얻더ᄒ니
至匊忩[恩] 至匊忩[恩] 於思臥
닉일도 이리해[ᄒ]고 모릭[뢰]도 이리ᄒ쟈

10.
松間石室의 가 曉月을 보자[쟈] 해[ᄒ]니
빈 브텨라 빈 브텨라
空山 落葉의 길흘 엇디 아라 볼고
至匊忩[恩] 至匊忩[恩] 於思臥
白雲이 좃차 오니 女蘿衣 므겁고야

[동(冬)]

1.
구룸[룸] 거든 後의 힌빗치 두텁거다
빈 떠라 빈 떠라
天地 閉塞호디 바다흔 依舊ᄒ다
至匊忩[悤] 至匊忩[悤] 於思臥
ᄀ업슨 믉결이 깁 편 둣 ᄒ여 잇다

2.
주대 다스리고 빗밥을 박앋ᄂ냐
닫 드러라 닫 드러라
瀟湘 洞庭은 그믈이 언다 ᄒ다
至匊忩[悤] 至匊忩[悤] 於思臥
이 때에[예] 漁釣ᄒ기 이만흔 더 업도다

3.
여튼 갤 고기들히 먼 소희 다 갇닥[ᄂ]니
돋 ᄃ라라 돋 ᄃ라라
져근덛 날 됴흔 제 바탕의 나가 보자[쟈]
至匊忩[悤] 至匊忩[悤] 於思臥
밋기 곧다오면[면] 굴근 고기 믄다 ᄒ다

4.
간밤의 눈 갠 後에 景物이 달랃고야
이어라 이어라
압희는[눈] 萬頃琉璃 뒤희ᄂ 千疊玉山
至匊忩[悤] 至匊忩[悤] 於思臥
仙界ᆫ[ㄴ]가 佛界ᆫ[ㄴ]가 人間이 아니로다

5.
그믈 낙시 니저 두고 빗젼을 두르[드]린다
이어라 이어라
압개롤 건너고쟈 멷 번이나 혜여 본고

至匊念[恩] 至匊念[恩] 於思臥
無端헌[흔] 된보람이 힝혀 아니 부러올까

6.
자라 가는[눈] 가마괴 멷 낯치 디나거니
돗[돋] 디[디]여라 돗[돋] 디[디]여라
압길히 어두우니 暮雪이 자자덜디[다]
至匊念[恩] 至匊念[恩] 於思臥
鵝鴨池롤 뉘 텨서 草木慚을 싣돋던고

7.
丹崖翠壁이 畫壁[屛]곧티 둘럿[럿]눈듸
빈 셰여라 빈 셰여라
巨口細鱗을 낟그나 못 낟그나
至匊念[恩] 至匊念[恩] 於思臥
孤舟蓑笠에 興 겨[계]워 안젓[잣]노라

8.
믉ᄀ의 외로온 솔 혼자 어이 싁싁ᄒ고
빈 미여라 빈 미여라
머흔 구룸 恨티 마라 世上을 ᄀ리온다
至匊念[恩] 至匊念[恩] 於思臥
波浪聲을 厭티 마라 塵喧을 막눈쏘[또]다

9.
滄洲吾道롤 녜브터 닐럳더라
닫 디여라 닫 디여라
七{百}里 여흘 羊皮 옷슨 긔 엇[엇]더ᄒ니런고
至匊念[恩] 至匊念[恩] 於思臥
三千六百 낙시질은 손 고븐 제 엇디턴고

10.
어와 져므러 간다 宴息이 맏당토다

비 븟[붓]터라 비 븟[붓]터라
ᄀ논 눈 쓰[쁘]린 길 블근 곳 훗터[더]딘 더 흥치며 거러가서[셔]
至匊悤[悤] 至匊悤[悤] 於思臥
雪月이 西峯에[의] 넘도록 松窓을 빗[비]겨 잇쟈.

≪해(解)≫ 이는 광해(光海) 때 이이첨(李爾瞻)의55) 전공(專攻)을 극소(極疏)로 항언(抗言)하던 고산(孤山) 윤선도(尹善道, 1578-1671)의56) 작(作)이다. 단가(短歌)에 있어서 조선(朝鮮) 시가사상(詩歌史上)의 제일인자(第一人者)인 그 장편(長篇)으론 이것뿐이다. 그의 저(著)「고산유고(孤山遺稿)」에 뽑았다. 어부사(漁父詞)는 원래(元來) 하막(遐邈)한 옛날부터 전(傳)해 오던 것을 농암(聾巖) 이현보(李賢輔), 퇴계(退溪) 이황(李滉) 이후(以後) 개작(改作)하는 자(者) 많았다. 가중(歌中)에 「비씨여라」「비미여라」「지국총, 지국총 어사와」가 예전 어부사(漁父詞)의 원형(原型)인 줄 알기는 어렵지 않다. 「지국총, 지국총」은 배타고 갈적에 조흥적(助興的)으로 나오는 후렴일지니 「찌거덩찌거덩」과 같은 유(類)일 것이요 「어사와」는 「어화」「에헤」와 같은 감탄사(感歎詞)가 않인가 한다.

---

55) 이이첨(李爾瞻, 1560~1623): 조선 중기의 문신. 선조 때 대북의 영수로서 광해군이 적합함을 주장했다. 광해군 즉위 후 조정에서 소북파를 숙청했다. 영창대군을 죽게 하고 김제남을 사사시켰다. 폐모론을 주장, 인목대비를 유폐시켰다. 인조반정 뒤 참형되었다.

56) 윤선도(尹善道, 1587~1671): 본관은 해남(海南), 자는 약이(約而), 호 고산(孤山)·해옹(海翁), 시호는 충헌(忠憲)이다. 1612년 진사가 되고, 1616년 성균관 유생으로 이이첨(李爾瞻) 등의 횡포를 상소했다가 함경도 경원(慶源) 등지에 유배되었다. 이후 해배와 유배를 거듭하다가 생을 마감하였다. 경사(經史)에 해박하고 의약·복서(卜筮)·음양·지리에도 능통하였다. 사후인 1675년 남인의 집권으로 신원(伸冤)되어 이조판서가 추증되었다. 저서에 『고산유고(孤山遺稿)』가 있다.

제삼십오(第三十五). 상사곡(相思曲)

청구영언(靑丘永言) 소재(所載)[57]

人間離別萬事中에 獨宿空房이 더욱 섧다
相思不見 이늬 情을 제[계] 뉘라서 알니
믲친 시름 이렁져렁이라 훗트러진 근심
다 후루혀 더져두고 자나깨나 깨나즈나
님을 못 보니가 가슴이 답답
어린 樣子 고은 소리 눈의 黯黯 귀예 錚錚
보고지고 님의 얼골 듯고지고 님의 소리
비나이다 하날님끽 님 생기라흐고 비나이다
前生此生이라 무삼 罪로 우리 두리 삼겨나셔
잇지마즈흐고 쳐음 盟誓 죽지 마즈 흐고
百年期約 나며들며 뷘 房 안의 다만 한숨뿐이로다
千金珠玉이 귀 밧기요 世事一貧이 關係흐랴
萬疊靑山을 드러간돌[들] 어늬 우리 郎君이 날 츠즈리
山은 疊疊흐여 고기 되고 믈은 充分[充]흘너 소이로다
梧桐秋夜 볼근 돌의 님 생각이 시로 왜라
흔 번 離別흐고 도라가면 다시 보기 어려왜라 흐노라.

제삼십육(第三十六). 고상사별곡(古相思別曲)

秋夜長 殊未央에 千里相思 그지업다
一別郎君 떠난 後에 九十春光 겨워 간다
弱水 三千里 멀도 멀고 靑鳥消息 끝처 있다

---

57) 육당본 『청구영언』, 1,000번 작품이다.

寂寞欄干 혼자 앉아 不知何處 발아보니
遠隔南北 가럇는데 萬里雲山 머흐럿다
羅衫掩淚 풀쳐내여 郎君心事 생각하니
長安花柳 景 좋은데 白馬金鞭 노니다가
走馬鬪鷄 罷한 後에 石枕欹重 全혀 없다
西山 夕陽 다 진 後에 洞庭秋月 밝아 온데
徘徊蕩遊 일지아사 疊疊愁心 잠겨 있다
薄命賤妾 무삼 일로 獨宿空房 그리는고
羅惟 寂寞 잠 못들어 無時歎息 우니다가
鴛鴦高枕 暫間 빌어 夢中相逢 하얏더니
雨滴梧桐 날 뮈워서 凄凉長夢 못 일워라
一聲孤雁 머무러서 이 내 消息 가져다가
漢陽城中 지나갈 제 郎君在處 傳하려면
窓間 蟋蟀 슬피 울어 耿耿愁心 부치는 듯
因病致死 하려커든 深愁妾心 알으소서
生不相逢 할지라도 他日 黃泉 찾으리라
아마도 乾坤之下에 날 같으니 또 있는가.

제삼십칠(第三十七). 춘면곡(春眠曲)

청구영언(靑丘永言) 소재(所載)[58]

春眠을 느즛끼야 竹窓을 半開ᄒᆞ니
庭花는 灼灼ᄒᆞ듸 가난 나븨 머므는 듯
岸柳는 依依ᄒᆞ야 셩긔니를 ᄶᅵ워셰라
窓前의 덜 고인술을 二三盃 먹은 後의
浩蕩흔 밋친 興을 부졀업시 ᄌᆞ아니여

---
58) 육당본『청구영언』, 1,001번 작품이다.

白馬金鞭으로 冶遊園을 ᄎᄌ가니
花香은 襲衣ᄒ고 月色은 滿庭ᄒᆫ디
狂客인 듯 醉客인 듯 興을 겨워 머무는 듯
徘徊 顧眄ᄒ야 有情이 셧노라니
翠瓦朱欄 놉흔 집의 綠衣紅裳 一美人이
紗窓을 半開ᄒ고 玉顔을 잠간들러
웃는 듯 반기는 듯 嬌態ᄒ여 머므는 듯
淸歌一曲으로 春興을 ᄌ아니니.

제삼십팔(第三十八). 처사가(處士歌)

청구영언(靑丘永言) 소재(所載)[59]

天生我才 쓸대없어 世上功名을 下直하고
養閑守命하야 雲林處士 되오리라
九升葛布 몸에 걸고 三節竹杖 손에 들고
落照江湖景 좋은데 芒鞋緩步로 나려가니
寂寂松舘 다닷는데 寥寥杏園에 개즛는다
景槪無窮 좋을시고 山林草木 풀으럿다
蒼岩屛風 둘넛는데 白鷗飛去 뿐이로다[白雲深處 집을삼고]
【江湖에 漁父갓치ᄒ여 竹竿簑笠 젓게 쓰고
十里沙汀 나려가니 白鷗飛去 ᄲᅮᆫ이로다】[60]
一葦片帆 높이 달고 萬頃滄波 흘니져어
數尺銀鱗 낙가내니 松江鱸魚 비길네라
日暮淸江 점의[저무]럿다 빅쥬포져로 돌아드니
南隣北村 두세집이 落華暮煙 잠겻서[계셰]라

---

59) 육당본 『청구영언』, 1,010번 작품이다.
60) 【 】은 『청구영언』에만 있고 『조선가요집성』에는 없는 글자이다.

箕山穎水 예 앉인가 別有天地 여긔로다
{淵明五柳 심은 곧에 千條細柳 늘어젓다
子陵澤畔 낙는대가 白頭金鱗 뛰놀은다
一個家僮 벗을삼아 반향 기와 발아보니
牛背牧童 한가하다 수천사도 일삼노라
東林子規 슬피우니 醉中懷抱 도도는 듯
酒醒否아 닐어나니 逸興風景 그지없다
회환麋鹿 벗이되여 萬壑千峰 오며가며
石路蒼苔 맥혓으니 塵世消息 끈처세라
아마도 사무한신은 나 뿐인가 하노라.}61)

제삼십구(第三十九). 석춘사(惜春詞)

어화 앗갑도다 瑤池에 봄이 간다
이 몸이 多事하야 철 가는 줄 몰낫더니
强仍하야 窓을 여니 花草가 爛熳하다
忽然히 니러나서 西園에 도라드니
楊柳千萬絲에 鶯歌聲이 狼藉하고
珠簾繡幕에 燕語가 喃喃하다
綽約 百花間에 蝴蝶이 雙舞터니
西風昨夜雨에 殘紅이 다 盡하니
城上에 西施 마음 곳곳이 相思로다
洛陽 少年들은 惜春을 몰낫는가
林間에 宿不歸는 나는 暫間 드럿더니
千山萬樹에 杜鵑이 슯이 운다
一枝香 牧丹花는 담 안에 피엿더니

---

61) { }은 『청구영언』에는 없으나 『조선가요집성』에는 있는 글자이다.

太陽이 初出하니 도로혀 잠겻서라
月下에 美人같이 綽約하고 곱은 빛이
西王母의 蟠桃花요 處士家에 운명花라
東風에 휘날니니 鬱金香내 振動한다
水晶 같은 닙 사이에 거울같이 비췻으니
靑春 美人들이 새 端裝을 고로는 듯
天上에 月宮 姮娥 상명山에 걸녓는 듯
春到門前 增富貴는 이를 두고 이름이라
嫋嫋亭亭 저 氣象이 花中王이 分明하다
六宮粉黛 三千 中에 뉘 아니 無色하리
風前에 蝴蝶舞는 香氣 좇아 노니는 듯
나븨야 가지 마라 韶光과 緣分이라
花風도 傳嬌한대 봄 消息 물어 보자
아마도 봄 다 가면 이 꽃이 이울니다
九十春光이 半 남아 지냇으니
四時長春 아니어든 기리 어이 보잔 말가
東君이 造化로되 기리 볼 길 바이 없다
自古로 녯말이라 수人이 못 닛거든
龍眠의 妙한 手段 금환을 드럿다가
一幅 花箋紙에 前生 마음 記錄할 세
富貴榮華를 宛然이 그려내니
나 앉은 書案 우에 屛風같이 둘너 두고
不出門前으로 三春이 한가지라
밋근이 누엇으니 꽃가지 보량이면
三春이 다 盡토록 떠날 날이 없것만은
그리고 또 그린들 님 그리기 어려워라
이 몸도 나븨 되여 숭그리고 웃둑 앉아
花不衰 春日長은 이 또한 所懷로다
제 아모리 잘 그린들 못 그릴 것 님이로다

잘 그리는 毛延壽는 王昭君의 怨讐되여
千古에 남은 恨을 曲中에 議論커늘
그리긴들 어이 하고 생각인들 어이 하리
愁心으로 붓을 잡고 한숨으로 彩色하니
長相思만 그렷고나 그리고 또 그리니
長相思만 그렷고나 이 붓도 怨讐같이
그림도 名手로다 花帳錦裡에
그림같이 마조 앉아 그리든 長相思와
태오든 내 肝腸을 春雪에 氷雪같이
다 쓸어 바리리라.

제사십(第四十). 격양가(擊壤歌) 농부가(農夫歌)

四海 蒼生 農夫들아 一生 辛苦 怨치 마라
士農工商 생긴 後에 貴重할손 農事로다
萬民之行色이요 天下之大本이라
萬民火食하온 우에 農事밖에 또 있는가
神農氏의 갈은 밭은 后稷이의 뿔인 種子
歷山에 갈은 밭에 舜 님금의 遺風이요
敎民八條 펴칠적에 井田之法 지엇으니
繼延傳播數千年에 林林葱葱 百姓들아
昨夜에 부든 바람 尺雪이 다 녹앗다
우리 農夫 재 내여라 春分時節 이 때로다
뒷 東山에 살구꽃은 가지가지 봄 빛이요
압 못에 菖蒲닢은 層層히 엄 돋엇다
곧곧이 布穀聲은 春色을 催促하니
長長夏日 긴긴 날에 해는 어이 수히가노

앞 南山에 비적온다 누역 簑笠 가초워라
밤이 오면 暫間쉬고 잠을 깨면 일이로다
綠楊芳草 점은 날에 夕陽風이 어득 불어
호무 메고 입 당구에 이 또한 樂이로다
日落黃昏 점은 날에 달을 띠고 것는 거름
洞里로 돌아오니 柴門에 개쫓는다
빛 둏은 黃 삽사리 허대 좋은 靑 삽사리
帶月荷鋤歸에 너는 무삼 나를 미워
꽹꽹 즛는 네 소래에 사람의 精神을 놀내는 도다

제사십일(第四十一). 진정록(陳情錄)

어려워라 어려워라 기다리기 어려워라
기다린들 님이 오며 온다한들 제 뉘 알니
아니 올 줄 알것만은 幸여 올줄 기다린다
기다리지 마자것만 마자한들 니즐손가
님은 이리 無情한데 나는 어이 有情한고
님이 날과 같으면은 그덧 한슌 오렷만은
어데셔 신발소래 귀에 錚錚 들니노나
이제야 오시는가 반가히 迎接코저
前道에 나아가서 精神을 숨혀여보니
길 가는 사람들의 지나가는 신발소래라
그리든 님 보려 하니 容貌쫓아 아득하다
齟齬히 門을 닫고 哀然히 들어오니
夕陽은 在山하고 落花는 滿庭이라
寂寞한 뷘 房 안에 忽然히 홀로 앉어
紗窓을 半開하고 님 계신 곧 발아보니

萬里長空에 구름 쫓아 滄茫하다
이내 八字 어이할고 長嘆息 무삼 일고
獨守空房 寡婦인들 이에서 더할소냐
첨아 끝에 우는 새는 終日토록 哀願하고
내 비록 女子이나 미련하고 미련하다
相思陳情 그려다가 細細事情 아려 주오
님 계신 곧 찾어가서 心情所懷 傳하랴면
敵國이 없거들낭 이 내 事情하야라
님 못 보아 그리든 情病 들엇다 傳하야라
듯거라 내 말이야 혈마 엇지 사잔 말가
窓을 닫고 누엇으니 때는 正히 黃昏이라
뒷 東山 老松枝에 금종달이 위슈로다
스른 말 지여내니 쇼래 쇼래 哀願하다
臥龍潭 깊은 물에 먹우리 지적인다
갓득이나 心亂한데 잠 못 들어 어이하리
혼잣말로 歎息하니 長安城中 百萬家에
英雄豪傑 만컷만은 怪異한 져 娼女는
남의 情夫 誘惑하니 前生에 무삼 罪로
몹슬 人生 되단 말가 남의 님 앗어다가
품안에 길이두니 此生에 무삼 罪로
몹슬 罪를 짓단말가 알낭녀로 樂 삼아
奸邪히 얼이난즉 져 南山 絶壁上에
九年 묵이 靑녀구리 가삼아리 鬼神이라
이럿틋 하는 모양 옷쇼매 옷고름을
휘휘 친친 감아 쥐고 남의 님 앗아간 것
눈 앞에 버럿난 듯 情神이 恍惚하야
잠 못 들어 怨讐로다 二三更에 못 든 잠을
四五更에 어이 들니 輾轉不寐 잠 못 들어
寢不安席 든단 말가 아모리 헤아려도

心事만 沓沓하다 身勢를 生覺하니
全身이 속졀 없다 날같은 人生이야
쓸 대가 죠혀 없다 盟緣을 證한 配匹
남되라고 생겼는가 사랑은 니젓으나
사람죷아 니젓으랴 참아 眞情 못 닛을 것
님의 사랑 뿐이로다 못 닛을손 님의 容貌
어이 그리 못 보는고 오날이나 消息일가
來日이나 긔별올가 幸여 올가 기다려도
消息죷아 永絶이라 歲月이 如流하야
二三年이 暫間이라 새벽달 구름 속에
靑春만 늦어간다 可憐하다 이 내 一身
獨宿空房 空老로다 그다지 눈에 들어
筆跡을 보고지고 便紙 한 댱 앓이 오니
消息인들 어이 알니 一城中 함께 있어
咫尺이 千里로다 그리는 님의 容貌
아니 본들 어니하리 滄茫한 구름 밖에
渺滄海之 一粟이라.

제사십이(第四十二). 단장사(斷腸詞)

생각 끝에 한숨이요 한슘 끝에 눈물이라
눈ㅅ물로 지여내니 들어보소 斷腸詞
이리 하야 날 속이고 져리 하야 날 속인다
속이는 이 좋거니와 속는 사람 엇더하리
相思로 말미암아 病 들어 누엇으니
茅簷에 우는 새는 終日토록 相思로다
愚拙한 閨中妻는 헛튼 머리 헌 치마에

한 손에 미음 들고 잡수시요 勸할 적에
그 景狀 可矜하다 이 내 病 어이 하리
幸여 올가 바랏더니 반가운 님의 消息
柴門에 개 즞으니 風雪에 行人이라
山을 보되 生覺이오 물을 보되 生覺이라
歲月이 무진하니 生覺토록 無益이라
모진 醫術 鐵針으로 중완을 찔으는 듯
初更에 二十八宿 五更에 三十三天
크나큰 나무 몽치 鐘磬을 치는 듯이
쾅쾅티는 이 내 肝腸 鐵石인들 온전하리
우리 님 上京時에 晝夜로 발아보게
이 내 몸 죽은 後에 先山에도 뭇지 말고
嬋娟洞 높은 곧에 높직이 묻어주오
祖先의 遺世積德 百子千孫하렷만은
不肖한 이 내 몸이 薄福한 탓이로다
先塋에 폴이 긴들 除草할 이 뉘 있으며
淸明 寒食 花柳時에 盞 드릴 이 全혀 없다
蒼蒼者天은 下情을 鑑하소셔
月姥寅緣 맺은 後에 有子有孫 하오면은
不孝도 免하올겸 緣分도 둏으리라
西山에 디는 해는 어이 그리 수히 가나
北邙山 累累塚에 오나니 白髮이라
구즌 비 찬 바람에 白楊이 蕭瑟한데
白髮이 그 몟이며 佳人이 그 얼맨고
往事는 春夢이요 荒墳만 남아 있다
우리도 이 世上에 져와 같이 草露 人生
白髮이 오기 前에 않이 놀지 못 하리라
이 몸이 생기랴면 님이 나지 말엇거나
님의 몸이 생기랴면 내가 나지 말앗거나

工巧할손 님과 나의 한 世上에 생겨낫네
한 世上에 생긴 일이 緣分인듯 하것만은
緣分으로 생겻으면 그리 어이 그리난고
그립고 沓沓하니 緣分이 怨讐로다
蒼天이 뜻을 알아 緣分을 맺은 後에
花朝月夕에 晝夜陳情 마조 앉아
살틀히 그리든 일 녯말 삼아 하고지고
내 마음 이러하니 젠들 어이 無心하리
녯말도 끝이 없고 할 말도 無窮하다
中天에 외기럭아 消息이나 傳하여라.

제사십삼(第四十三). 죽지사(竹枝詞) 일명(一名) 건곤가(乾坤歌)

일(一).

乾坤이 不老月長在하니
寂寞江山今百年이라
어이오이이오이히으이아에
一心情念은 極樂
나하무하하무아 阿彌像이로구나
나니나노나니나노나니
騎鯨仙子浪吟過하니
茫洋秋色이 迷長天이라

이(二).

어이오이이오이히으이아에
一心情念은 極樂
나하무하하무아 阿彌像이로구나

나니나노나니나 世界로구나
나니나노나니나
冊보다가 窓 통탕열치니
江湖에 둥덩실 白鷗 둥 떳다

삼(三).

어이오이이오이히으이하에
一片情念은 極樂
나하무하하무아 阿彌像이로구나
나니나노나니나
洛東江上에 仙舟泛하니
吹笛歌聲이 落遠風이로다

사(四).

어이오이이오이히으이아에
一片情念은 極樂
나하무하하무아 阿彌像이로구나
나니나노나니나 世界로구나
나니나노나니나.

제사십사(第四十四). 길군악(樂) 청구영언(靑丘永言) 소재(所載)[62]

일(一).

오날도 하{도}심심하니 길軍樂이나 하여 보새
(이하以下는 입 타령打令)

---

[62] 육당본 『청구영언』, 1,004번 작품이다. 제명은 '군악(軍樂)'으로 되어 있다.

노오나너니나로노오오나니로나니로
나이니로나니로이너어나니나로노오오너니
너로나로나너에나노나노나니나로노나니나로나

이(二).

가소가소 즈니가소 즈니가면 니 못살가
正方山成 北門 밧긔 해도라지고 달 도다온다
눈비 찬비 찬이슬 맛고 홀노셧는 老松 남기
싹을 일코 홀노 셧네 니 閣氏네 이리하다
스니 못 살냐에 업다
이 년아 말들러를 보아라
(입타령打令 동상同上)

삼(三).

조고마흔 上座[佐]즁이 斧刀채를 두루쳐메고
萬疊靑山을 셕 드러가셔 크다라흔 고양남글
이리로 찍고 저리로 찍어 졔 홀노 썩어니니
니 閣氏네 이리하다사 너 못살냐
(입타령打令 동상同上)

제사십오(第四十五). 백구사(白鷗詞)

白鷗야 풀풀(껑충) 나지마라 너 잡을 니 아니로다
聖上이 바리시니 너를 좃촌 예 왓노라
五柳春光 景 조흔디
白馬金鞭 花流가자
雲深碧溪 花紅도 柳綠한디

萬壑千峰 飛泉瀉라
壺中天地別乾坤이 여긔로다
高峰萬丈 靑盖鬱혼데
綠竹蒼松이 놉기를 닷퉈
鳴沙十里에 海棠花 불거잇다
꼿은 피여 절로지고
닙흔 피여 모진 狂風에 쑥쑥 쩌러져셔
아조 펄펄 나라나니 근들 아니 景일너냐
비위 岩上에 다람이 긔고
시너 溪邊에 금자라 귄다
조팝남게 피죽시 소리며
함박꼿셰 벌이 느서
몸은 동글고 발은 적어서
제 몸을 못 이겨 東風 건듯 불제마다
이리로 접두적 져리로 접두적
너홀너홀 춤을 츄니 근들 아니 景일너냐
黃金갓튼 꾀쏘리는 楊柳 사이로 往來하고
白雲갓튼 흰나뷔는 꼿츨보고 반기여서
두 나리 펼치고 나라든다 쩌든다
까맛케 종고라케 별갓치 둘갓치
아죠 펄펄 나라드니 근들 아니 景일넌가.

제사십육(第四十六). 황계사(黃鷄詞)
청구영언(靑丘永言) 소재(所載)[63]

---

[63] 육당본『청구영언』, 1,014번 작품에 <황계사>가 있기는 하지만『조선가요집성』
과 다른 점이 많다. 아래는『청구영언』소재 <황계사>이다.
一朝郞君 離別 後에 消息좃차 頓絶하야 자네 一定 못 오던가 무움 일노 아니 오던
냐 이 아희야 말듯소 黃昏 져문 날에 긔가 즈져 못 오던가 이 아희야 말듯소 春水

일(一).

一朝郞君 離別 後에
消息좃차 頓絶ᄒ다
어허야아자 조흘시고
엇지엇지 못 오던고
一定자닉가 아니오던가
어허야아자 조흘시고

이(二).

春水는 滿四澤하니
물이 깁허 못 오던가
夏雲이 多奇峰하니
山이 놉하 못 오던가
어디를 가보고
날아니 와서보고
어허야아자 조흘시고

삼(三).

屛風에 그린 黃鷄
두 나래를 둥둥치며
四更一點에 날새라고
쏙기요 울거든 오려는가

가 滿四澤ᄒ니 물이 깁허 못 오던가 이 아희야 말 듯소 夏雲이 多奇峰ᄒ니 山이 놉흐 못 오던가 이 아희야 말 듯소 흔 곳들 드러가니 六觀大師 性眞이ᄂ 橋上에셔 八仙女 다리고 희롱흔다 지어자 조흘시고 屛風에 그린 黃鷄 슈 둙이 두 나리 둥뎡치고 주른 목을 길게 쎄여 긴 목을 에후리여 四更一点에 날시라고 쏘쐬요 울거든 오랴는가 주네 어이 그리ᄒ야 아니 오던고 너란 죽어 黃河水되고 난 죽어 돗디션 되야 밤이나 나지나 나지나 밤이나 바람불고 물결치는 디로 어하둥덩실 쩌셔 노즈 져 달아 보는냐 님 계신듸 明氣을 빌니셔 네 아니 오던야 지어자 주홀시고

어허야아자 조흘시고

사(四).

저 달아 보느냐 님 게신데
明氣를 빌니렴 나도 보게
너는 죽어 黃河水 되고
나는 죽어 돗대 船 되여
밤이나 나지나 나지나 밤이나
어화둥실 써서노세
어허야아자 조흘시고

오(五).

한 곳을 들어가니
六觀大師 弟子 性眞이는
八仙女를 戲弄한다
어허야아자 조흘시고
　[주(註)] 성진(性眞)이가 팔선녀(八仙女)를 희롱(戲弄)하는 이야기는 서포(西浦) 김만중(金萬重)이 지은 소설(小說)「구운몽(九雲夢)」의 실사(實事)이다. 편자(編者)

육(六).

竹冠簑笠 젓겨쓰고
十里沙汀 나려가니
어허야아자 조흘시고
玉容이 寂寞 淚欄干하니
梨花一枝 春帶雨라
어허야아자 조흘시고
조흘조흘 조흔 景이로다.

제사십칠(第四十七). 어부사(漁父詞)

일(一).

雪鬢漁翁이 住浦間하니
自言居水가 勝居山이라 하놋다
빈 뻐라 빈 뻐라
早潮纔落晚潮來하ᄂ다
至匊悤 至匊悤 於思臥하니
倚船漁父 一肩이 高라

이(二).

靑菰葉上애 凉風起하니
紅蓼花邊白鷺閑이라
닫 드러라 닫 드러라
洞庭湖裏駕歸風하리라
至匊悤 至匊悤 於思臥하니
帆急前山忽後山이로다

삼(三).

盡日泛舟烟裡去하니
有時搖棹月中還이라
이어라 이어라
我心隨處自忘機라
至匊悤 至匊悤 於思臥하니
鼓枻流無定期라

사(四).

萬事無心一釣竿하니

三公不換此江山이라
돗 디여라 돗 디여라
山雨溪風捲釣絲라
至匊念 至匊念 於思臥하니
一生蹤跡이 在滄浪이라

오(五).

東風西日楚江深하니
一片苔磯萬柳陰이라
이퍼라 이퍼라
綠萍身世白鷗心이라
至匊念 至匊念 於思臥하니
隔岸漁村三兩家라

육(六).

濯纓歌罷汀洲靜하니
竹逕柴門을 猶未關이라
비 셔여라 비 셔여라
夜泊秦淮近酒家로다
至匊念 至匊念 於思臥하니
瓦甌蓬底獨斟時라

칠(七).

醒來睡着無人喚하니
流下前灘也不知로다
비 미여라 비 미여라
桃花流水鱖魚肥라
至匊念 至匊念 於思臥하니

滿江風月屬漁船이라

팔(八).

夜靜水寒魚不識커늘
滿船空載月明歸라
달 되여라 달 되여라
罷釣歸來繫短蓬호리라
至匊忩 至匊忩 於思臥하니
風流未必載西施라

구(九).

一自持竿上釣舟로
世間名利盡悠悠라
빈 브텨라 빈 브텨라
繫舟猶有去年痕이라
至匊忩 至匊忩 於思臥하니
欵乃一聲山水綠이라.

≪해(解)≫ 연산조(燕山朝)에 경직(鯁直)하기로 소주(燒酒) 도병(陶甁)의 작호(綽號)가 있던 농암(聾巖) 상국(相國) 이현보(李賢輔, 1467-1555)가[64] 예전부터 전(傳)하던 어부사(漁父詞)를 다소(多少) 간결(簡結)하게 수정(修整)한 것이라는 것을 퇴계집(退溪集) 권사삼(卷四三) 『서어부가후(書漁父歌後)』에 말하여 있다.[65] 예전 어부사(漁父詞)를 이퇴계(李退溪), 윤고산(尹孤山)이 다 말하였

---

64) 이현보(李賢輔, 1467~1555): 본관은 영천(永川), 호는 농암(聾巖), 시호는 효절(孝節)이다. 1498년 식년문과에 급제하여 충주목사, 부제학, 호조참판 등을 지냈다. 예안(禮安)의 분강서원(汾江書院)에 배향되었다. 저서에 『농암집』이 있다.

65) "世所傳漁父詞 集古人漁父之詠 間綴以俗語而爲之長言者 凡十二章 而作者名姓無聞焉 往者 安東府有老妓 能唱此詞 叔父松齋先生時召此妓 使歌之以助壽席之

歡 滉時尙少 心竊喜之 錄得其槩 而猶恨其未爲全調也 厥後存沒推遷 舊聲杳不可 追 而身墮紅塵 益遠於江湖之樂 則思欲更聞此詞 以寓興而忘憂也 在京師遊蓮亭 嘗徧問而歷訪之 雖老伶韻倡 莫有能鮮此詞者 以是知其知好之者鮮矣 頃歲 有密 陽朴浚者 名知衆音 凡係東方之樂 或雅或俗 靡不裒集爲一部書 刊行于世 而此詞 與霜花店諸曲 混載其中 然人之聽之 於彼則手舞足蹈 於此則倦而思睡者 何哉 非 其人 固不知其音 又焉知其樂乎 惟我聾巖李先生 年踰七十 卽投紱高駕 退閒於汾 水之曲 屢召不起 等富貴於浮雲 寄雅懷於物外 常以小舟短棹 嘯傲於烟波之裏 徘 徊於釣石之上 狎鷗而忘機 觀魚而知樂 則其於江湖之樂 可謂得其眞矣 佐郞黃君 仲擧 於先生親且厚 嘗於朴浚書中取此詞 又得短歌之爲漁父作者十闋 幷以爲獻 先生得之玩之 喜愜其素尙 而猶病其未免於冗長也 於是刪改補撰 約十二爲九 約 十爲五 而付之侍兒 習而歌之 每遇佳賓好景 憑水檻而弄烟艇 必使數兒並喉而唱 詠 聯袂而踊躍 傍人望之 縹緲若神仙人焉 噫 先生之於此 旣得其眞樂 宜好其眞聲 豈若世俗之人悅鄭衛而增淫 聞玉樹而蕩志者比耶 先生嘗手寫此本 不辱示 且責 以跋語 滉身效轅駒 盟寒沙鳥 何敢語江湖之樂 而論漁釣之事乎 辭之至再 而命之 不置 不獲已謹書所感於其尾 以塞勤命之萬一 東坡所譏以朝市眷戀之徒 而出山林 獨往之語者 滉之謂矣 是歲臘月旣望 豊基守李滉 拜手敬書于郡齋." 『退溪先生文 集』 <書漁父歌後> 卷之四十三.

"세상에 전해지고 있는 어부사는 옛사람들과 어부들이 읊은 것을 모은 것으로 간간이 우리 말을 섞어 지었다. 긴 것은 무릇 12장이나 되고 작자의 이름과 성은 알려져 있지 않다. 지난날 안동부에 늙은 기생이 있어서 이 노래를 잘 불렀다. 숙부 송재 선생이 그 기생을 불러다가 이 노래를 부르게 하여 환갑잔치의 즐거 움을 돋구었다. 나는 그때 아직 나이 어렸지만 마음속으로 저으기 이 노래를 좋 아해서 그 줄거리를 기록하여두었으나 오히려 그 노래 전편을 적어놓지 못한 것 이 한이 되었다. 그 후 사람들이 죽기도 하고 고장을 뜨기도 하여 옛 노래를 아 득히 찾을 길이 없었다. 내 몸이 벼슬길에 나서자 강호의 즐거움으로부터 더욱 멀어졌으므로 다시 이 노래를 들으면서 흥을 돋우어 시름을 잊으려고 생각하였 다. 내가 서울에 있을 때 연정에 놀러다니면서 널리 사람들을 찾아 물어보았으 나 늙은 악공이나 노래하는 광대라 해도 이 가사를 아는 사람이 없었다. 이렇게 이 노래가 좋다는 것을 아는 사람이 드물었다. 요즈음 밀양에 사는 박준이라는 사람이 여러가지 음을 안다고 이름이 났다. 그는 대체로 조선음악에 속하는 것 이라면 아악이거나 속악이거나 모조리 모아서 한권의 책을 묶어 세상에 간행하 였다. 이 어부사는 상화점 여러 가곡들과 함께 그 속에 실려 있다. 그런데 사람 들이 이 노래를 그에게서 들을 때는 절로 손이 춤가락을 잡고 발도 가락을 구르 는데 다른 사람들에게서 들으면 싫증이 나서 졸음이 오는 것은 무엇 때문인가. 박준이 아니였다면 애초에 그 음을 알지도 못했을텐데 어떻게 악을 알 것인가. 생각컨대 우리 농암 이선생은 나이 일흔이 넘자 곧 벼슬아치의 인끈을 던지고

고 또 농암(聾巖), 퇴계(退溪) 때 사람 박준(朴浚)이가 상화점곡(霜花店曲)과 함께 유행(流行)하는 어부사(漁父辭)를 부집(裒集)하여 일부(一部) 서(書)를 간행(刊行)하였다하나 오늘날 악장가사(樂章歌詞)에는66) 이것만 전(傳)한다.

> 세속을 떠나 분수가에 물러나 한가히 날을 보냈으며 누차 벼슬에 불렀으나 나가지 않았다. 부귀를 뜬구름과 같이 여기고 운로로운 마음을 자연에 붙여 항상 쪽배에 짧은 노를 저어 아지랑이 낀 강물에서 휘파람을 불었으며 낚시돌 위를 거닐어 백구와 희롱하여 세상시름을 잊었으며 물고기의 뛰노는 것을 구경하면서 낙을 삼았으니 강호의 즐거움의 참된 맛을 체득하였다고 할 수 있다. 좌랑 황군 중거는 선생과 친하고 정이 두터운 사이였다. 그는 일찍이 박준의 책에서 이 어부사를 취하고 또한 어부가 지은 단가 10결을 얻어 두 개를 다 선생에게 바쳤다. 선생은 그것을 받아가지고 감상하면서 그 순박하고 고상한 것을 기뻐하였으나 멋없이 긴 것을 흠으로 여겼다. 그리하여 가사를 수정보충해서 12장을 9장으로 줄이고 또 10결을 5결로 줄여가지고 시중드는 아이들에게 주어 익혀서 노래 부르게 하였다. 귀한 손님과 좋은 경치를 만날 때마다 물난간에 의지하여 잔물결 속에 쪽배를 저어가면서 반드시 여러 아이들을 시켜 목청을 맞추어서 노래부르게 하고 손잡고 춤추게 하니 곁사람들이 이 모양을 바라보면 마치 신선과 같았다. 아, 선생은 여기에서 이미 그 참된 락을 얻었으며 그 참된 소리를 마음껏 즐겼다. 세속사람들이 음란한 음악을 즐겨 음탕한 마음을 돋구고 미인이란 말만 듣고도 뜻을 방탕하게 가지는 것과 어찌 비할 것이랴. 선생이 일찍 손수 이 책을 편찬하여 황송하게도 나에게 보여주면서 발문을 쓰라고 하였다. 내가 원숭이나 망아지가 갈매기와 사귀는 것을 흉내내어 어찌 감히 강호의 즐거움을 말하며 고기낚는 일을 논할수 있겠는가. 이를 간절히 사양하였으나 굳이 허락지 않으니 부득이 그 끝에다 삼가 소감을 써서 분부하신 말씀을 조금이라도 메울따름이다. 동파가 조정의 벼슬살이에 미련을 둔 무리가 시골에서 홀로 은거생활을 하는 것을 비방한 말은 바로 나같은 것을 두고 한 말일 것이다. 이해 섣달 보름 풍기수 이황은 군재에서 손을 모아 공경히 쓴다."

66) 『악장가사』 소재 <어부가>는 다음과 같다.

<1장>
셜빙어옹雪鬢漁翁이 듀포간住浦間ᄒ야셔
ᄌ언거슈自言居水ㅣ 승거산勝居山이라 ᄒᄂ다 비떠라 비떠라
조됴早潮ㅣ ᄌ락纔落거를 만됴晚潮ㅣ 리來ᄒᄂ다 지곡총 지곡총 어사와 어ᄉ와
일간명월一竿明月이 역군은亦君恩이샷다

귀밑머리 하얀 어부 물가에 살면서 어촌의 삶이 산중보다 낫다고 하네

썰물이 나가자 늦물 밀려오는구나 달밤에 낚시하는 여유도 임금의 은혜로다

<2장>
쳥고엽샹靑菰葉上애 량풍凉風이 긔起(기)커를
홍료화변紅蓼花邊에 빅로白鷺ㅣ 한閑ㅎ느다 닫 드러라
동뎡호리洞庭湖裏예 가귀풍駕歸風호리라 지곡총 지곡총 어스와 어스와
일싱죵젹一生蹤跡이 직창랑在滄浪ㅎ두다

푸른 줄 풀잎에 시원한 바람불어 일어나니 붉은 여뀌 꽃핀 물가에 백로는 한가롭네
동정호의 바람 타고 돌아오니 한 생애에 발자취가 강호에 있구나

<3장>
진일범쥬연리거盡日泛舟煙裏去ㅎ고
유시쇼도有時搖棹ㅎ야 월듕환月中還ㅎ놋다 이어라 이어라
아심슈쳐ᄌ만긔我心隨處自忘機로라 지곡총 지곡총 어스와 어스와
일강풍월一江風月이 딘어션趁漁船ㅎ두다

진종일 이내에 배 띄우고 때때로 노를 저어 달빛 아래 돌아오도다
내 마음 어느 곳에나 내 맡겨 세상사를 잊었으니 강 위의 바람과 달은 고깃배를 따르네

<4장>
만ᄉ萬事를 무심일됴간無心一釣間ㅎ요니
삼공三公으로도 블환ᄎ강산不換此江山이로다 돋 드라라 돋 드라라
범급帆急ㅎ니 젼산前山이 홀후산忽後山이로다 지곡총 지곡총 어스와 어스와
싱릭生來에 일가一舸로 딘슈신趁雖身호라

온갖 일에 무심한 낚싯대 하나 높은 벼슬로도 이 강산 바꾸지 않으리로다
돛단배 급히 가니 앞 산을 건 듯 지나 뒷 산이 가까오네 한 생애 배 한 척으로 이몸을 맡겼도다

<5장>
동풍셔일東風西日예 초강심楚江深ᄒ니
일편틱긔一片苔磯오 만류음萬柳陰이로다 이퍼라 이퍼라
녹평신셰綠萍身世오 빅구심白鷗心이로다 지곡총 지곡총 어스와 어스와
격안어촌隔岸漁村이 량삼가兩三家ㅣ로다

동풍 불어오는 해질녘에 초강은 더욱 깊고 한 조각 이끼 낀 낚시터에 만 가닥 버들 가지 그늘지네
푸른 부평초같은 신세는 백구의 마음과 함께로다 강 건너 어촌에는 두 세집만 있을 뿐이네

<6장>
일척로어一尺鱸魚를 진됴득新釣得ᄒ야
호ᄋ취화뎍화간呼兒吹火荻花間ᄒ오라 빅 셰여라 빅 셰여라
야박진호夜泊秦淮ᄒ야 근쥬가近酒家ᄒ오라 지곡총 지곡총 어ᄉ와 어ᄉ와
일표一瓢애 댱ᄎᆔ長醉ᄒ야 임가빙任家貧ᄒ오라

한 자 되는 농어를 새로 낚아서 아이 불러 물 억새 꽃 사이에 불을 지피네
밤에 진회에 정박하니 술집이 가깝구나 표죽박 술에 취하니 가난함도 잊었도다

<7장>
락범강구落帆江口에 월황혼月黃昏커를
소뎜小店애 무등욕폐문無燈欲閉門이로다 돗 디여라 돗 디여라
류됴柳條애 쳔득금린귀穿得錦鱗歸로다 지곡총 지곡총 어ᄉ와 어ᄉ와
야됴류향월듕간夜潮留向月中看ᄒ오리라

강 입구에 돛을 내리니 달빛 어스름한 황혼이로다 작은 주점에는 불 꺼지고 문 닫으려하네
버드나무 가지에 쏘가리 꿰어 돌아오네 밤 물에 머물면서 달을 향하여 바라보네

<8장>
야정슈한어블식夜靜水寒魚不食이어를
만션공지월명귀滿船空載月明歸ᄒ노라 빅 미여라 빅 미여라
됴파귀리釣罷歸來네 계단봉繫短蓬ᄒ오리라 지곡촉 지곡총 어ᄉ와 어ᄉ와
계주유유거년흔繫舟唯有去年痕이로다

밤은 고요하고 물은 찬데 물고기 물지 않으니 배에 가득 달빛만 싣고 돌아오는구나
낚시질을 파하고 돌아와 짧은 쑥대에 배를 매어 두거늘 지난해 배 매 놓은 자국만 남아 있구나

<9장>

극포텬공졔일애極浦天空際一涯ᄒ니
편범片帆이 비과벽류리飛過碧琉璃로다 아외여라 아외여라
범급帆急ᄒ니 젼산前山이 홀후산忽後山이로다 지곡총 지곡총 어스와 어스와
풍류미필지셔시風流未必載西施니라

저 먼 포구는 하늘 끝 아련히 물가에 닿아 있고 조각배는 파란 유리같은 물결 위를 나는 듯 하네
돛단배 급히 가니 앞 산을 건 듯 지나 뒷 산이 가까오네 풍류에 반드시 서시를 태우지 않아도 좋도다

<10장>
일ᄌ디간샹됴쥬一自持竿上釣舟ᄒ요므로
셰간명리진유유世間名利盡悠悠 ㅣ로다 이퍼라 이퍼라
도화류슈궐어비桃花流水鱖魚肥ᄒ두다 지곡총 지곡총 어스와 어스와
관애일셩산슈록款乃一聲山水綠ᄒ두다

낚싯대 하나 들고 고깃배에 오른 뒤로 세간의 부귀 공명 멀리하였도다
복사꽃 흐르는 물에 쏘가리 살찌는데 뱃전 두드리는 뱃노래 가락 속에 산수는 푸르러 가는구나

<11장>
강샹만리감화처江山晩來堪畵處에
어옹피득일사귀漁翁披得一蓑歸로다 돗 더러라 돗 더러라
댱강풍급랑화다長江風急浪花多ᄒ두다 지곡총 지곡총 어스와 어스와
샤풍셰우블슈귀斜風細雨不須歸니라

저물 녘 강산이 그림처럼 찾아오니 늙은 어부는 도롱이 걸치고 돌아가네
긴 강에 바람불어 물결이 많이 일어나니 비낀 바람 가는 비에 돌아갈 필요 없구나

<12장>
탁영가파명쥬정濯纓歌罷汀洲靜커를
듁경싀문유미관竹徑柴門猶未關이로다 셔스라 셔스라
계쥬유유거년흔繫舟猶有去年痕이로다 지곡총 지곡총 어스와 어스와
명월쳥풍일됴쥬明月淸風一釣舟 ㅣ로다

<탁영가> 그치자 강변이 고요하거늘 대나무 길 사립문은 아직까지 열려 있구나

제사십팔(第四十八). 화류사(花柳詞)

꽃 사이에 돋는 달이 네가 丁寧 花月이라
萬景臺 밖에 놀고 가는 錦仙이라
芙蓉堂 雲霧中에 蓮枝 캐는 採蓮이라
舜民적 사람인가 얌전할손 順姬로다
님 가온대 붉은 꽃은 艶할손 淡紅이라
臥龍潭 맑은 물은 淸淸한 淡潭이라
冬嶺孤松에 隱隱할손 雪月이라
花中仙 골나내니 네가 丁寧 桃花로다
瀟湘江 洞庭湖에 깁히 뭍인 蓮玉이라
西王母 瑤池宴에 아조 가는 鸞心이라
窓前明月夜에 아참 이슬 露華로다
仲秋 八月 十五夜에 光明 좋다 秋月이라
暎山紅爐 봄바람에 風流할손 眞紅이라
五絃琴 彈一聲에 놀고 가는 彈琴에라
相思緞 두루쥼치 차고 나니 錦囊이라
塵玉에 묻인 것을 다시 보니 蘭玉이라
萬壑千峰 雲深處에 長生不老 玉心이라
八月冷風 天氣晶에 滿塘秋水 玉蓮이라
雪中寒 梅花는 素淡할손 雪梅로다
三山十洲 도라드니 有名한 明珠도다
范增의 때린 玉斗 네가 丁寧 玉眞이라
武陵에 봄이 오니 點點할손 紅桃로다
秋風夜月 寂寥한데 多情할손 明月이라
靑銅石 翡翠玉이 아름다운 綠玉로라
錦繡峯에 꽃이 피니 繁華할손 錦花로다
寒梅가 晩發하니 嚴冬雪寒 臘梅로다

배 묶은 자리에 지난해 흔적 남았는데 밝은 달과 맑은 바람만이 가득한 고깃배로다.

님을 두고 생각하고 눈에 暗暗 花容이라
五陵 족백 골나내니 갈피 갈피 錦香이라
靑天一張紙에 걸넛는 듯 素月이라
繡 놓은 屛風中에 人間 神仙 花仙이라
萬水千山 구름 속에 飛去飛來 鶴仙이라
瑤池에 봄이 오니 素淡할손 蟠桃로다
碧空에 걸린 달이 두렷하니 桂紅이라
南山에 섯는 松竹 節介 있는 竹心이라
歲月이 如流하니 앗가올사 蓮花로다
沈沈漆夜 어둔 밤에 반가올손 初月이라
蛾眉山 上上峯에 걸넛는 듯 半月이라
靑山萬里 一孤舟에 흘으나니 碧波로다
아람다온 姿態 擧動 纖纖할손 玉纖이라
太白인가 王羲之ㄴ가 글 잘 하는 文姬로다
담 안에 심은 菊花 淡淡할손 淡紅이라
庭前에 퓌는 꽃은 素淡할손 淡花로다
北邙山 嬋妍洞에 아조 가는 暎玉이라
白日을 莫虛度하라 靑春이 不再來라
靑春少年들아 一日同樂 하야셰라.

제사십구(第四十九). 관등가(觀燈歌)

청구영언(靑丘永言) 소재(所載)[67]

일(一).

正月 上元日에
달과 노는 少年들은 踏橋하고 노니는데

---

67) 육당본 『청구영언』, 1,005번 작품이다.

우리 님[任]은 어대 가고 踏橋할 줄 모로눈고

이(二).

二月 淸明日에
나무마듸 春氣 들고 잔듸 잔듸 속닙나니
萬物이 化樂한듸 우리 任 어듸 가고 春氣 든 줄 모를눈고

삼(三).

三月 三日날에
江南셔 나온 제[계]비 왓노라 現身하고
瀟湘江 기럭이[기러기]는 가노라 下直한다
梨花 桃花 滿發하고 杏花 芳草 훗날린[닌]다
우리 님[任]은 어듸 가고 花遊할 줄 모로눈고

사(四).

四月 初八日에
觀燈ᄒᆞ려 臨高臺ᄒᆞ니 遠近高低에
夕陽은 빗겻는데 魚龍燈 鳳鶴燈과
두루미 南星이며 鍾磬燈 仙燈 북燈이며
수박[水朴]燈 마늘燈【과】 가마燈 欄干燈과 獅子 탄 체괄이며 虎狼이 탄 오랑캐라
발로 차 구을燈에 日月燈 붉아잇고
七星燈 버러는듸 東嶺에[의] 月上하고 곳고지 불을 현다
우리 님[任]은 어듸 가고 觀燈홀 줄 모르[로]눈고

오(五).

五月 端午日에

남의 집 少年들은 놉고 놉게 긔늬(秋千)68) 매[민]고
훈 번 굴러 압히 놉고 두 번 굴러 뒤히 놉하
鞦韆호며 노니는디 우리 님[任]은 어듸 가고
鞦韆홀 줄 모르[로]는고.

제오십(第五十). 매화가(梅花歌) 청구영언(靑丘永言) 소재(所載)69)

梅花 녯 등걸에 봄節이 도도라온다
녯 퓌던 가지마다 퓌염즉도 하다마는
春雪이 亂紛紛 호니 퓔지말지 호다마는
北京가는 驛驛官드라 唐絲실 호테 부븟침 호세
그물 밋세 그 그물치세 唐絲실로 그 그물치세
그물치세 그 그물치세 練光亭에 그물치세
걸니소셔 걸니소셔 거걸니소셔
잔處女란 솔솔솔 다 빠지고 굴근 處女만 걸니소셔
成川이라 동의紬를 이리로 접첨 져리로 접첨
접첨접첨 긔야 노코 훈 손에는 방츄들고
쏘 훈 손에 물박 들고 츌넝츌넝
안 南山에 밧 南山에 긔야을 긔긔얌을 심거심거
못 싸먹는 져 져다람아.

조선가요집성(朝鮮歌謠集成) 고가편(古歌篇) 제일집(第一輯) 종(終)

---

68) 추천(鞦韆)인 듯하다.
69) 육당본 『청구영언』, 1,015번 작품이다.

부록(附錄)

신위(申緯) 한역(漢譯) 소악부(小樂府) 부(附) 원시(原詩)

<부록>

소악부(小樂府) 오십수(五十首)

(사십수四十首 부附 십수十首)

자하(紫霞) 신위(申緯)[70]

　東國言語文字 繁簡懸殊 古來詞曲皆參合言語文字而成也 故初無秩然之平仄 句讀之叶韻 但以喉嚨[嚨][71]間長短 脣齒上輕重 或促而斂之 或引而申之 以準其 歌詞之刻數 然後隆之爲羽聲 抗之爲商音 其視花間樽[罇]前塡詞度曲之法 亦可謂 鄙野之極矣 雖然被之管絃[弦] 自成律呂 哀樂變態感動心志 是知天地間原有自然 之樂 有不可以限地分疆而論也 今欲採其辭入詩 則或可以長短其句 散押其韻 强 名之曰古體 然吟咏咀嚼之間 頓乖聲響 非復詞曲之本色 儘可謂戞戞乎其難於措 手矣 是以文苑諸公 置若罔聞 將使昭代歌謠 聽其散亡而不傳 可勝哉 高麗李益齋 先生 採曲爲七絶 命之曰小樂府 今在先生集中 擧皆今日管弦家不傳之曲 而其辭 之不亡 賴有此詩 文人命筆 顧不重歟 余竊喜之 就我朝小曲中余所記憶者 亦以爲 七言絶句 雖藻采[藻采雖]萬萬不逮先生 而異代同調 各采其國之風則一也 余在江 都留臺時 始有此意 所作不過六絶句而止 旋失草本 甚恨之 近因當時居幕府者篋 有副本 重錄而不至逸 其亦幸矣 通錄余山中湖上往來所得者若干首 亦以小樂府 爲題 然每章各系以曲子名 則余所創例 又非益齋先生之舊也 凡我朝忠臣志士 哲 輔鴻匠 高明幽逸 才士[子]佳人 得志不遇 出於吟嘆[咏歎]嚬呻之餘者 略修於此 縱 不得[堪]與黃河遠上之詞 甲乙於旗亭 亦庶幾存一代之風雅 補詩家之闕文 後之覽

---

70) 신위(申緯, 1769~1847): 본관은 평산(平山), 자는 한수(漢叟), 호는 자하(紫霞)·경수당 (警修堂)이다. 1799년(정조 23) 문과에 급제 도승지, 호조참판 등을 지냈다. 저서로는 『경수당전고(警修堂全藁)』,『분여록(焚餘錄)』,『신자하시집(申紫霞詩集)』 등이 있다.
71) [ ]은 『경수당전고』의 표기이다.

者 於風前月下 香烟燈光 試一吟諷 未必不如品竹彈絲 而亦必有賞音者矣 若其時代先後 則隨記隨作 非出於一時者 故不復詮次云爾.72)

72) 『경수당전고』 권53 <북선원속고삼(北禪院續藁三)> <소악부사십수(小樂府四十首)> ○병서(幷序). ※ 번역은 김명순을 따랐다.(「신위 소악부서의 독법과 그 의미」, 『대동한문학』 제17집, 2002, 219~220쪽.)

"우리나라의 언어와 문자의 번잡함과 간결함이 크게 다르다. 그런데 예로부터 사곡은 모두 언어와 문자를 섞어서 지었다. 그러므로 애초부터 정연한 평측법이나 구두에 운을 맞추는 법은 없었다. 다만 목구멍 소리의 장단과 입술소리와 잇소리의 경중을 통하여 혹은 촉급하게 거두어 들이고 혹은 길게 빼어 펴서 노래 곡조의 각수를 맞추고, 그런 다음에 소리를 뚝 떨어Em려서 우성을 삼고 높이 질러 올려서 상성으로 삼으니, 화간집과 준전집의 가사 짓고 곡조 만드는 법에 견주어 보면 역시 지극히 속되고 거칠다고 이를 만한다. 그러나 비록 그렇기는 해도, 관현에 올려 보면 절로 율려를 이루어 슬픔과 즐거움의 변화 양태가 사람의 마음을 감동시키니, 이로써 천지간에 원래 자연의 음악이 있는 것이어서 땅을 가르고 지경을 나누어 논할 수 없다는 것을 알 수 있다. 이제 그 노랫말을 시에 옮겨 넣고자 하면, 그 시구를 길게 하기도 하고 짧게 하기도 하며 운을 산압하기도 하여, 굳이 고체라고 이름 붙일 수는 있다. 그러나 읊조려보고 음미하는 사이에 소리의 울림이 어그러져서 다시 사곡의 본색이 아니니, 참으로 '애를 써도 손을 대기 어렵다.'고 이를 만한다. 이 때문에 문원의 제공이 모르는 척하고, 장차 밝은 시대의 가요로 하여금 흩어져 없어지도록 내버려두어 전해지지 않게 하니, 개탄스럽지 않겠는가! 고려 이익재 선생이 노래를 채집하여 칠언절구로 만들어서 이름하기를 소악부라 하였으니 지금 선생의 문집 속에 있는데, 대부분 오늘날 관현가들도 전하지 않는 노래들이지만 그 노랫말이 없어지지 않은 것은 이 시에 힘입은 것이니, 문인의 글 짓는 일이 참으로 중하지 아니한가? 내가 가만히 이를 기쁘게 여겨 우리나라의 소곡 중에 기억나는 것을 좇아서 또 칠언절구로 만드니, 그 시어와 문장의 빛깔은 도저히 선생에 미치지 못하지만, 시대는 달라도 곡조는 같은 법이라, 저마다 제 나라 노래를 채집한 것은 한가지이다. 내가 강화 유수로 있을 때 비로소 이러한 뜻을 가졌으나 지은 것이 불과 절구 여섯에 그쳤고, 그것도 이내 초본을 잃어버려서 몹시 안타까이 여겼다. 그런데 요사이 당시 막부에 있던 이가 상자에 부본을 가지고 있어서 다시 기록하여 없어지지 않게 되었으니, 또한 다행한 일이다. 내가 산중과 호숫가를 오가면서 지은 것 약간까지 모두 다 기록하고 역시 소악부로 제목을 붙였다. 그러나 노래마다 곡자 이름을 붙인 것은 내가 처음 창안한 예로서, 익재 선생의 옛법은 아니다. 무릇 우리나라의 충신지사, 칠보홍장, 고명유일, 재자가인이 득의한 때나 불우한 때에 영탄하고 신음하던 나머지 읊조린 노래들을 대략 여기에 갖추었으니, 비록 황하원상사지사로 더불어 기정에서 갑을을 다투는 것을 감당할 수는 없을지라도, 또

일(一). 인월원(人月圓) 경01[73]

金絲烏竹 牧丹芭蕉 蓮菊桃 李梅花를
紗窓 前 넓은 뜰에 여게저게 심어두고
좋은 술 곻은 님다리고 翫月長醉하리라. 실명(失名)

金絲烏竹紫葡萄 雙牧丹叢一丈蕉 影落紗窓荷葉盞 意中人對月中宵. 자하한역
(紫霞漢譯) 이하(以下) 동(同)

이(二). 백마쳥아(白馬靑娥) 경05

白馬는 欲出長嘶 하고 靑娥는 惜別牽衣도다
夕陽은 已傾西嶺이요 去路는 長亭 短亭이로다
아마도 설운 離別은 百年 三萬 六千日에 오날뿐인가 하노라. 만횡(蔓橫)
실명(失名)

欲去長嘶郞馬白 挽衫惜別小娥靑 夕陽冉冉銜西嶺 去路長亭復短亭.

삼(三). 홍쵹루(紅燭淚) 경07

房 안에 혓난 燭불 눌과 離別 하엿관대

한 한 시대의 풍아를 보존하고 시인들이 빠뜨린 글을 기울 수는 있을 것이다.
뒷날에 보는 이가 바람부는 달 아래에나 향기로운 등잔불에 한 번 읊조려 보면,
피리 불고 거문고 타는 것만 꼭 못하리라고 할 수는 없을 것이며, 또한 반드시
상음하는 이가 있을 것이다. 그 시대의 선후와 같은 것은, 기억나는 대로 수시로
짓고 일시에 지은 것이 아니기 때문에, 다시 차례를 따지지는 않았다."

73) 이 숫자는 『경수당전고』 소재 작품 순서 번호이다.

겉으로 눈물지고 속타난 줄 몰으난고
저 燭불 날과 같어서 속타는 줄 몰으더라. 우이삭(羽二數) 이개(李塏)

房中紅燭爲誰別 風淚汎瀾不自禁 畢竟怪伊全似我 任情灰盡寸來心.

사(四). 죽미(竹謎) 경08

百草를 다 심어도 대는 않이 심으리라
笛대는 울고 살대는 가고 그리나니 붓대로다
구태여 울고 가고 그리는 대를 심어 무삼하리요. 계이삭(界二數) 실명(失名)

人間百卉皆堪種 唯竹生憎種不宜 箭往不來長笛怨 最難畵出筆相思.

오(五). 신래로(神來路) 경09

마누라님 어데 가오 南山 속에 松林 가오
白비단 당옷에 靑靑松葉이 나게 하소라
마누라님 오시는 길에 거문고로 다리 노아
伽倻琴 열두줄에 덩기둥 덩실 내리소서. (신가神歌에서)

水雲渺渺神來路 琴作橋梁濟大川 十二琴絃[弦]十二柱 不知何柱降神弦.

육(六). 자규제(子規啼) 전강(前腔) 경10

梨花에 月白ᄒᆞ고 銀漢이 三更인데

一枝春心을 子規야 알랴만은
多情도 病인양하여 잠 못들어 하노라. 계이삭(界二數) 이조년(李兆年)

梨花月白五更天 啼血聲聲怨杜鵑 儘覺多情原是病 不關人事不成眠.

칠(七). 자규제(子規啼) 후강(後腔) 경11

子規야 우지 마라 네 울어도 속절없다
울거든 네가 울지 잠든 나를 깨우난다
아마도 네 소리 들니면 가삼 잎아 하노라. 우이삭(羽二數) 이유(李渘)

寄語子規且休[休且]哭 哭之無益到如今 云何只管渠心事 我淚飜教又不禁.

팔(八). 추산청효(秋山淸曉) 경13

松間石室에 가서 曉을 보랴 하니
空山落葉에 길 찾기 어려와라
어데서 白雪이 쫓아오니 女蘿衣가 무거워라. 우이삭(羽二數) 윤선도(尹善道)

蒼凉曉月照人歸 石室松關鎖翠微 落葉滿山無路入 白雲肩重女蘿衣.

구(九). 영파(影波) 경15

秋山이 夕陽을 띠여 江心에 잠겻는데

一竿竹 들어메고 小艇에 지엿으니
　　天心이 閑暇히 넉이샤 쫓아 보내더라. 실명(失名)[74]

　　秋山夕照蘸江心 釣罷孤憑小艇吟 漸見水光迎棹立 半彎新月一條金.

십(十). 장중배(掌中盃) 경16

　　들은 말 즉시 닛고 본 일 못 본 듯이
　　人事ㅣ 이러함애 남의 是非 몰으노라
　　다만지 손이 성하니 盞 잡기만 하리라. 우이삭(羽二數) 송인(宋寅)(純?)[75]

　　耳朶有聞旋旋忘 眼兒看做不看樣 右堪執盃[盞]左持螯 兩手幸吾無病恙.

십일(十一). 호접청산거(蝴蝶靑山去) 경17

　　나븨야 靑山 가자 범나븨 너도 가자
　　가다가 졈을거든 꽃에 들어 자고 가자
　　꽃에서 푸대접 하거든 닢에서나 자고가자. 실명(失名)

　　白蝴蝶汝靑山去 墨蝶團飛共入山 行行日暮花堪宿 花薄情時葉宿還.

---

74) 진본『청구영언』에는 유자신(柳自新)으로 표기되어 있다.
75) 진본『청구영언』을 비롯한 대부분 가집에는 송인으로 표기되어 있으며, 육당본 『청구영언』과 몇몇 가집은 무명씨로 되어 있다. 따라서 작가가 송순(?)일 수도 있다는 김태준의 추측은 약간 무리인 듯 싶다.

십이(十二). 어락(漁樂) 경19

우는 것이 벅국이냐 풀은 것이 버들숲가
漁村 두세 집이 暮煙에 잠겻서라
아희야 새고기 올은다 혼(헌) 그물 내여라. 계이삭(界二數) 윤선도(尹善道)

鳴者鵓鳩青者柳 漁村烟淡有無疑 山妻補網纔完未 正是江魚欲上時.

십삼(十三). 실사구시(實事求是) 경20

風波에 놀랜 사공 배 팔아 말을 사니
九折羊腸이 물도곤 어려워라
이 後란 배도 말도 말고 밭 갈기만 하리라. 우이삭(羽二數) 장만(張晩)

吃驚風婆旱路行 羊腸豹虎險於鯨 從今非馬非船業 紅杏村深雨映耕.

십사(十四). 관간빈(慣看賓) 경22

집방석 내지 마라 낙엽엔들 못앉으랴
솔불 혀지 마라 어제 진 달 돋아온다
아희야 山菜와 濁醪일망정 없다 말고 내여라. 우이삭(羽二數) 한호(韓濩)

休煩款待黃茅薦 且坐何妨紅葉堆 豈必松明燃照室 前宵明[落]月又浮來.

십오(十五). 벽계수(碧溪水) 경23

靑山裏 碧溪水야 수이 감을 자랑마라
一到滄海하고 보면 다시 오기 어려오니
明月이 滿空山한데 쉬여 간들 엇더리. 계락(界樂) 실명(失名)[76]

靑山影裏碧溪水 容易東流[去]爾莫誇 一度[到]滄溟[江]難再見 且留明月影[映]婆娑.

십육(十六). 녹초청강마(綠草靑江馬) 경24

綠草晴江上에 구레 벗은 말이 되여
때때로 머리 들어 北向하는 뜻은
夕陽이 재 넘어가니 님자 그려 우노라. 계이삭(界二數) 서익(徐益)

茸茸綠草靑江上 老馬身閑謝轡銜 蒼首一鳴時向北 夕陽無限[恨]戀君心.

십칠(十七). 축성수(祝聖壽) 경25

千歲를 누리소셔 萬歲를 누리소셔
모쇠 기동에 꽃피여 여름이 여러 따드리도록 누리소서
그밖에 億萬歲 外에 또 萬歲를 누리소서. 계이삭(界二數)

千千萬萬萬千千 又享千千萬萬年 鐵柱開花花結子 殷紅子熟獻官筵.

---

76) 진본 『청구영언』에는 황진이(黃眞伊)로 표기되어 있다.

십팔(十八). 야춘(冶春) 경26

黃山谷 돌아 드니 李白花 꺾어 쥐고
陶淵明 찾으랴고 五柳村 들어가니
葛巾에 술 듯는 소래 細雨聲인가 하노라. 계이삭(界二數)

黃山谷裏蕩春光 李白花枝手折將 五柳村尋陶令宅 葛巾瀝酒雨浪浪.

십구(十九). 낙화유수(落花流水) 경27

조으다가 낚싯대 잃고 춤추다가 도롱이 잃어
늙은이의 망녕으란 白鷗야 웃지 마라
十里에 桃花發하니 春興 겨워 하노라. 우락(羽樂)

睡失漁竿舞失蓑 白鷗休笑老人家 溶溶綠浪春江水 泛泛紅桃水上花.

이십(二十). 쌍옥근(雙玉筋) 경32

百川이 東到海하니 何時에 西復歸오
古往 今來에 逆流水 업것만은
어떻다 肝腸 썩은 물은 눈으로 소나니. 계이삭(界二數)

逝者滔滔挽不得 百川東倒幾時廻[回] 如何點滴肝腸水 却向秋波滾上來.

이십일(二十一). 향섭의(響屧疑) 경36

내 엇제 信이 업서 님을 언제 속엿관대
月沈三更에 올 뜻이 죠혀 업네
秋風에 지난 닢 소리야 낸들 어이 하리.

寡信何曾瞞著麼 月沈無意夜經過 飄[颯]然響地吾何與 原是秋風落葉多.

이십이(二十二). 인생행약이(人生行藥耳) 경38

人生이 둘가 셋다 이 몸이 네다섯가
빌어온 人生이 꿈의 몸 가지고서
平生에 사올 닐만 하고 언제 놀녀 하느니. 우이삭(羽二數)

一度人生還再否 此身能有幾多身 借來如[若]夢浮生世 可作區區做活人.

이십삼(二十三). 십주가처(十洲佳處) 경39

뭇노라 저 禪師야 關東風景 어떻더니
明沙十里 海棠花는 붉어 있고
遠浦에 兩兩 白鷗는 飛疎雨를 하더라. 우이삭(羽二數)

釋子相逢無別語 關東風景也如許 明沙十里海棠花 兩兩白鷗飛小雨.

이십사(二十四). 봉허언(奉虛言) 경02

사랑이 거짓말이 님 날 사랑 거짓말이
꿈에 와 뵈단 말이 긔 더욱 거짓말이
날 같이 잠 않이오면 어느 꿈에 뵈이니. 우이삭(羽二數) 김상용(金尙容)

向儂恩愛非眞辭 最是難憑夢見之 若使如儂眠不得 更成何夢見儂時.

이십오(二十五). 만정방(滿庭芳) 경03

간밤에 부는 바람 滿庭桃花 다 디것다
아해는 비를 들고 쓸으랴 하난고나
落花ㄴ 들 꽃이 않이랴 쓸어 무삼하리요. 우이삭(羽二數)

昨夜桃花風盡吹 山童縛箒凝何思 落花顏色亦花也 何必苦庭勤掃之.

이십육(二十六). 의신지전(宜身至前) 경04

님하여 片紙 傳치 말고 當身이 제오리어
남이 남의 일을 못닐과저 하랴만은
남하여 傳한 片紙니 알똥말똥 하여라. 율당삭(栗糖數)

莫倩他人尺素馳 當身曷若自來宜 縱眞原是憑傳札 成否從違未可知.

이십칠(二十七). 매화신(梅花訊) 경06

桃花 녯 등걸에 봄철이 돌아오니
녯 피든 가지에 피염즉도 하다마는
春雪이 亂紛紛 하니 필똥말똥 하여라. 우이삭(羽二數) 매화(梅花)

一樹權[槎]枒鐵幹梅 犯寒乖[年]例東風回 舊開花想又開着[著] 春雪紛紛開未開.

이십팔(二十八). 공막불의(公莫拂衣) 경12

울며 잡은 소매 떨치고 가지 마소
草原長堤에 해 다 점으럿네
客窓에 殘燈 도도고 앉어보면 알리라. 우이삭(羽二數) 이명한(李明漢)

莫拂挽衫輕別離 長堤昏草日西時 客窓輾轉愁滋味 孤剔殘燈到自知.

이십구(二十九). 옥부계수(玉斧桂樹) 경14

玉독키 돌도치 니 무듸든지 月中桂樹ㅣ 나남기시니 시위도다
廣寒殿 뒷 뫼헤 잔 다복솔여 셔리든 앉이 어득 저뭇하랴
적달이 김뮈끗 없으면 님이신가 하노라. 농(弄)

玉斧年多鈍却鋩 月中桂樹靭難當 廣寒殿後【藜】青{叢}葉 能使繁陰翳放光.

삼십(三十). 몰하초(沒下梢) 경18

豪華코 富貴키야 信陵君만 할가만은
百年의 못하여 무덤 우에 밭을 가니
하믈며 여남은 大丈夫야 일러 무삼하리요. 우초삭(羽初數) 고봉(高峰) 기대승(奇大升)

豪華富貴信陵君 一去人耕春草墳 矧爾諸餘醉夢者 不堪比數漫云云.

삼십일(三十一). 취불원성(醉不願醒) 경21

어제도 爛醉하고 오늘도 술이로다
그제 깨엿든지 긋그제도 내 몰래라
來日은 西湖에 벗 오마니 깰똥말똥 하여라. 우이삭(羽二數) 유천군(儒川君) 이정(李淀)

昨日沈酣今日醉 茫然大昨醉醒疑 明朝客有西湖約 不醉無醒兩未知.

삼십이(三十二). 일저종(一杵鍾) 경28

북소리 들리는 절이 멀다한들 얼마 머리
靑山之上이오 白雲之下이엇만은
그 곧에 안개 잦으니 아모 덴줄 몰러라. 계이삭(界二數)

一杵霜鍾寺遠近[近遠] 聞聲忖寺去無深 靑山之上白雲下 認且茫然何處尋

삼십삼(三十三). 몽답흔(夢踏痕) 경29

꿈에 단니는 길이 자최곳 날작시면
님의 집 窓 밖에 石路라도 달흘놋다
꿈 길이 자최 없으며 그를 설어 하노라. 우이삭(羽二數) 이명한(李明漢)

魂夢相尋屐齒輕 鐵門石路亦應平 原來夢徑無行迹[跡] 伊不知儂恨一生.

삼십사(三十四). 침변풍월랭(枕邊風月冷) 경30

한 해도 열두 달이요 閏朔 들면 열석 달이로다
한달도 설흔 날이요 그 달 작으면 스므 아흐레 그믐이로다
밤 다섯낫 일곱 때에 날몰아을 할리 없으랴. 조경렴(趙慶濂)

十二月添閏十三 月三十日夜時五 一年通打算閑時 果沒片閑來一聚.

삼십오(三十五). 영녕(攖寧) 경31

남이 害할지라도 나는 앓이 결으리라
참으면 德이요 결으면 같으리라
굽음이 제게 있거니 겨룰 줄이 있으랴. 계이삭(界二數)

人或害吾吾不較 苟吾相較將無同 彼原未必先無曲 曲直都忘不較中.

삼십육(三十六). 춘거야(春去也) 경33

꽃이 진다하고 새들아 설어마라
바람에 헛날리니 꽃이 탓 아니로다
가노라 희딧는 봄을 새와 무삼하리요. 계이삭(界二數)

燕子鶯雛遞訴寃 非花肯落是風翻 靑春去也多魔戱 簾影樑塵枉斷魂.

삼십칠(三十七). 구맹(鷗盟) 경34

冊 덥고 窓을 여니 江湖에 배 떠 있다
往來白鷗는 무삼 뜻 먹음인지
이 後란 功名을 떨치고 너를 쫓아 놀니라. 우이삭(羽二數) 동계(桐溪) 정온(鄭蘊)

讀書腦[窓]爲倦書拓 滿地江湖雙白鷗 摒却浮名身外事 一生堪與汝同遊.

삼십팔(三十八). 금로향(金爐香) 경35

金爐에 香盡하고 漏聲이 殘하도록
어데 가 있어 뉘 사랑 받치다가
月影이 上欄干 께야 脈 받으려 왔느니. 계삼삭(界三數) 김상용(金尙容)

金爐香盡漏聲殘 誰與橫塵馨夜歡 月上欄干斜影後 打探人意驀來看.

삼십구(三十九). 소도원(小桃源) 경37

네 집이 어데매요 이 뫼 넘어 긴 江 우에
竹林 풀은 곧에 외 사립 닫은 집이
그 앞에 白鷗 떳으니 게가 물어 보아라. 계이삭(界二數)

君家何在大江上 翠竹林深獨掩扉 試一相尋拏舟去 問之無答白鷗飛.

사십(四十). 동지영야(冬之永夜) 경40

冬至달 기나긴 밤 한 허리를 풀헤나여
春風 니불아레 서리서리 넣엇다가
어룬님 소신 날 밤이 어드란 굽이굽이 펴리라. 황진이(黃眞伊)

截取冬之夜半强 春風被裏屈蟠藏 燈明酒煖郎來夕 曲曲鋪成折折長.

사십일(四十一). 홍우춘(紅雨春) 이하(以下) 부(附) 십수(十首)

山暎樓 비긴 인後에 白雲峰이 새로왜라
桃花뜬 맑은 물은 골골이 솟아난다
아희야 武陵이 어대메뇨 나는옌가 하노라. 작자미상 (作者未詳)

山暎樓頭春雨歇 白雲峰色不勝新 欲問武陵何處是 桃花流水卽如眞.

사십이(四十二). 원별리(遠別離)

博浪沙中 쓰고 남은 鐵椎 天下壯士 項羽랄 맛겨
힘까지 두러메어 깨치고자 離別 두 字
그제야 그리던 님 맛나 百年同佳 하리라. 작자미상 (作者未詳)

當年狙擊博浪椎 項羽手中一任之 破碎人間離別字 情人莫使忽生離.

사십삼(四十三). 상사월(相思月)

해저 黃昏이 되면 내 못 가도 제 오더니
제 몸에 病이든지 뉘손에 잡히엇난지
落月이 西樓로 나리면 애끈난 듯 하여라. 작자미상 (作者未詳)

洛花寂寂日將暮 儂未去時渠到宜 月倒西坦人影斷 定非臥病有情誰.

사십사(四十四). 춘풍면(春風面)

요 내 가삼 썩은 피로 님의 畵像 그러내여
나 자는 머리밑에 족자 삼아 걸어두고
밤둥만 님 생각날제 처다뵐가 하노라. 작자미상 (作者未詳)

軟腸消盡血成痕 畵出金屛枕外存 月落紗窓燈欲滅 相思時複使儂翻.

사십오(四十五). 추야장(秋夜長)

내 언제 信이 없어 님을 어이 속엿관대
秋月三更에 올 뜻이 죠혀 업네
秋風에 지난 닙 소래야 낸들 어이하리. 진이(眞伊) 우이삭(羽二數)

不知君似妾宵長 秋月滿庭空斷腸 葉有聲兮眠不得 情人來否更商量.

사십육(四十六). 장상사(長相思)

내 가삼 쓸어 만저보니 살 한 点이 없네 그려
굼든 아니하되 自然히 그러하네
뎌 님아 널로든 病이니 네 곳칠가 하노라. 작자미상 (作者未詳) 우삼삭 (羽三數)

敉膚無復舊時肥 近日不寒遝不飢 我病非君人未瘳 未縫君處長相思.

사십칠(四十七). 풍우몽(風雨夢)

한숨은 바람이 되고 눈물은 세우(細雨)되여
님 계신 窓밧게 불면서 뿌리과저
날 닛고 기피든 잠을 깨여 볼가 하노라.

淚成細雨唶生風 歔灑君邊窓外桐 應爾無情能穩夢 攪來要使我懷同.

사십팔(四十八). 불이절(不移節)

이 몸이 죽어저서 무엇이 될고하니
蓬萊山 第一峰에 落落長松 되엿다가
白雪이 滿乾坤할제 獨也靑靑하리라. 성삼문(成三問)
此身仙去欲何爲 松立蓬萊第一奇 傲到乾坤蕭瑟後 靑靑獨也雪霜時.

사십구(四十九). 제일춘(第一春)

偶然히 興을 겨워 시내로 나려가니
水流上 魚躍도 좋거니와 層巖 絶壁에 長松이 더욱 좋다
그곳제 반가리 없으니 다만 杜鵑花,ㄴ가 하노라. 작자미상 (作者未詳)

短節携出賞春興 松倒絶崖魚泳溪 次第看過悄獨住 忽有鵑花爛漫堤.

오십(五十). 기이(其二) 원초(圓超)

[시조(時調) 원문(原文)은 위의 49번을 재역(再譯)한 것 아닌지 원초(圓超) 또한 무엇인지 상고하지 못하였다.-편자(編者)-김태준]

淸溪魚躍興堪誇 好是岩松柳更斜 見我欣然誰復有 無情花作有情花.

≪해설(解說)≫ 이는 신위(申緯)의 경수당집(警修堂集)에 있는 소악부(小樂府) 사십수(四十首)에 퇴경(退耕) 권상로(勸相老) 선생(先生)이 원시(原詩)(시조時調)를 구(求)해 맞춘 것을 그대로 실리고 다시 방간(坊間)에 전

(傳)하는 오십수본(五十首本)에 의(依)하여 편자(編者)- 김태준 스스로 십수(十首)를 첨부(添附)하였다. 문채(文彩)로 보아 홍우춘(紅雨春) 이하(以下)의 십수(十首)는 그 전(前) 사십수(四十首)보담 떨어지는 것 같으나 그대로 참고(參考) 삼아 부쳐 두었다.

<논문>

『조선가요집성』의 성격과 위치

I. 서 론

　김태준(金台俊)의 『조선가요집성』(1934. 2. 11.)은 한국 고전시가 연구상 최초의 한국고전시가선집이라 할 수 있다. 『조선가요집성』이 『조선한문학사』(1931. 12. 25.), 『조선소설사』(1932. 2. 25.)에 이어 출간된 점으로 보아, 김태준은 한문학, 서사문학, 시가문학 등 일련의 연구를 통해 한국문학을 정립하려고 했던 것으로 보인다. 물론 전 두 권이 연구물인 데 비해 『조선가요집성』이 선집이기 때문에 이것으로 한국고전시가사의 구도를 그리기에 미흡하다고 할 수 있다. 하지만 선집(Anthology)이 편집자의 시각에서 작품을 선택·배열한다는 점을 상기할 때, 『조선가요집성』에는 김태준의 시가관이 반영되었다고 할 수 있다. 더욱이 이 선집은 갈래별 해제, 작품에 대한 설명 등을 담고 있어 그의 시각을 어느 정도 살펴볼 수 있겠다. 이런 점에서 『조선가요집성』은 『조선한문학사』와 『조선소설사』 못지 않은 연구자의 의식을 가졌다고 할 수 있다.

　한편 김태준은 『조선가요집성』을 전후로, <별곡의 연구>(동아일보 13회, 1932. 1. 25.~22.), <시조론>(조선일보 22회, 1933. 11. 18.~12. 15.), <조선민요의 개념>(조선일보 11회, 1934. 7. 24.~8. 4.), <신라향가의 해설>(조선일보 3회, 1935. 1. 1.~4.) 등 시가 관련 글들을 발표하였다. 이처럼 그의 연구물들이 『조선가요집성』 편찬과 그 시기가 가깝기 때문에 이 둘 사이의 관계를 살펴보는 것도 김태준의 시가관을 확인하는데 비교적 의미있는 일이라 할 수 있다. 또한 김태준이 엮은 시가자료집으로

『청구영언(靑丘永言)』(1939. 3. 31.)과 『고려가사(高麗歌詞)』(1939. 4. 25.) 등이 더 있는데[1] 이것들과 『조선가요집성』과의 연관성을 살피는 것도 한국문학연구사에서 짚고 넘어가야할 과제라 할 수 있다.

II. 『조선가요집성』의 성격

구분		내 용	면
편자 서문			
목차			1-6
신라 향가편	신라 향가 해제		N1-5
	작품 (25편)	<삼국유사 소재 향가> 득오곡모랑가, 노인헌화가, 안민가, 찬기파랑가, 처용가, 서동요, 맹아득안가, 양지사석가, 광덕의 처 엄장을 간한 노래, 월명사 도솔가, 월명사 망매를 위해서 재 올린 노래, 융천사 혜성가, 신충 백수가, 영재 우적가 <균여전 소재 향가> 예찬여래가, 칭찬여래가, 광수공양가, 참회업장가, 수희공덕가, 청전법륜가, 청불왕세가, 상수불학가, 항순중생가, 보개회향가, 총결무진가	5-24
백제 고가편 고구려	작품 (2편)	정읍사 산유화	25-28

---

[1] 이외에도 김태준은 『이조가사(李朝歌詞)』를 학예사에서 출판하기로 한 것으로 보이는데, 저자는 이 책을 아직까지 찾을 수 없었다. 『고려가사』맨 마지막 면에서 학예사 간행 책들을 알리는 자리에 이 책이 인쇄중이라는 정보와 함께 다음과 소개하고 있다. "李朝文學은 바로 歌詞의 文學이라 할 수 있다. 新羅의 鄕歌, 高麗의 歌謠와 함께 本文庫가 天下에 자랑하는 出版으로 龍飛御天歌, 月印千江之曲 以下, 最近世에 이르는 五百年間의 代表歌詞를 모하놓은 近百篇에 밋치는 것이니 現代「르네쌍스」의 한 源泉이다."

고려 가사편	고려 가사 해제		29-31
	작품 (22편)	<향가> 예종이 이장(二將)을 위한 노래 <고려속요> 동동다리, 처용가, 정과정(진작), 서경별곡, 정석가(딩아돌아), 청산별곡(살어리), 만전춘별사, 이상곡, 사모곡, 쌍화점, 가시리 <경기체가> 한림별곡, 관동별곡, 죽계별곡 <가사> 서왕가1, 서왕가2, 심우가, 도덕가 <악장> 감군은, 능엄찬, 관음찬	31-79
이조 가사편	이조 가사 예언		80
	작품 (50편)	<악장> 신도가, 유림가, 오륜가, 연형제곡, 용비어천가, 월인천강지곡 <경기체가> 상대별곡, 화산별곡, 불우헌곡, 화전별곡, 도동곡, 육현가, 엄연곡, 태평곡 <가사> 상춘가, 환산별곡, 강촌별곡, 관동별곡, 사미인곡, 속미인곡, 성산별곡, 장진주, 권주가, 파연곡, 태평사, 사제곡, 누항사, 선상탄, 독락당, 영남가, 노계가, 회심곡, 별회심곡, 어부사시사, 상사곡, 고사상별곡, 춘면곡, 처사가, 석춘사, 격양가, 진정록, 단장사, 죽지사, 길군악, 백구사, 황계사, 어부사, 화류사, 관등가, 매화가	81-204
부록	신위 한역 소악부 (50편)		N1-12

위 표를 보다시피 『조선가요집성』은 크게 고대 삼국, 고려, 조선 등 시대별로 작품을 배열하고 있다. 이에 대해 살펴보기로 하자.

1. 신라향가편

고대 삼국의 노래는 모두 27편으로 이 가운데 백제 시가에 대해서는 2편을 수록하고 있고 나머지 25편은 신라 향가로 묶었다. 신라 향가를 고대 시가사의 중심에 놓은 이유는 백제나 고구려 시가에 비해 신라 향가가 현전하기 때문이라 할 수 있다. 하지만 이외에도 향가의 위상을 높게 본 것 까닭은 '향찰 문자'로 표기된 노래라는 측면에서 더 무게를 둔 것으로 보인다. 그는 조선 민중이 조선의 어음을 문자 위에 표현하려는 욕구가 중국 문자를 차용한 향찰·향가로 나타난 것이라 하면서 향가를 중국 시가에 대한 조선의 노래라고 그 위치를 높게 보았다.[2] 이처럼 김태준은 향가를 단지 신라만의 노래가 아닌 고대 민중의 문자 표현 욕구가 현현된 형태로 보았기 때문에 신라의 향가를 고대 시가의 주류로 인식했다고 할 수 있다. 이는 고대 삼국의 가사부전가요에 대해서도 비슷한 인식을 보이고 있다.『고려사』악지에 삼국의 부전가요에 대한 서술이 있음에도 불구하고 고구려·백제의 부전가요는 소략하게 언급한 반면 신라의 경우 꽤 상세한 소개가 이를 방증한다.[3]

앞서 언급했듯이『조선가요집성』이 시대별로 작품을 수록하고 있는데 균여의 <보현시원가>는 고려가사가 아닌 신라향가에 넣고 있다. 이에 대해 김태준은 "이처럼 三國遺事 著者 釋 一然은 高麗 熙宗 때 나서 忠烈王 五年에 歿하고(1206-1289 A.D.) 均如傳은 高麗 文宗 二十九年에 된 것이니 이 鄕歌 文字의 使用法은 高麗의 것이라 하여도 鄕歌 그 自體는 新羅時代의 産物일 것이 틀림없다."고[4] 하였으나,『삼국유사』소재 향가와 균여의 향가는 창작의 측면에서 분명 그 차이가 있기 때문에 문제의

---

2) 김태준,「신라 향가의 해설 -민중예술로서 가요를 말함-」(조선일보, 1935. 1. 1.~1. 4). 金台俊 저,『金台俊 文學史論選集』. 丁海廉 편역(現代實學社, 1997), 359~360면.
3) <신라가요해제>,『조선가요집성』, 1~2면.
4) <신라가요해제>,『조선가요집성』, 4면.

소지가 있다고 할 수 있다.

이외에 고대 가요편에 <황조가> <구지가> <공무도하가(공후인)>에 대한 소개가 없는 것은 『조선한문학사』에 이미 언급하였기 때문이라 할 수 있다.5) 지금의 연구사를 통해 볼 때 이들을 한문학의 범주로만 다루는 것은 문제가 있겠지만 김태준은 한자로 표기되어 정착되었다는 점에 비중을 두어 『조선가요집성』에서 배제한 것으로 보인다.

2. 고려가사편

고려가사는 총 22편으로 지금의 갈래 규정으로 보면 고려 향가 1편, 고려속요 12편, 경기체가 3편, 가사 4편, 악장 3편을 싣고 있다. 김태준이 이들을 고려시대 작품들도 묶은 것은 이 작품들의 창작 시기를 고려시대로 보았기 때문이라 할 수 있다. 하지만 일부 작품들은 —<정석가> <청산별곡> <만전춘별사> <이상곡> <사모곡> <가시리> <감군은>— 창작 시기를 전혀 알 수 없는 것들이어서 과연 어떤 근거로 이들을 같은 시기의 노래로 묶었는지 알 수 없다. 그는 단지 "(악장가사의 작품은) 高麗 때로부터 吏讀 或은 口傳으로 傳해 오든 것을 그대 蒐集하야 刊行한 것이라고 본다."는 언급만 했을 뿐 구체적인 이유를 들지 않았다. 아마 그는 <정석가>등을 고려의 산물로 보는 것이 시가사의 흐름에서 자연스럽다고 여긴 것으로 보인다.6) 이후 양주동이 <정석가>등에 대한 시대 귀속에 대한 고민을 "(<정석가>는) 樂章歌詞에 收載되여잇을뿐이오, 何等 麗代所産임을 實證할 文獻的材料가 업스나, 그 形式・語法・內容・情調等이 上注 諸篇(<청산별곡>, <思母曲>, <履霜曲>, <가시리>, <滿殿春別詞>)과 隱然히 脈絡이 相通하는 一面, 朝鮮 것과는 스스로 甄別되는 바가 잇으므로 此等 諸篇은 亦是 麗代歌謠라 斷코저한다."고7) 말한

---

5) 김태준, 『조선한문학사』(한성도서주식회사, 1931), 13~17면.
6) <고려가사해제>, 『조선가요집성』, 30~31면.

것도 이와 같은 선상에서 이해할 수 있다.8)

이후 고려가사편은 가사와 악장을 뺀 나머지 17편과 <한송정>을9) 더해『고려가사』(1939)로 묶이게 된다. 달라진 점은 몇 작품에 대한 현대역과 해제에서는 작품 주변 기록들에 대한 첨언이었다. 그리고 특히 고려가사에 대한 의의를 덧붙여 놓았다. 또한 몇 달 뒤「高麗歌詞 이야기」에서도 다시 한번 이를 강조하였다.

> "萬一 이 歌詞의 存在이 없었든들 新羅鄕歌와 李朝時調 사이에 高麗時代라는 큰 Blank를 무엇으로 채웠을는지, 아니 이 高麗歌詞의 存在이 없었드면 이 땅의 이 百姓의 固有한「리듬」으로 불으든 노래의 正統을 알지 못할 뻔 하였다. 여기서 編纂의 眞意가 있다."10)

> "만일 '고려가사'의 발견이 없었더란들 고려 오백년의 문학 乃至 문화의 역사의 일부분을 알 길이 없을 뻔했습니다. (중략) 고려시대는 '한글'도 생기기 전이라, 조선말로 된 소설도 없고 시도 없고 연극도 없고 오직 이 노래 한 권이(『고려가사』를 가리킴-저자 주) 남아 있을 뿐입니다. 여기 '고려가사'의 중요성이 있습니다. '고려문학사'는 오직 이 '고려가사'로 씌어질 것입니다. 오직 고려가사를 예찬하고 이만 붓을 던지나이다."11)

---

7) 양주동,『여요전주』(을유문화사, 1947), 334면.
8) 고려속요의 시대 귀속과 관련한 연구물 대부분이 양주동이 최초로 고려속요의 시대 및 범주를 규정했다는 서술하고 있지만 연구사적 측면에서 보면 김태준이 최초의 언급자라고 할 수 있다.
9) <한송정> "月白寒松夜 波安鏡浦秋 哀鳴來又去 有信一沙鷗." 달 밝은 밤, 잔잔한 경포(鏡浦)의 싸늘한 기운. 오락 가락 슬피 우는, 정든 갈매기.)『고려사』악지
   이것을 김태준은 다음의 시조와 같다고 했다. "한송정 달발근 밤에 경포대에 물결잔제, 유신한 백구는 오락가락하건마는, 엇더타 우리 왕손은 가고 아니 오난고."
10) 김태준,『고려가사』(학예사, 1939), 19~20면.
11) 김태준,「高麗歌詞 이야기」,『한글』68호(1939. 6. 1.).

이처럼 그는 고려가사를, 향가와 시조를 이어주는 주요 갈래이면서 민중성을 담지한 노래로 보았던 것이다. 그의 이런 견해는 지금까지도 시가사와 고려속요를 이해하는데 주요하게 작용하고 있는 실정이다.

3. 이조가사편

이조가사편은 총 50편으로 악장 6편, 경기체가 8편, 가사(십이가사 포함) 36편을 싣고 있다. 이조가사편에 수록된 편 수가 이전 시대보다 많지만 조선시대 시가 전체로 보자면 매우 적다고 할 수 있다. 이에 대해 김태준은 조선 초기의 것은 악장가사 소재 악장류 작품으로, 숙종 이전의 작품은 문집을 남긴 인물 가운데 대가(大家)의 것을(송강, 노계, 고산), 숙종 이후는 여러 가집에 실린 십이가사와 신위의 소악부를 수록한다고 하였다.12) 그리고 시조, 민요, 동요와 누락된 가사 부분은 후일을 기약한다고 하였다.13)

이렇듯 조선시대 작품은 선정과 배열에서 시기를 주요 기준으로 삼고 있다고 할 수 있다. 이런 점에서 얼핏보면 작품들 간에 유기성이 다소 떨어진다고도 볼 수 있다. 하지만 김태준이 발표한 일련의 연구물을 놓고 볼 때, 이조가사편의 작품들은 그 나름대로의 질서를 이룬다고 할 수 있다. 그는 『조선가요집성』이 편찬되기 1년 전쯤 동아일보에 13회에 걸쳐 「별곡의 연구」를 발표한 바 있었다. 김태준은 이 글에서 경기체가, 악장, 사대부가사, 십이가사 등을 별곡으로 한데 묶어 다루었다. 논문의 요지는 별곡은 지난 500여년간 문학사에서 발전적 전개를 하였는데 그 발달의 이유로 담당층의 변화를 들었다. 별곡 초기 주 담당층은 특권 계급이었지만 후대로 오면서 점차 평민층이 주된 담당층으로 성장했다는 것이다.14) 이런 점에서 볼 때, 김태준은 이조가사편을 별곡의 문학담

---

12) <이조가사예언(李朝歌詞例言)>, 『조선가요집성』, 80면.
13) <이조가사예언>, 『조선가요집성』, 80면.

당층을 중심으로 궁중·훈구 사대부(조선전기) → 사림파 이후 사대부 혹은 재지사족(숙종 이전) → 평민(숙종 이후)의 작품 순으로 배열했던 것이다. 따라서 조선가사편의 주인공은 숙종 이후 평민층의 십이가사가 아닐까 한다.15)

이조가사편에서 제외된 시조는 그가 <서문>과 <이조가사예언>에서 말한 대로 약속을 지켰다. 그 결과 1939년 『청구영언』으로 간행되었다. 이 책의 서문을 보면 김태준은 자신이 중간(重刊)한 이 가집은 김천택이 직접 편찬한 것으로 이해한 것 같다. 하지만 그가 중간(重刊) 대상으로 삼은 이 가집은 육당본 『청구영언』(1852년경 편찬)이었다.16) 그래서인지 여타 가집을 참고하여, 작품 중간 중간 주석을 달아 놓기도 하였다. 아무튼 1939년의 『고려가사』와 『청구영언』은 『조선가요집성』의 보유적 성격을 지닌다고 할 수 있다.

이상에서 보듯 『조선가요집성』은 김태준이 한국고전시가 작품 가운데 시대별로 민중성에 기반한 작품들을 모은 선집이라 할 수 있다.

III. 『조선가요집성』과 김태준의 연구사적 위치

이 장에서는 향가와 고려속요를 중심으로 김태준의 연구사적 위치를 살펴 보기로 하겠다. 이 두 갈래만을 든 이유는 김태준이 이것들에 대해 해제, 작품별 어석 및 현대역 등 비교적 상세한 설명을 하여, 이를 통해

---

14) 김태준, 「별곡의 연구」(동아일보, 1932. 1. 32. ~ 2. 2.). 金台俊 저, 『金台俊 文學史論選集』. 丁海廉 편역(現代實學社, 1997), 418~466면.

15) 여기서 저자는 숙종 이후 중인 가객들의 시조, 사설시조에 대한 누락 이유가 의문이다. 왜냐하면 그의 구도대로라면 '사대부→평민'보다 '사대부→중인→평민'이 더 자연스럽기 때문이다.

16) 이 육당본 『청구영언』은 다시 1930년에 경성제대에서 인출(印出)하게 되는데 이것을 대상으로 김태준은 중간한 것이다.

그의 의식을 살피는 데 용이하다고 여겼기 때문이다. 이에 비해 조선시대 시가에 대해서는 주석없이 작품만을 전재하였다. 이 점이 이들 갈래를 제외한 이유이기도 하다.

1. 향가의 해석과 제명

신라 향가 부분은 김태준이 <서문>과 <해제>에서 밝혔듯이[17] 소창진평의 연구를[18] 대부분 수용하였다. 실제 『향가급이두연구』와 『조선가요집성』을 언 듯 보아도 배열 순서, 어석, 의역 등에서 거의 같음을 알 수 있다. 하지만 『조선가요집성』의 향가편을 자세히 보면 적지 않은 차이를 발견할 수 있다. 특히 작품 의역(해석)과 표기 그리고 제명에서 그 차이를 발견할 수 있다.

1) 의역(해석)

작품 의역(해석)과 표기에 대해서는 <안민가>를 예로 그 차이를 살펴보기로 하자.[19]

구	원문(『삼국유사』)	소창진평 어석	소창진평 축어역[20]	소창진평 의역[21]	김태준 의역	비고
1	君隱父也	님금은 아비요	君은 아버지여	君은 아버지여	님금은 아버지요	

---

17) 신라(新羅)의 향가(鄕歌)는 문학박사(文學博士) 소창진평(小倉進平) 선생(先生)의 저(著) 『향가급이두(鄕歌及吏讀)의 연구(研究)』에서 그 해석(解釋)을 전재(轉載)하고 <서문>; 여긔는 右 鄕歌 二十五首를 文學博士 小倉進平 先生의 譯讀 그대로 轉載하엿다. 小倉 先生에게 深謝하는 바이다. <해제>.
18) 小倉進平, 『鄕歌及び吏讀の研究』(京城帝國大學 法文部, 1929).
19) 소창진평의 축어와 의역은 원래 일어로 되어 아래 주석에서 원문을 밝혔다. 그리고 소창을 김태준의 향가 해석의 차이를 비교하기 위해 소창의 일문(日文)을 한국어 번역문을 표에 옮겼다. 일어의 한국어 번역 및 어학적 조언은 고려대학교 서창캠퍼스 국제어학원 홍고테로우(北鄕照夫) 교수에게 많은 도움을 받았다. 홍고 교수에게 고마움을 전한다.

2	民隱愛賜尸母史也	臣은 ᄃᆞᄉᆞ살 어미라	臣은 사랑해주시는 어머니라	臣은 慈愛를 드리우는 어머니라	臣下는 사랑을 드리우는 어머니니	
3	民焉狂尸恨阿孩古爲賜尸知	民은 밋칠은 ᄋᆞ희(라)고 ᄒᆞ살 디(면)	民은 미친 어리니라고 삼아서서야	民은 미친 어리니라고 가엾게 여겨주셔서야	백성을 작난바치 어린애라고 사랑해주서야	'狂'을 '장난'으로 봄
4	民是愛尸知古如	民이 ᄃᆞ솜을 알고다	民은 사랑을 알리라	民은 비로소 사랑을 알리라	백성도 사랑을 알리이다	
5	窟理叱大肹生以支所音物生	굴ㅅ댈 生으로 필 바인 物生	樞機를, 生을 가지고 지탱하는 者	樞機에 生氣있게 하는 者도	樞機에 生氣있게 하는 者도	
6	此肹喰惡支治良羅	이를 먹어 다스리라	이를 먹어서 다스리라	民을 먹여야 다스릴 수 있으리라	백성을 다스리고 祿을 먹으리이다	2句로 나누어 해석
7	此地肹捨遣只於冬是去於丁	이ᄯᅡ홀 버리고 어듸가ᄂᆞᆫ뎌	이 땅을 버리고 民은 어디로 가더라도	民은 어디로 떠나더라도	백성은 어델가던지	此地肹捨遣只의 역 않음22)
8	소창8-爲尸知國惡支持以	홀 나라해 디녀	정치를 할 나라에 의하여	나라에 依하여 사는 것이다	나라에 依하야	소창의 8구와 9구를 이어저서 해석
	소창9-支知石如	필고다	지탱한다	생을 유지한다		
9	君如臣多支民隱如	님금이다, 臣이다, 民이다	君은 君, 臣은 臣, 民은 民이다	君은 君, 臣은 臣, 民은 民이라면	君은君, 臣은臣, 民은 民의 職分을 다하면	
10	爲內尸等焉國惡太平恨音叱如	홀 든 나라해 太平(이)하와이다	하여야 나라에 태평 많으리라	나라는 태평에 입어야 하리라	나라는 太平하리이다	

20) <소창진평 일본어 축어역> (1구) 君は父なり / (2구) 臣は愛し給ふ母なり / (3구) 民は狂へる子なりと爲し給ひてこそ / (4구) 民は愛を知るなれ / (5구) 樞機を生を以て支ふる所の者 / (6구) 之を食して治むるなり/ (7구) 此の地を捨て民は何處に行かんとすとも /(8구) (政を)爲す國に憑りて / (9구) 支ふるなり / (10구) 君は君たり、臣は臣たり、民は民たりと / (11구) 爲さば國に太平多かるべし.

소창과 김태준의 의역(해석)을 살펴 보면 3구와 6구에서 그 차이를 발견할 수 있다. 3구 원문에서의 '광(狂)'을 소창은 글자대로 '미친'으로 풀었으나 김태준은 조금은 순화시켜 (혹은 비유적 표현으로 읽어) '장난'으로 읽었다. 이를 해석상 미세한 차이라고 볼 수도 있지만 '광(狂)'이 수식하고 있는 민(民)까지 고려한다면 민에 대한 인식적 차이가 적지 않음을 알 수 있다. 전자의 경우 민은 문제적 인간으로 볼 수 있지만, 후자의 경우라면 순진한 민중들로 볼 수 있기 때문이다. 따라서 김태준은 비록 작품 공간 내에서 있는 신라 백성을 소창보다 조금은 긍정적인 시선으로 처리하고 있다고 할 수 있다. 이후 주요 향가 해독에서도(양주동, 홍기문, 김완진) '광(狂)'을 축자적으로 해석하지도 않고 있는데, 아마 이들이 김태준의 영향을 일부 받지 않았나 싶다.

6구에서는 소창이 (군과 신이) 백성을 먹여 다스리라고 한 반면, 김태준은 백성을 다스려야 (군과 신이) 봉록(俸祿)을 먹을 수 있다고 풀었다. 전자가 치자의 일방적인 시혜적 입장이라면 후자는 상호 계약적 관점에 서 있다고 할 수 있다. 마치 중세 봉건제 시스템에서 엿볼 수 있는 주종적 계약 관계는 아닌가 한다. 선치(善治)를 하면 봉록 수혜를, 악정(惡政)을 행하면 봉록을 박탈 당할 수 있다는 점을 염두한다면, 9구에서 말한 군신직분의 수행은 결코 만만한 것은 아닐 것이다. 따라서 이 부분은 납세자인 민의 위상을 조금은 높이려는 김태준의 의도가 반영되었다고 할 수 있다.

한편 8구는 내용상의 차이는 없고 해석 단위에서 차이를 보이고 있다.

---

21) <소창진평 일본어 의역> (1구) 君は父なり / (2구) 臣は慈愛を垂るゝ母なり / (3구) 民は狂へる子なりと憐み給ひてこそ / (4구) 民は始めて愛を知るなれ / (5구) 樞機に生氣あらしむる者も / (6구) 民を食してこそ政(まつりごと)をなし得るなれ / (7구) 民は何處に往かんとすとも / (8구) 國に憑りて / (9구) 生を保つなり / (10구) 君は君、臣は臣、民は民たらば / (11구) 國は太平に浴すべし.

22) 둘 다 의역을 하지 않았는데 그 이유를 알 수 없다. 다만 저자는 '이 땅'의 의미를 당위적 국가귀속주의와 거리를 두고자했던 것은 아닌지 조심스럽게 추정할 뿐이다.

소창은 8구를 두 구로 나누어 해석한 반면 김태준은 하나로 처리하고 있는 것이다. 이외에 8구와 10구에서 김태준의 해석이 좀더 간명하다고 볼 수 있다. 그리고 2구, 3구, 4구, 7구, 10구에서 표기상 차이를 보이고 있다.(臣은[오-김태준]ᄃᆞ의[슈-김태준]샬어미라(2구), 民ᄋᆞ밋칠은ᄋᆞ희(라)고ᄒᆞ살다(연)(3구), 民이ᄃᆞ옴[슘-김태준]올알고다(4구), 어듸가는[논-김태준]뎡(7구), 홀든나라해太쭈이(김태준은 괄호를 없앴음)ᄒᆞ와이다(10구))

2) 제명

김태준이 명명한 제목을 소창진평과 양주동의 것을 비교하면서 살펴보기로 하자.

소창진평(A)	김태준		양주동(B)
	목차 제목(A″)	본문 제목(B)	
서동동요	서동요	서동요	서동요
양지사석	양지사석가	풍요	풍요
광덕엄장	광덕의 처 엄장을 간(諫)한 노래	광덕처 엄장의 파계를 간(諫)하는 노래	원왕생가
월명사 위망매영재가 (爲亡妹營齋歌)	월명사 망매를 위해서 재를 올린 노래	월명사 제망매가	제망매가
신충 백수가	신충 백수가	신충 괘관가	원가
영재우적	영재 우적가	영재 우적가	우적가
예경제불가	예찬여래가	예경제불가	예경제불가

위 표를 보듯이 제명은 약간 복잡한 양상을 보이고 있다. 김태준과 소창의 제명이 다를 뿐 아니라 『조선가요집성』 내에서도 목차와 본문의 제명이 다른 것도 있기 때문이다. 하지만 김태준의 목차 제목을 중심으로 보면 일정한 흐름을 엿볼 수 있다. 김태준은 향가 부분을 엮을 때

많은 부분 소창에 의지했기 때문에 작업 초기라 할 수 있는 목차에는 소창의 것을 거의 그대로 받아들인 것으로 보인다.(A→A˝ 단계) 이후 본문 작업에 들어갔을 때 작품의 내용과 배경담을 참고하면서 '가·요(歌謠)'식으로 재명명했음을 알 수 있다.(A˝→B 단계) 또한 <풍요>의 경우 소창과 목차 제목에서는 '양지'를 제명에서 언급했으나, 본문에서는 '양지' 대신에 '풍요'로 수정하였다. 전자가 『삼국유사』의 절명(節名), 배경담 그리고 양지에 비중을 둔 것이라면 후자는 노래와 그 노래를 부른 민중에 의미를 두어 붙인 것이라 할 수 있다. 이와 같이 김태준의 재명명으로 인해 양주동을 거쳐 현재 우리가 <서동요> <풍요> <제망매가> <우적가>라는 낯익은 이름들을 만날 수 있었던 것이다.

이상에서 보듯 김태준이 향가편을 정리하면서 소창의 것을 가져왔지만 의역 부분에서 민중성에 기반한 해석을 시도했으며, 형식적인 측면에서 좀더 매끄럽게 수정했다고 할 수 있다. 그리고 작품 제목을 내용과 배경담을 고려해서 간결하게 재명명하였던 것이다. 이것들을 긍정적으로 이해한다면 앞으로는 향가해독과 향가연구사에서 배제했던 김태준의 논의를 적극 검토해야 할 것으로 생각한다.

2. 고려속요의 어석과 성격

연구초기부터 지금까지 고려속요의 제반 성격을 정립하는데 일부 연구자는 양주동의 『여요전주』(1947)의 영향력을 절대적으로 보기도 한다.[23] 하지만 이보다 앞서 김태준은 고려속요에 대한 범위, 기원, 내용상 특징 등을 언급하였고, 특히 고려속요의 어석과 현대역을 최초로 시도했다는 점에서 그의 『조선가요집성』·『고려가사』가 고려속요의 성격을 규정하는데 『여요전주』 이상의 영향력을 가졌다고 할 수 있다.

---

23) 최미정, 『고려속요의 전승 연구』(계명대학교출판부, 1999), 19~20면.

1) 어석

고려속요에 대한 어석과 현대역은 지금까지 많은 연구 성과가 축적되었다. 전편에 대한 주요 어석만해도 양주동(1947)이후 지헌영(1947), 홍기문(1958), 김형규(1965), 박병채(1968; 1994), 최철·박재민(2003) 등 많은 업적들이 쌓여왔다. 이들을 통해 우리는 고려속요 이해를 제고했음을 부인할 수 없다. 다만 저자가 아쉽게 생각하는 것은 양주동 이하 연구자 가운데 대부분 최초의 고려속요 어석(주석) 및 의역(현대역)서인 『조선가요집성』(『고려가사』)에 관한 언급이 없었다는 점이다. 물론 연구자 중 일부는 김태준과 그의 저서를 인지하지 못했을 수도 있으나 초기 학자들인 경우 애써 외면한 것은 아니었는지 궁금할 뿐이다. 예를 통해 알아 보자.

【석석사리】 (<이상곡>)

김태준: 석석사리는 蔓藪, 灌木雜草가 험클어진 것을 말함이며, 至今 慶州地方에서 쓴다.(『조선가요집성』 51면; 『고려가사』78면)

양주동: 석석사리는 未詳. 하마 「藪林」의 義. (수림에 대해 양주동은) 慶州地方 現行方言은 「灌木의 枝幹이 얼크러진 藪林」을 「석석사리」라 함. (『여요전주』, 을유문화사, 350면)

지헌영: 석석사리……蔓藪, 가늘은 풀이 욱어진 것.(『향가여요신석』, 정음사, 108면)

박병채: 석석사리>나무 숲. 慶州方言에서 灌木이 얼크러진 藪林를 「석석사리」라 한다고 함.(『고려가요 어석연구』, 선명문화사, 1968, 288면)

'석석사리'에 대한 어석들이다. 이 시어에 대해 김태준은 경주 방언까지 탐색하면서[24] 엉클어진 나무 숲[蔓藪]으로 새겼다. 이후 이 어석은

---

24) 김태준은 평안북도 운산 출신으로 후에 전북 익산과 서울에서 공부했을 뿐 경주와는 아무런 관계가 없다.

양주동과 지헌영이 그대로 받아들인다. 인용된 예들을 비교해보면 양주동과 지헌영은 분명 김태준의 저작물을 참고한 것으로 보인다. 하지만 이들은 김태준과 그의 저작에 대해 일체의 언급을 하지 않았다. 박병채의 경우 기존 서적을 참고했다는 심증은 가지만 그 역시 구체적으로 근거를 밝혀 놓지 않았다.

【새셔가만하얘라】 (<동동>)

 김태준: 歲序가 晚하게되리라라는 뜻인가? 새셔는 새셔의 意일까.(『조선가요집성』 36면; 歲序가 晚하여라. 『고려가사』, 29면)
 양주동: 歲序가 晚하여라.(『여요전주』, 121~122면)
 김형규: 歲序가 晚하여라.(『고가요주석』, 일조각, 243~245면)

이 시어('새셔가만하얘라') 또한 아직도 풀리지 않은 난해한 어구 가운데 하나인데 이런 고민의 흔적은 김태준에게서도 엿보인다. 그는 최초의 어석에서 '歲序가 晚하게되리라라는 뜻인가? 새셔는 새셔의 意일까.'라하면서 조심스럽게 뜻을 추정하였다. 결국 이런 고민은 『고려가사』에 이르러 '歲序가 晚하여라'로 단정하였다. 이후 양주동과 김형규 등은 김태준의 어석을 그대로 수용하면서 이런 저런 문헌들과 어학적 지식들로 보완하였을 뿐이다. 이들 역시 앞서의 예처럼 김태준의 어석을 인지(認知)하였음에도 불구하고 전혀 언급을 하지 않았다. 심지어 이 시어에 대한 여러 설들을 소개하는 자리에서조차 김태준은 없었다.[25]

위 사례를 보듯 고려속요 어석에서 김태준의 자리가 있음에도 불구하

---

25) 강헌규, 『고가요의 주석적 연구』(한국문화사, 2004), 366면. 아마 김태준의 고려속요 어석과 현대역을 전면 소개한 것은 교주자가 처음일 듯하다.(『고려속요집성』, 다운샘, 2002). 이 책의 제목 또한 『조선가요집성』을 염두하여 명명하였음을 밝힌다.

고 우리 연구사는 이를 외면하고 있다. 이런 결과 학문적 검증과 공과의 대상이 엉뚱하게 흘러가 오해를 빚기도 하였다. 저자는 김태준의 어석을 무조건 높게 평가하려는 것이 아니다. 김태준이 수행한 어석의 옳고 그름을 떠나 그의 어석 사실 자체를 인정하자는 것이다. 이렇게 했을 때 우리는 검증과 공과의 대상을 명백히 할 수 있을 것이며, 더 나아가 김태준의 연구사적 위치를 보다 객관적으로 조망할 수 있으리라 생각한다.

2) 성격

II장 2절에서 언급한 바 있듯이 김태준은 고려속요를 민요에 기반하여 형성된 민중의 노래로 보고 있다. 그리고 이런 근거를 고려속요 수록 문헌인 『악장가사』에서 찾았다. 그는 이 책이 조선전기 지역 민간인 박준에 의해 편찬된 정리서라고 파악했기 때문에 소재 노래 대부분이 고려시대 민간의 노래라고 생각했던 것이다. 이후 고려속요의 성격에 대한 그의 생각은 양주동을 거쳐 지금까지 영향력을 확장하면서 이어져왔다고 볼 수 있다.

하지만 고려속요 연구가 축적되면서 고려속요를 민간가요설로 보는 입장은 적지 않은 비판을 받아 왔다. 다시 말해 고려속요 가운데 민요적 성격보다는 고려 귀족층이 창작한 노래로 볼 수 있는 것이 있으며, 설령 민요에 기원을 둔 것이라 할지라도 편사과정에서 상당 부분 (궁중 문화 담당자인) 편사자의 개입이 두드러진다는 점 등을 고려할 때, 고려속요가 민중성을 지녔다는 주장에 의문을 가졌다고 할 수 있다. 또한 『악장가사』를 17세기 조선 궁중에서 편찬한 시용(時用)·상용(常用) 악서라는 견해(저자), 고려속요가 궁중 잔치 음악용 가사(궁중 전용 악가-김학성; 넓은 의미의 악장-나경수) 등을 참고할 때도 김태준이 말한 고려속요의 성격 규정에 수정을 요청할 수 있을 것이다.

사정이 위와 같음에도 불구하고 김태준의 주장은 시가사의 구도 내에서 작품집을 엮을 때 편집자는 <보현시원가>를 하나의 작품 번호를 부여해야 할 것이며 '예경제불가'는 그 번호 밑에 두어야 할 것이다. 하지만 『조선가요집성』을 보면 <보현시원가>는 작품 번호를 갖지 못한 반면 '예경제불가'는 <안민가>등과 동일한 비중의 번호를 받고 있다. 이 점이 저자가 의아하게 생각하는 부분이다. 왜냐하면 <보현시원가>와 <안민가>의 비중이 동일하다고 볼 때, <보현시원가> 하위 작품인 '예경제불가'는 <안민가>등과 나란할 수 없기 때문이다. 그럼에도 불구하고 『조선가요집성』에서는 이들을 같은 비중의 목차번호를 부여하고 있다. 더욱이 제명 <보현시원가>는 차례란 어느 곳에서도 찾을 수 없었다. 이처럼 <보현시원가>와 그 하위 작품들에 대해 김태준이 했던 처리 방식은 이후 고전시가작품집 가운데 『우리의 옛 노래』(임기중, 현암사, 1993)을 제외하고는 『한국고대가요』(황패강·윤원식, 새문사, 1986), 『한국고시가』(최용수, 태학사, 1996) 등 대부분이 따르고 있다. 이들이 『조선가요집성』의 영향을 받아 그렇게 한 것인지 아닌지는 모르겠지만 현상적 결과는 어쨌든 동일하다.

2) 북한의 시가 연구
(1) 윤선도 <어부사시사>의 갈래

김태준은 『조선가요집성』 이조가사편 제34에 윤선도의 <어부사시사>를 수록하였다. 이 작품에 대해 우리 학계 (일부를 제외하고는) 대부분은 시조로 보고 있다. 하지만 김태준은 <어부사시사>를 시조로 보지 않고 장편가사로 파악하고 있다. 작품 후기에 "短歌(시조-저자 주)에 있어서 朝鮮詩歌上의 第一人者인 그 長篇으론 이것(<어부사시사>-저자 주)뿐이다."[26] 고 적고 있는 것으로 보아도 이를 알 수 있다. 그는 시조 형식을 가진 노래라 하더라도 연장체(연시조)유무를 기준으로 장·단가를 구

---

26) 『조선가요집성』 181면.

분한 것 같다. 「별곡의 연구」에서 <산중신곡>, <산중속신곡>을 <어부사시사>와 함께 장가로 파악하고 있는데서 이를 확인할 수 있다.27)

이와 같이 김태준이 <어부사시사>를 장편가사(장가)로 보는 견해는 북한 시가 연구에서 거의 비판없이 계승되었다. 단적인 예로 북한에서 펴낸 『가사집』에서 <어부사시사>를 실으면서 해제에 "<어부사시사>는 절가화된 가사이면서 련시조적성격을 띤 작품이다."고 적고 있는 것으로28) 미루어 북한의 고전시가학계는 <어부사시사>를 가사의 유산물로 보고 있음을 알 수 있다.

(2) 북한의 시가 선집(1985년)

북한에서 펴낸 고전시가자료집에서도 김태준의 영향력을 살필 수 있다. 북한은 1985년부터 한국고전문학을 대대적으로 정리하기 시작하였다. 고전문학(한문학) 전 분야에 걸쳐 약100여권분량으로 자료집을 엮어내었던 것이다. 이 가운데 고전시가관련 자료집은 『가요집』1·2, 『가사집』, 『시조집』 총 네 권인데, 『가요집』에는 향가, 고려속요, 민요 등이, 『시조집』은 청구영언, 해동가요, 가곡원류, 남훈태평가에서 발췌한 작품들이, 『가사집』에는 가사 및 십이가사 등이 각각 수록되어 있다.

『가요집』의 경우 향가를 민요와 함께 엮은 것은 우리의 상식으로는 조금은 이상하겠지만, 김태준이 향가를 바라보는 시각을 상기한다면 개연성은 충분히 있다고 말할 수 있다. 김태준은 향가를 민중성에 기반한 갈래로 보았고 이런 생각을 공유할 수 있었던—공유의 근거는 북한의 문학이념인 당성, 계급성, 사회주의적 사실주의 등—북한의 연구자라면 향가와 민요를 함께 묶는 것은 당연했을 것이다.

---

27) 「별곡의 연구」(동아일보, 1932. 1. 32.~2. 2.). 金台俊 저, 『金台俊 文學史論選集』. 丁海廉 편역(現代實學社, 1997), 460면.
28) 현종호 편, 조선고전문학선집 4 『가사집』(평양종합인쇄공장, 1985), 165면.

그리고 『시조집』은 여러 가집의 작품을 선별 수록하였는데 그 중 청구영언의 작품이 절반을 차지한다. 이는 『시조집』 편집자(김하명)가 청구영언이 가집사에서 차지하는 비중을 반영한 결과이기도 하다. 그렇다면 의문은 청구영언의 여러 이본 가운데 선본이라 할 수 있는 『진본 청구영언』을 기본으로 삼는 것이 옳을 듯하나 일러두기를 보면 그렇지 못하다. 일러두기에 "각 가집들의 원문은 다음과 같다. <청구영언>은 1939년 학예사 간행본을 기본으로 하였다."[29]고 적혀 있다. 앞서 언급했듯이 학예사 간행본은 김태준이 편집 교열한 19세기 편찬된 육당본 <청구영언>을 가리킨다. 다시 말해 1985년의 가집 연구 상황과 편집자인 김하명의 수준을 고려해보면, 육당본을 선집의 저본으로 삼은 것은 조금은 의외라 할 수 있다. 하지만 달리 보면 '육당본'이기 때문에 청구영언의 기본으로 삼은 것이 아니라 '김태준이 선택·편집'한 것이기 때문에 기본으로 삼은 것으로 이해할 수 있겠다. 김하명과 김태준의 관계(『시조집』 편집자인 김하명이 경성제대 학생시절 당시 교수였던 김태준과의 관계) 내지 『시조집』 편집자(편집팀)의 『청구영언』(1939)에 대한 특별한 생각 등을 추정할 뿐이다.

이외에 『가사집』에서는 김태준의 흔적을 구체적으로 찾을 수는 없지만, 다만 <상춘곡>의 낙구 표기에서 『조선가요집성』과 『가사집』이 동일하다는 점을 발견할 수 있었다. 우리가 흔히 알고 있는 <상춘곡>의 낙구는 '아모타 百年行樂이 이만흔둘 엇지ᄒ리.'이지만, 『불우헌집』을 보면 '아모타 百年行樂 어이만흔둘 엇지ᄒ리.'로 되어있다. 문집에 근거한다면 후자가 분명 옳은 표기이지만, 우리가 전자에 익숙한 것은 1950년대 초기부터 비롯된 원전 검토의 부주의 내지 무비판적인 재인용 등에서 비롯된 것이라 할 수 있다. 아무튼 과거 50여년간 우리 쪽에서는 <상춘곡>의 낙구를 자료집, 교과서, 연구물 등에서 잘못 표기하였고, 1934

---

29) 김하명 편, 「일러두기」, 조선고전문학선집 3 『시조집』(평양종합인쇄공장, 1985).

년 김태준과 1985년 현종호는 올바른 표기를 하고 있다는 점이다. 따라서 1985년 『가시집』 편집자가 정극인 문집을 참고하지 않았다면 이전의 자료집인 김태준의 것을 참고했을 가능성이 크다고 할 수 있다.

IV. 결 론

그간 김태준의 업적에 대한 고찰은 고전소설과 한문학 쪽에서 간헐적이지만 꾸준히 있어왔다. 이에 비해 김태준의 고전시가연구에 대한 검토는 거의 없었다고 해도 과언은 아닐 것이다. 이에 저자는 그의 대표적인 고전시가 업적물이라 할 수 있는 『조선가요집성』에 대해 고전시가 연구사적 측면에서 이것의 성격과 위치를 살폈던 것이다. 그 결과 『조선가요집성』은 민중성을 담지한 고전시가 작품집으로, 암묵적이지만 그 연구사적 영향력을 발휘하고 있음을 알 수 있었다.

하지만 『조선가요집성』의 편향된 시각은 그 자체의 한계를 가질 수밖에 없었다. 원전을 넘어서는 자의적인 작품 해석, 일방적인 갈래 해설 그리고 편집·체재면에도 주요 갈래를 배제하는 등 그 한계를 보였던 것이다.

그럼에도 불구하고 "아직까지 『조선가요집성』만한 시가선집이 없었다."는 어느 노학자의 말처럼 우리는 그에게 여전히 많은 빚을 지고 있는 것은 아닐까.

<참고문헌>

강헌규.『고가요의 주석적 연구』. 한국문화사, 2003.
金台俊.『高麗歌詞』. 學藝社, 1939.
金台俊.『金台俊 文學史論選集』. 丁海廉 편역, 現代實學社, 1997.
金台俊.『朝鮮漢文學史歌』. 漢城圖書株式會社, 1931.
金台俊.『朝鮮歌謠集成』. 漢城圖書株式會社, 1934.
金台俊.『靑丘永言』. 學藝社, 1939.
金亨奎.『古歌謠註釋』. 一潮閣, 1992.
김명준.『고려속요집성』. 다운샘, 2002.
김하명 편. 조선고전문학선집 3『시조집』. 평양종합인쇄공장, 1985.
朴炳采.『高麗歌謠語釋硏究』. 宣明文化社, 1968.
寶庫社 編.『金台俊全集』1 詩歌. 寶庫社, 1990.
小倉進平.『鄕歌及び吏讀の硏究』. 京城帝國大學 法文部, 1929.
梁柱東.『麗謠箋注』. 乙酉文化社, 1947.
池憲英. 鄕歌麗謠新釋. 正音社, 1947.
최미정.『고려속요의 전승 연구』. 계명대학교출판부, 1999.
한창훈.「초창기 한국 시가 연구자의 연구방법론」.『고전과 해석』창
    간호. 고전문학한문학연구회, 2006.
현종호 편. 조선고전문학선집 4『가사집』. 평양종합인쇄공장, 1985.

찾아보기

(ㄱ)

가곡원류(歌曲源流) 137
가락국기(駕洛國記) 23
가면희(假面戱)　80
가무(笳舞)　21
가시리　16, 76, 98, 115, 309, 309
가행화세분(歌行化世分)　24
각간위홍(角干魏弘) 21
간인(竿引)　21
감군은(感君恩)　16, 75, 116, 309
감황은(感皇恩)　117
강월사왕가(江月四往歌)　126
강촌별곡　192
강촌별곡(江村別曲) 17, 193
강헌규　319
개운포(開雲浦)　32
거사연(居士戀)　75
거열랑(居烈郎)　41
격양가(擊壤歌)　18
　농부가　259
견우노옹(牽牛老翁) 28
경덕왕(景德王)　23, 29, 34, 38
경문대왕(景文大王)　23
경수당전고(警脩堂全藁)　285
경수당집(警修堂集)　303
고금집(古今集)　13
고려가사
　김태준(1939)　88, 90, 97, 105, 107, 110, 310

고려가사(高麗歌詞) 76, 79
　김태준(1939)　306
고산(孤山)
　윤선도　137, 311
고산유고(孤山遺稿) 212, 244
고상사별곡(古相思別曲) 18, 254
고적보존회(古蹟保存會)　72
고종(高宗)
　고려 고종　78, 96
공무도하가
　공후인　309
공민왕(恭愍王)　79
관동별곡(關東別曲) 195
　안축　16, 117, 120, 122
　정철　17
관등가(觀燈歌) 18, 192, 279
관음찬(觀音讚) 16, 78, 81, 123, 124
광덕(廣德)의 처(妻) 엄장(嚴莊)을 간(諫)하는 노래
　원왕생가　15
광덕엄장　37, 316
광덕처(廣德妻)　24
광수공양(廣修供養)　24
광수공양가(廣修供養歌)　15, 4?
괘관가(掛冠歌)
　백수가, 원가　42, 316
교방(敎坊)　78
구운몽(九雲夢)　269

구지가	309	김형규	319
국조사장(國朝詞章)			
악장가사	76, 77	(ㄴ)	
궁정문학(宮廷文學)	109	나경수	320
권근(權近)	17, 142	나옹(懶翁)	126
권상로(勸相老)	14, 129, 303	나옹화상(懶翁和尙)	16, 124, 129, 133
권제(權踶)	145		
권주가(勸酒歌)	17, 192, 210	낙도가(樂道歌)	17, 129, 133
균여대사(均如大師)	25	낙빈가(樂貧歌)	193
균여대전(均如大師傳)	24, 25	날현인(捺絃引)	22
근재집(謹齋集)		남녀상열지사(男女相悅之詞)	101
관동와주	118, 120	내밀왕(奈密王)	21
금강산(金剛山)	41	내원성(來遠城)	69
급간(級干)	32	내지(內知)	22
기대승(奇大升)	297	내해왕(奈解王)	21
기파랑(耆婆郎)	30	노계(蘆溪)	
길군악(樂)	18, 192, 265	박인로	137, 311
김구(金絿)	17, 186	노계가(蘆溪歌)	18, 216, 232
김락(金樂)	80	노계가사(蘆溪歌辭)	219
김매순(金邁淳)	85	노계집(蘆溪集)	213
김부식(金富軾)	78	노인헌화가(老人獻花歌)	
김상용(金尙容)	295, 299	헌화가	15, 23, 24
김서포(金西浦)		농암집	272
김만중	201	누항사(陋巷詞)	18, 215, 219
김완진	315	눌지왕(訥祗王)	21
김원상(金元祥)	78	능엄찬(楞嚴讚)	16, 76, 78, 98, 122
김유신(金庾信)	22		
김천택(金天澤)	137	(ㄷ)	
김청음(金淸陰)		단장사(斷腸詞)	18, 262
김상헌	201	대도곡(大道曲)	23
김하명	324	대동강(大同江)	75
김학성	320	대동운부군옥(大東韻府群玉)	93

대악(碓樂) 21
대화엄수좌원통양중대사균여전
(大華嚴首座圓通兩重大師均如傳) 24
덕사내(德思內) 22
도동곡(道東曲) 17, 77, 186
도령가(徒領歌) 22
도산십이곡(陶山十二曲) 193
도산십이곡발(陶山十二曲跋) 193
도솔가(兜率歌) 24, 38, 38, 38
    유리왕 21
도이장가(悼二將歌) 16, 79
독락당(獨樂堂) 18, 215, 225, 229
돌아악(突阿樂) 21
동경(東京) 22
동국세시기(東國歲時記) 84, 85,
    86, 87
동국여지승람(東國輿地勝覽) 84
동국통감(東國通鑑) 78
동동(動動) 75, 81
동동(動動)다리
    동동 16
동동지희(動動之戲) 84
동래 92
동백목(冬栢木) 75
득오곡모랑가(得烏谷慕郎歌)
    모죽지랑가 15, 23, 24, 26
딩아돌아
    정석가 16

(ㅁ)
만수산(萬壽山) 78
만엽집(萬葉集) 13

만전춘(滿殿春)
    만전춘별사 16, 76, 98, 108,
        109, 309
망부석(望夫石) 70
매화(梅花) 296
매화가(梅花歌) 18, 192, 281
맹아득안가(盲兒得眼歌)
    도천수관음가 15
    도천수대비가 24, 34
명주(溟州) 69
목주(木州) 22
몽환가 126
무등산(無等山) 69
무릉잡고(武陵雜稿) 188, 189,
    191, 191
무애(無㝵) 23, 75, 75
무왕(武王) 33
묵책(墨冊) 78
문군곡(問群曲) 23
문무왕(文武王) 37
문종(文宗)
    고려 문종 24, 25
문하녹사(門下綠事) 85
미지악(美知樂) 21

(ㅂ)
박병채 318
박인로(朴仁老) 18, 213, 215, 219,
    222, 224, 229, 231, 235
박준(朴浚) 76, 77, 137
방등산(方等山) 69
백결(百結) 21

백구사(白鷗詞)	18, 266		사룡(蛇龍)	75
백선연(白善淵)	78		사리부재(詞俚不載)	23, 75
백수가	316		사리화(沙里花)	75
백실(白實)	22		사모곡(思母曲)	16, 76, 98, 111, 309
백운동(白雲洞)	188		사미인곡(思美人曲)	17, 201, 202
백제가사(百濟歌詞)	67, 69, 73, 135		사제(莎堤)	219
벌곡조(伐谷鳥)	75, 78, 80		사제곡(莎堤曲)	18, 215, 216
법흥왕(法興王)	21		사중(祀中)	22
벽사진경(僻邪進慶)	32, 90		산유화(山有花)	16, 69, 71
변계량(卞季良)	17, 145		산화가(散花歌)	24, 38
별곡체(別曲體)	77		살어리	
별회심곡(別回心曲)	18, 238		청산별곡	16
별회심곡(別悔心曲)	238		삼국사기(三國史記)	21, 69
보개회향(普皆廻向)	24		삼국속악(三國俗樂)	22
보개회향가(普皆廻向歌)	16, 61		삼국유사(三國遺事)	23, 25, 26, 27,
보권문(普勸文)	126			29, 30, 32, 33, 34, 36, 37, 37,
보대평(保大平)	101			38, 38, 40, 41, 42, 44, 69, 84
보동랑(寶同郎)	41		삼대목(三代目)	21
보허자(步虛子)	75		삼장가(三藏歌)	115
보현시원가	308		삼장	75, 76, 114
보현찰(普賢刹)	78		삼진작(三眞勺)	93
분황사(芬皇寺)	34		상대별곡(霜臺別曲)	17, 76, 77,
불우헌가(不憂軒歌)	182			138, 141
불우헌곡(不憂軒曲)	17, 77, 96,		상사곡(相思曲)	18, 192, 254
	182, 182		상수불학가(常隨佛學歌)	15, 24, 58
불우헌집(不憂軒集)	96, 180, 181		상춘가(賞春歌)	
			상춘곡	17, 180, 324
(ㅅ)			상화점	
사내(思內)			쌍화점	76
시뇌	21		색목인(色目人)	114
사내기물악(思內奇物樂)	22		서경곡(西京曲)	101
사뇌(夫詞腦)	25		서경별곡(西京別曲)	16, 76, 76, 77,

	96, 97, 101, 104
서동요(薯童謠)	15, 24, 33, 316, 317
서두수(徐斗銖)	14
서산대사(西山大師)	18
휴정	244
서어부가후(書漁父歌後)	114, 193, 272
서왕가(西往歌)	124, 126
서왕가(西往歌) 이(二)	17
서왕가(西往歌) 일(一)	16
서익(徐益)	292
서포(西浦)	
김만중	269
석남사내(石南思內)	22
석보상절(釋譜詳節)	176
석춘사(惜春詞)	18, 257
선덕왕(善德王)	36
선상탄(船上歎)	18, 215, 222
선운산(禪雲山)	69
선화(善花)	33
성덕왕(聖德王)	27
성산별곡(星山別曲)	17, 201, 206
성삼문(成三問)	303
성운(成運)	195
성종(成宗)	101
성진(性眞)	269
성현(成俔)	75
소악부(小樂府)	18, 91, 96, 100, 283, 285, 285
소창박사(小倉博士)	
소창진평	25, 313
속사미인곡(續思美人曲)	

속미인곡	17, 201, 204
속악	101
송강(松江)	
정철	137, 311
송강가사(松江歌辭)	195
송산(松山)	75
송순	290
송인(宋寅)	290
수로부인(水路夫人)	23, 28
수희공덕(隨喜功德)	24
수희공덕가(隨喜功德歌)	15, 52
순정공(純貞公)	27
신구잡가(新舊雜歌)	210, 212
신도가(新都歌)	17, 76, 76, 137, 138
신사(新詞)	96
신숭겸(申崇謙)	80
신열악(辛熱樂)	21
신위(申緯)	18, 137, 283, 285, 285, 303, 307
신충(信忠)	42, 43
신충괘관(信忠掛冠)	24
신충백수가(信忠栢樹歌)	
원가	15, 24
신충작원수가(信忠作怨樹歌)	
원가	24
실처랑(實處郎)	
돌처랑	41
심우가(尋牛歌)	17, 129, 129
쌍화점(雙花店)	16, 76, 76, 98, 112, 114, 115, 115

(ㅇ)

아악(雅樂)	78

아야마가(阿也麻歌) 78
악부궤범(樂府軌範)
   악학궤범　93
악장가사(樂章歌詞)　13, 75, 76, 90,
   98, 104, 107, 109, 111, 112,
   116, 117, 122, 137, 138, 139,
   141, 143, 146, 148, 274, 309
악지(樂志)
   고려사 악지　22, 70, 75, 84,
   114, 138
악학궤범(樂學軌範)　13, 70, 75, 81,
   84, 89, 90, 93, 123
안동자청(安東紫青)　75
안민가(安民歌)　15, 23, 24, 28, 313
안지(安止)　175
안축(安軸)　16, 120
안향(安珦)　188
야심사(夜深詞)　75, 76
양주곡(楊洲曲)
   신도가　138
양주동　80, 309, 310, 315, 316, 318,
   318, 319
양지(良志)　36
양지사석(良志使錫)
   풍요　24
양지사석가(良志使錫歌)
   풍요 15, 316
양촌(陽村)
   권근 145
어부가(漁父歌)　76, 274
어부사(漁父詞)　18, 77, 77, 253, 270
어부사시사(漁父四時詞)　18, 244, 323

어숙권(魚叔權)　115, 124
엄연곡(儼然曲)　17, 188, 189
엄장(嚴莊)　37
여나산(余那山)　22
여민락(與民樂)　76
역가현덕분(譯歌現德分)　24
역신(疫神)　32
연기설화(緣起說話) 36
연양(延陽)　69
연형제가(宴兄弟歌)　77
연형제곡(宴兄弟曲)　17, 76, 138, 148
열양세시기(洌陽歲時記)　85
영남가(嶺南歌)　18, 216, 229
영산회상(靈山會相) 76
영신군가(迎神君歌)
   구지가　23
영재(永才)　43, 44
영재사작심가(永才師作心歌)
   우적가　24
영재우적　316
영재우적가(永才遇賊歌)
   우적가　15, 24
예경제불(禮敬諸佛) 24
예경제불가(禮敬諸佛歌)　45, 316
예성강(禮成江)　75
예종(睿宗)　77, 79, 80
예찬여래가(禮讚敬如來歌)
   예경제불가　15, 316
오관산(五冠山)　75
오륜가(五倫歌)　17, 76, 76, 77,
   138, 146

왕건(王建)	80	융천사혜성가(融天師彗星歌)	
왕우(王禑)	117	혜성가	15, 24
용비어천가(龍飛御天歌)	17, 76, 149, 175	의종(毅宗)	78, 92
		이개(李塏)	288
용진강(龍津江)	219	이근원(李謹元)	231
우식악(憂息樂)	21	이명(李溟)	231
우일후(牛一吼)	79	이덕형(李德馨)	219, 222
우적가(遇賊歌)	43, 316, 317	이두(吏讀)	77
원가	316	이두문학(吏讀文學)	13
원사(怨詞)	23	이명한(李明漢)	296, 298
원왕생가	36, 316	이상곡(履霜曲)	16, 76, 98, 110, 309, 318
원효(元曉)	37		
원흥(元興)	75	이언적(李彦迪)	229
월명사(月明師)	24, 38, 38, 39	이유(李渘)	289
월명사도솔가(月明師兜率歌)		이이첨(李爾瞻)	253
도솔가	23	이익재(李益齋)	
월인천강지곡(月印千江之曲)	17, 176, 180	이제현	76, 96
		이재욱(李在郁)	72
위망매영재가(爲亡妹營齋歌)		이정(李淨)	297
제망매가	24, 316	이제현(李齊賢)	75, 91, 100
유기(有機)	238	이조가사(李朝歌詞)	76
유리이사금(儒理尼師今)		김태준	306
유리왕	21	이조년(李兆年)	289
유림가(儒林歌)	17, 76, 138, 139	이퇴계(李退溪)	
유자신(柳自新)	290	이황	272
육현가(六賢歌)	17, 188, 188	이현보(李賢輔)	18, 96, 253, 272
윤고산(尹孤山)		이황(李滉)	17, 76, 114, 193, 253
윤선도	201, 272	이희승(李熙昇)	14
윤선도(尹善道)	17, 18, 212, 253, 289, 291	익재난고	100
		인종	92
윤원식	322	일연(一然)	25, 36
융천사(融天師)	40, 41	임기중	46

찾아보기 | 333

임진란(壬辰亂)		조선한문학사	305, 309
임진왜란	224	조식(曺植)	195
		종묘지악(宗廟之樂)	101
(ㅈ)		주세붕(周世鵬)	17, 188, 189,
자암집(自庵集)	186		191, 191
자책가	126	죽계별곡(竹溪別曲)	16, 120, 120
자하동(紫霞洞)	75	죽계지(竹溪志)	121, 186, 187
장단(長湍)	75	죽지랑(竹旨朗)	26
장만(張晩)	291	죽지사(竹枝詞)	18
장암(長巖)	75	건곤가	264
장연우(張延祐)	75	증보문헌비고(增補文獻備考)	78, 124
장진주(將進酒)	201, 209	지대로왕(智大路王)	
장진주사	17	지증왕	21
정과정(鄭瓜亭)	16, 75, 75, 75,	지리산(智異山)	69
	81, 91	지봉유설(芝峰類說)	96
정극인(丁克仁)	17, 96, 181	지아악(枝兒樂)	21
정대업(定大業)	101	지헌영	318
정도전(鄭道傳)	117	진성왕(眞聖王)	21
정산(定山)	75	진작(眞勺)	16, 91
정서	92	진작곡(三眞勺曲)	109
정석가(鄭石歌)	16, 76, 98, 102,	진정록(陳情錄)	18, 260
	104, 309	진평왕(眞平王)	22, 41
정온(鄭蘊)	299	진흥왕(眞興王)	22
정읍사(井邑詞)	16, 69, 69, 70		
정인지(鄭麟趾)	175	(ㅊ)	
정철(鄭澈)	17, 201, 204, 206,	차천로(車天輅)	17, 194
	209, 209	찬기파랑가(讚耆婆郎歌)	15, 23,
제망매가(祭亡妹歌)	15, 24, 39,		24, 30
	316, 317	참선곡(參禪曲)	129
제위보(濟危寶)	75	참회업장(懺悔業障)	24
조선소설사	305	참회업장가(懺悔業障歌)	15, 50
조선어문학문학회(朝鮮語文學會)	13	처사가(處士歌)	18, 192, 256

처용(處容)　　　23, 32
　고려 처용가　88
처용가(處容歌)　　15, 23, 24, 31,
　　75, 81, 90
　고려처용가　16, 88
천관사녀(天官寺女)　22
천수대비(千手大悲)　35
청구영언
　김태준(1939)　306, 312, 324
청구영언(靑丘永言)　137, 192, 193,
　　193, 211, 254, 255, 256, 265,
　　267, 279, 281
청불왕세(請佛住世)24
청불주세가(請佛住世歌)　15, 56
청산별곡(靑山別曲)　　16, 76, 98,
　　105, 309
청전법륜(請轉法輪)　24
청전법륜가(請轉法輪歌)　15, 54
청허존자(淸虛尊者)
　서산대사　238
총결무진가(總結无盡歌)　16, 24, 63
총석정(叢石亭)　75
최남선(崔南善)　24
춘면곡(春眠曲)　18, 192, 255
충담사(忠談師)　29, 30
충렬왕(忠烈王)　25, 77, 78, 78,
　　115, 117
충선왕(忠宣王)　75
충숙왕(忠肅王)　78
충혜왕(忠惠王)　78
칭찬여래(稱讚如來)24
칭찬여래가(稱讚如來歌)　15, 47

(ㅌ)
탈해왕(脫解王)　21
태평곡(太平曲)　17, 78, 188, 191
태평사(太平詞)　18, 212
퇴계(退溪)
　이황　192
퇴계집(退溪集)　272

(ㅍ)
파사왕(婆娑王)　21
파연곡(罷讌曲)　17, 212
파한집(破閑集)　22
풍아송(風雅頌),　13
풍요　316, 317
풍입송(風入松)　75, 76

(ㅎ)
한기리(漢岐里)　34
한림별곡(翰林別曲)　16, 75, 75, 77,
　　94, 96, 101, 182
한림별곡체(翰林別曲體)　96
한림제유(翰林諸儒)96
한송정(寒松亭)　75, 310
한호(韓濩)　291
항순중생(恒順衆生)　24
항순중생가(恒順衆生歌)　16, 60
해가(海歌)　23
해동가요(海東歌謠)　137
해인사(海印寺)　126, 238
향가급이두연구(鄕歌及吏讀硏究)
　　13, 25, 313
헌강왕(憲康王)　32

헌화가(獻花歌)	27	황윤석(黃胤錫)	182
현금포곡(玄琴抱曲)	23	황조가	309
현종호	323	황진이(黃眞伊)	292, 300
혜성(彗星)	41	황패강	322
혜성가(彗星歌)	40	회심곡(回心曲)	18, 235, 238
홍고테로우	313	회악(會樂)	21
홍기문	315	효성왕(孝成王)	42
화류사(花柳詞)	18, 278	훈몽자회(訓蒙字會)	84, 93
화산별곡(華山別曲)	17, 76, 76, 77, 138, 143	희명(希明)	34

화양별곡(華陽別曲)
    화산별곡 145
화전별곡(花田別曲) 17, 184
환산별곡(還山別曲) 17, 192
황계사(黃鷄詞) 18, 192, 267

희명지아작천수대비가(希明之兒作千手大悲歌)
    맹아득안가 23
희종(熙宗)
    고려 희종 25

■ 교주자 소개

김명준(金明俊)
고려대학교 국어국문학과 졸업
동대학원 졸업 (문학석사, 문학박사)
상지대학교, 충북대학교, 경기대학교 강사
현재 고려대학교 초빙 전임강사
　　　단국대학교 아시아아메리카 문제연구소 특별객원연구원

▪ 저 서

『고려속요집성』,『조선중기 시가와 자연』(공저),
『악장가사 주해』,『악장가사 연구』등이 있음

교주 조선가요집성

2007년 8월 23일 초판 인쇄
2007년 8월 31일 초판 발행

저　자 | 김 태 준
교주자 | 김 명 준
발행인 | 김 영 환
발행처 | 도서출판 다운샘
　　138-857 서울특별시 송파구 오금동 48-8
　　전화 02)449-9172　팩스 02)431-4151
　　등록 1993.8.26 제17-111호
　　ISBN 978-89-5817-199-7　93810

값 18,000원